차례

초등교과서 영단어 2400 **초등 5학년**

DAY 01 We are residents here.

 NAME :　　　　　　　　DATE :　.　.　.　　　　　GOAL : 필수 14 / 추가 6

0001

garage
[gərá:dʒ] 차고

0002

resident
[rézədnt] 거주자

☆초등필수☆
0003

family
[fǽməli] 가족

☆초등필수☆
0004

build
[bild] 짓다

☆초등필수☆
0005

fix
[fiks] 고치다

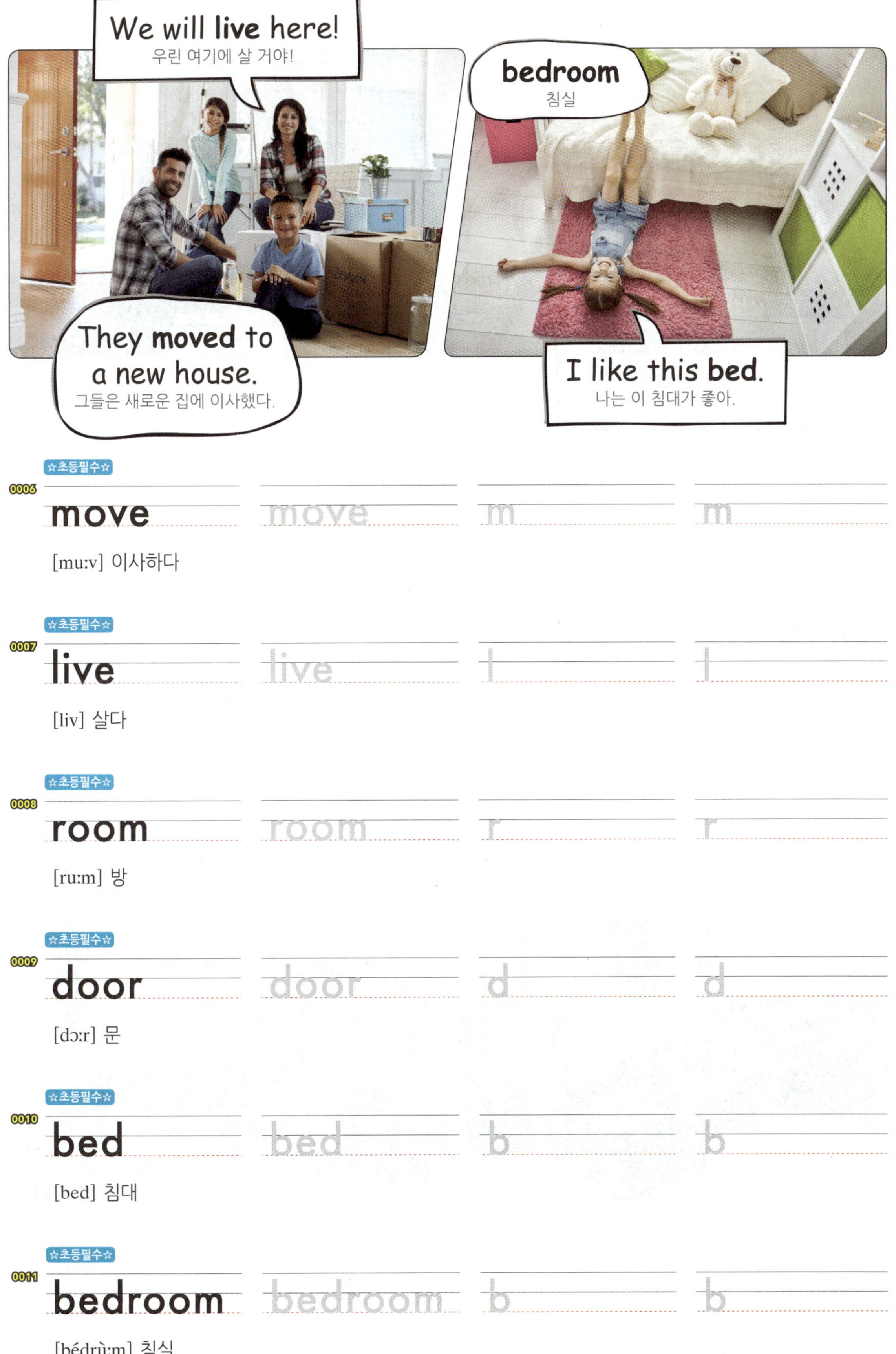

☆초등필수☆

0006
move

move · m · m

[mu:v] 이사하다

☆초등필수☆

0007
live

live · l · l

[liv] 살다

☆초등필수☆

0008
room

room · r · r

[ru:m] 방

☆초등필수☆

0009
door

door · d · d

[dɔ:r] 문

☆초등필수☆

0010
bed

bed · b · b

[bed] 침대

☆초등필수☆

0011
bedroom

bedroom · b · b

[bédrù:m] 침실

0012
furniture

furniture   f   f

[fə́:rnitʃər] 가구

☆초등필수☆

0013
kitchen

kitchen   k   k

[kítʃən] 부엌

0014
porch

porch   p   p

[pɔ:rtʃ] 현관

☆초등필수☆

0015
living room

living room   l

[lívin ru:m] 거실

0016
window

window   w   w

[wíndou] 창문

0017
hut

hut   h   h

[hʌt] 오두막

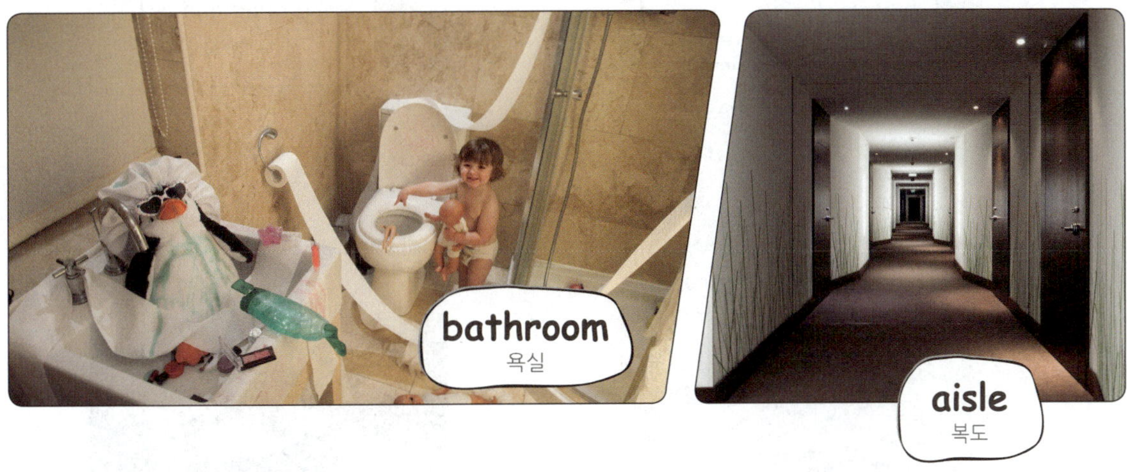

0018
bathroom

bathroom   b   b

[bǽθrùːm] 욕실

0019
wall

wall   w   w

[wɔːl] 벽

0020
aisle

aisle   a   a

[ail] 복도

DAY 01 Activity

A. 다음 사진과 설명을 보고 연상되는 영어 단어나 우리말 뜻을 고르세요.

1.

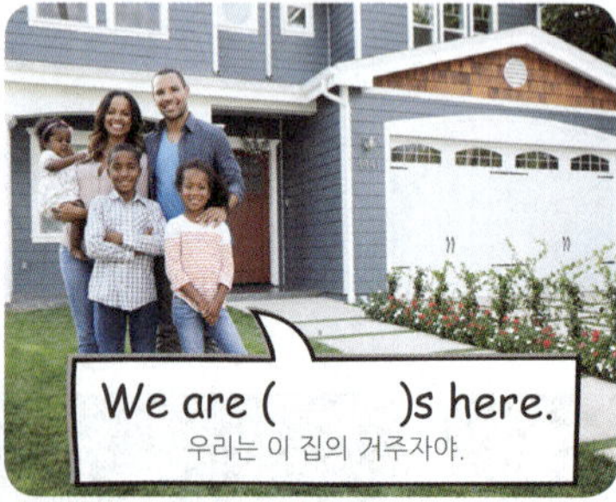

ⓐ family　　ⓑ resident

2.

ⓐ fix　　ⓑ move

3.

ⓐ 침실　　ⓑ 주방

4.

ⓐ window　　ⓑ aisle

5.

ⓐ furniture　　ⓑ porch

6.

ⓐ wall　　ⓑ hut

B. 우리말에 맞도록 주어진 알파벳으로 시작하는 단어를 써 보세요.

7. 나는 여기 **거주자**야. I am a r___________ here.

8. 우리는 집을 **지어**. We b___________ houses.

9. 그들은 새로운 집으로 **이사했어**. They m___________d to a new house.

10. 나는 이 **침대**가 좋아. I like this b___________.

11. 나는 **문**을 두드리고 있어. I am knocking on the d___________.

12. 이 **가구**는 비싸. This f___________ is expensive.

13. 나는 자전거를 **고쳐**야 해. I have to f___________ my bicycle.

C. 다음 우리말을 보고 알맞은 영어 단어의 철자를 써 보세요.

14. 살다 | l | i | | |

15. 방 | r | | m |

16. 차고 | | a | r | | e |

17. 가구 | | r | i | t | | e |

18. 침실 | b | | r | |

19. 창문 | w | | o | w |

20. 복도 | a | | e |

DAY 02 I have to water the flowers.

 NAME :　　　　　 DATE :　.　　.　　. 　　　GOAL : 필수 5 / 추가 15

☆초등필수☆

0021
water
water　w　w

[wɔ́:tər] 물을 주다

0022
bush
bush　b　b

[buʃ] 덤불

☆초등필수☆

0023
gardener
gardener　g

[gáːrdnər] 정원사

0024
trim
trim　t

[trim] 다듬다

0025
vine
vine　v

[vain] 포도나무

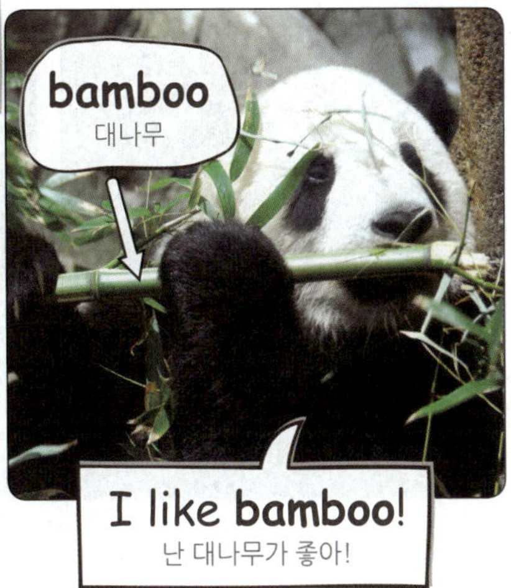

0026
branch

[bræntʃ] 가지

0027
root

[ruːt] 뿌리

0028
oak

[ouk] 오크 (나무)

0029
tree

[triː] 나무

0030
trunk

[trʌŋk] 나무의 몸통

0031
bamboo

[bæmbúː] 대나무

0032
wood
[wud] 목재

0033
lotus
[lóutəs] 연꽃

0034
violet
[váiəlit] 제비꽃

0035
nectar
[néktər] 꿀

maple

[méipl] 단풍나무

ivy

[áivi] 담쟁이덩굴

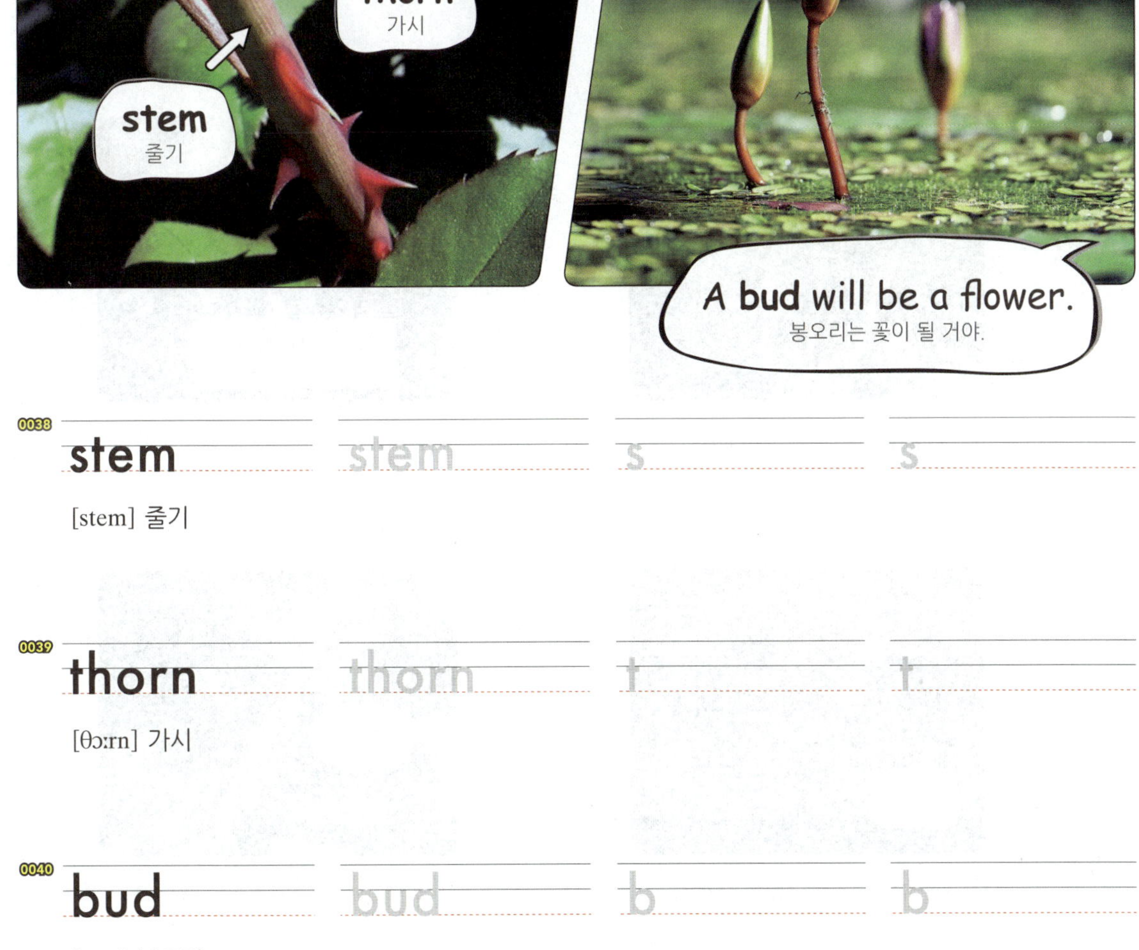

stem

[stem] 줄기

thorn

[θɔːrn] 가시

bud

[bʌd] 봉오리

DAY 02 Activity

A. 다음 사진과 설명을 보고 연상되는 영어 단어나 우리말 뜻을 고르세요.

1.
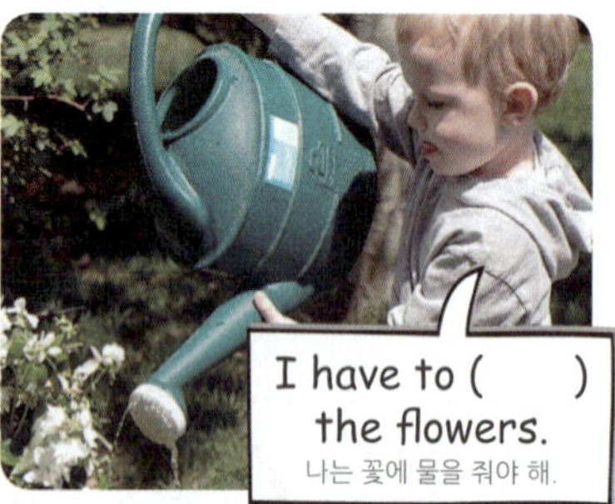

ⓐ water   ⓑ trim

2.

ⓐ 정원사   ⓑ 집배원

3.

ⓐ trunk   ⓑ root

4.
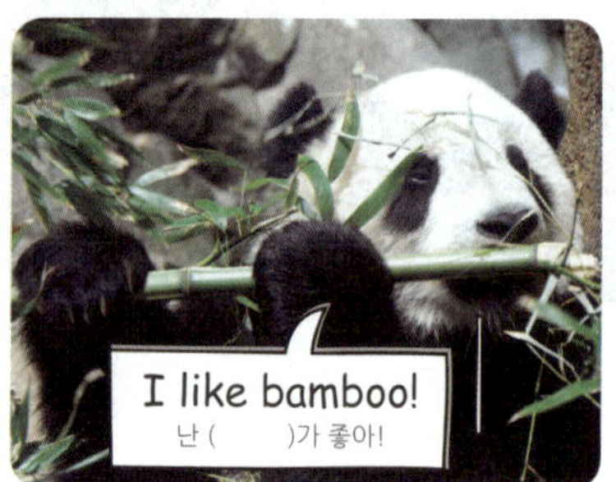

ⓐ 대나무   ⓑ 오크나무

5.
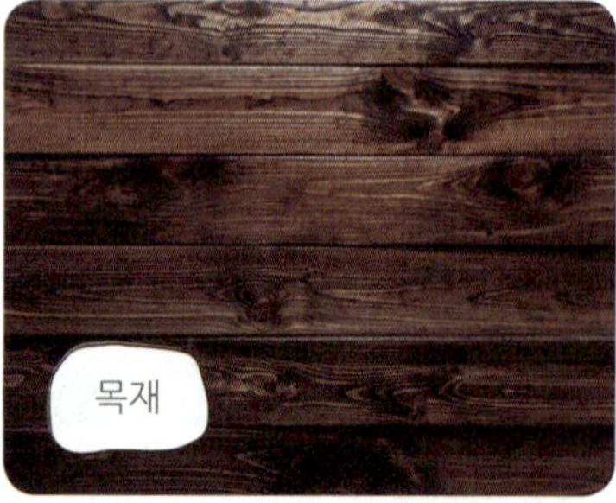

ⓐ bud   ⓑ wood

6.
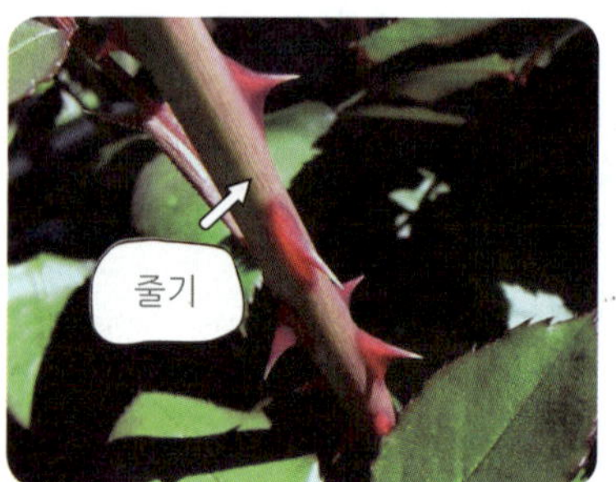

ⓐ stem   ⓑ thorn

B. 우리말에 맞도록 주어진 알파벳으로 시작하는 단어를 써 보세요.

7. 나는 꽃에 **물을 줘**. I w____________ the flowers.

8. 나는 덤불을 **다듬어**. I t____________ the bush.

9. 나는 **정원사**야. I am a g____________.

10. 이건 나무의 **몸통**이야. This is the t____________ of a tree.

11. 이건 나무의 **가지**야. This is the b____________ of a tree.

12. 이건 꽃의 **줄기**야. This is the s____________ of a flower.

13. **꽃봉오리**는 꽃이 될 거야. A b____________ will be a flower.

C. 다음 우리말을 보고 알맞은 영어 단어의 철자를 써 보세요.

14. 포도나무 | | i | | |

15. 뿌리 | | o | | t |

16. 대나무 | | a | | b | o | |

17. 연꽃 | l | | | u | |

18. 제비꽃 | | i | o | | | t |

19. 꿀 | | e | | t | |

20. 가시 | t | | o | | |

0041
kindergarten

kindergarten   k

[kíndərgà:rtn] 유치원

☆초등필수☆

0042
education

education   e

[èdʒukéiʃən] 교육

☆초등필수☆

0043
elementary

elementary   e

[èləméntəri] 초등의

☆초등필수☆

0044
elementary school

elementary school

[èləméntəri sku:l] 초등학교

☆초등필수☆

0045
middle

middle   m   m

[mídl] 중등의

0046

middle school

[mídl skuːl] 중학교

0047

high

[hai] 고등의, 높은

0048

high school

[hai skuːl] 고등학교

0049

exam

[igzǽm] 시험

0050

grade

[greid] 성적

0051

freshman

[fréʃmən] 신입생

☆초등필수☆

0052

desk

desk   d   d

[desk] 책상

☆초등필수☆

0053

chair

chair   c   c

[tʃɛər] 의자

☆초등필수☆

0054

classroom

classroom   c

[klǽsrù:m] 교실

☆초등필수☆

0055

book

book   b   b

[buk] 책

graduate

graduate   g

[grǽdʒuèit] 졸업하다

graduation

graduation   g

[grædʒuéiʃən] 졸업식

blackboard

blackboard   b

[blǽkbɔ̀ːrd] 칠판

clever

clever   c   c

[klévər] 영리한

locker

locker   l   l

[lákər] 사물함

DAY 03 Activity

A. 다음 사진과 설명을 보고 연상되는 영어 단어나 우리말 뜻을 고르세요.

1. 

ⓐ 유치원   ⓑ 초등학교

2. 

ⓐ middle school
ⓑ elementary school

3. 

ⓐ 교육   ⓑ 성적

4. 

ⓐ elementary school
ⓑ high school

5. 

ⓐ graduate   ⓑ clever

6. 

ⓐ 책상   ⓑ 교실

B. 우리말에 맞도록 주어진 알파벳으로 시작하는 단어를 써 보세요.

7. 나는 **중**학생이야. I am a m______ s______ student.

8. 우리 언니는 **고등**학생이야. My sister is a h______ s______ student.

9. 내 남동생은 **초등**학생이야. My brother is an e______ s______ student.

10. 이것은 나의 **책상**이야. This is my d______.

11. 이것은 나의 **의자**야. This is my c______.

12. 나는 고등학교를 **졸업했어**. I g______d from high school.

13. **칠판**을 보세요. Look at the b______.

C. 다음 우리말을 보고 알맞은 영어 단어의 철자를 써 보세요.

14. 유치원

k		d	e		a		t		

15. 교육

e		c	a		o	

16. 시험

		m

17. 성적

g		a		

18. 신입생

f		s		m	a	

19. 책

		k	

20. 사물함

		c	k		

초2400_5_w4

☆초등필수☆

0061
toothache
toothache   t

[tú:θèik] 치통

0062
scar
scar   s   s

[skɑːr] 흉터

0063
bleed
bleed   b   b

[bliːd] 피 흘리다

0064
sore
sore   s   s

[sɔːr] 아픈

0065
flu
flu   f   f

[fluː] 독감

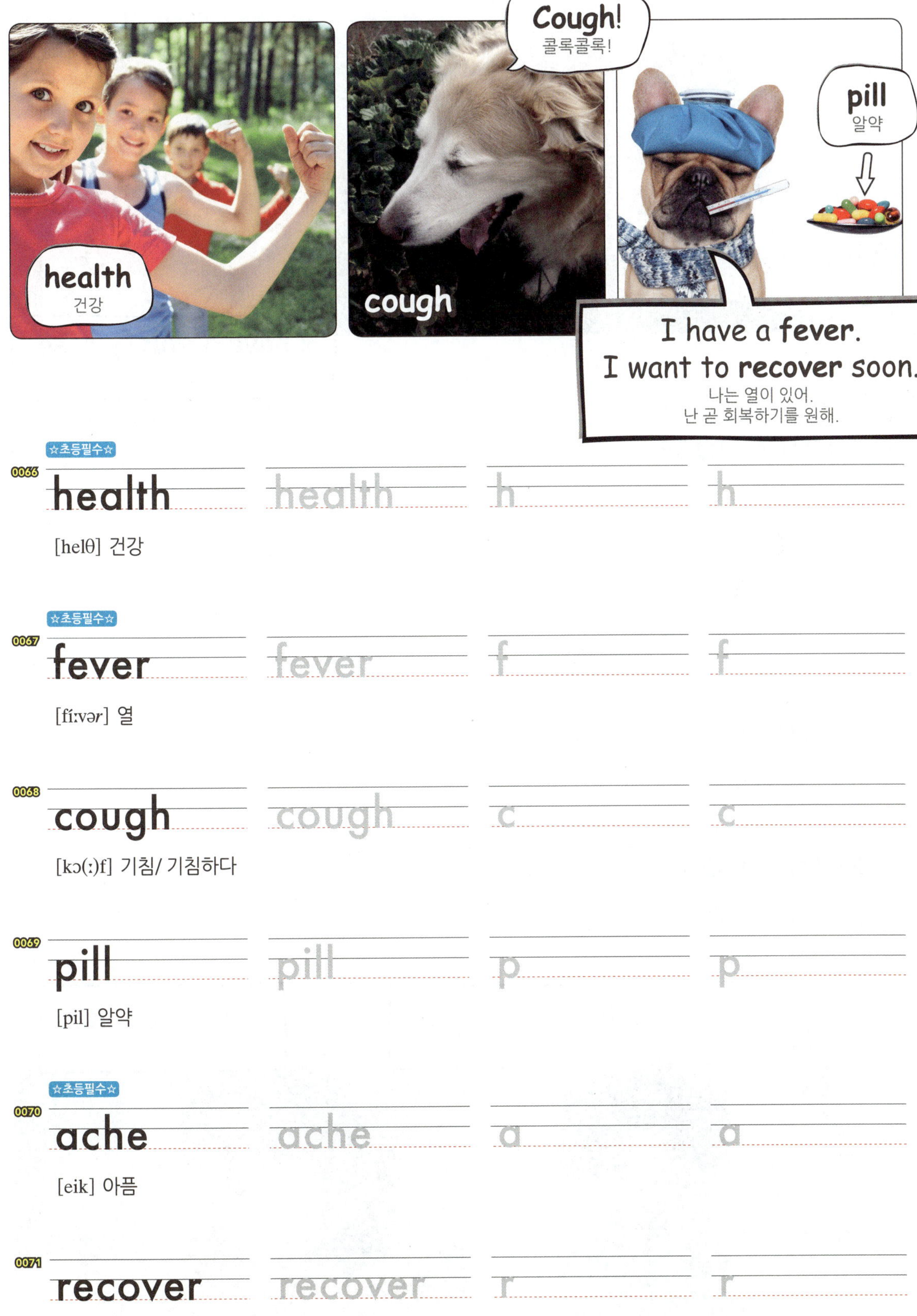

☆초등필수☆

0066

health

health   h   h

[helθ] 건강

☆초등필수☆

0067

fever

fever   f   f

[fíːvər] 열

0068

cough

cough   c   c

[kɔ(ː)f] 기침/ 기침하다

0069

pill

pill   p   p

[pil] 알약

☆초등필수☆

0070

ache

ache   a   a

[eik] 아픔

0071

recover

recover   r   r

[rikʌ́vər] 회복하다

0072

runny nose

runny nose

r

[rʌ́ni nouz] 콧물

0073

sneeze

sneeze

s

s

[sniːz] 재채기하다

0074

nosebleed

nosebleed

n

[nóuzbliːd] 코피

0075

stuffy nose

stuffy nose

s

[stʌ́fi nouz] 코막힘

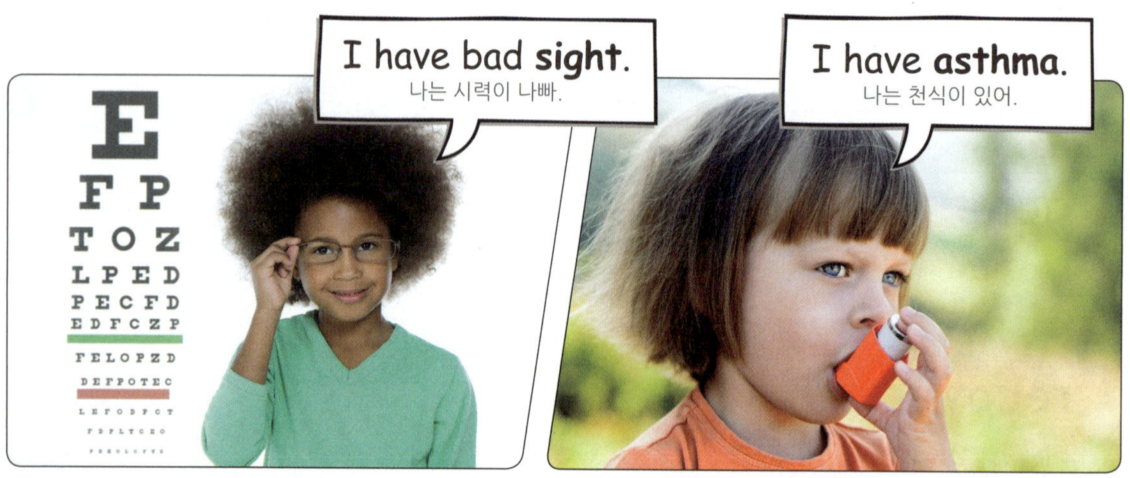

0076

sight

sight   s   s

[sait] 시력

0077

asthma

asthma   a   a

[ǽzmə] 천식

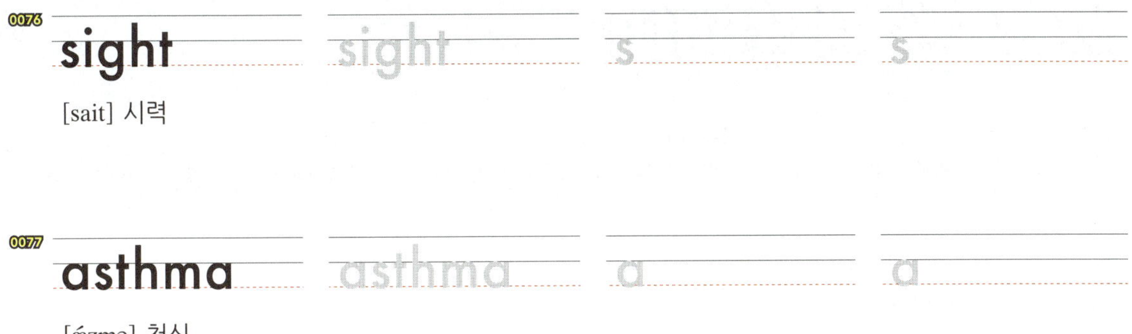

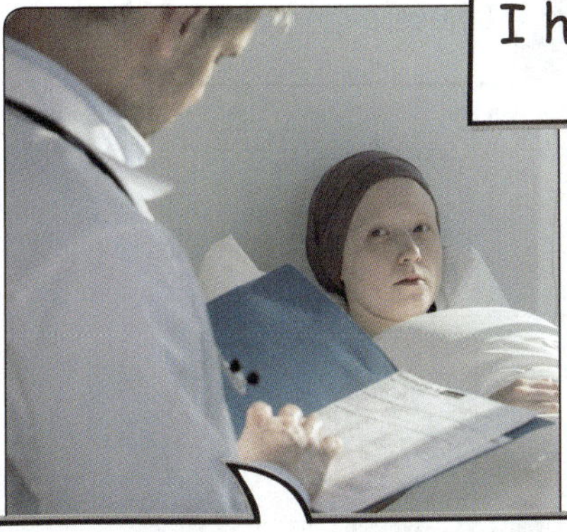

0078

examine

examine   e   e

[igzǽmin] 진찰하다

0079

disease

disease   d   d

[dizíːz] 병

0080

pain

pain   p   p

[pein] 고통, 통증

DAY 04 Activity

A. 다음 사진과 설명을 보고 연상되는 영어 단어나 우리말 뜻을 고르세요.

1.

ⓐ 치통　　ⓑ 흉터

2.
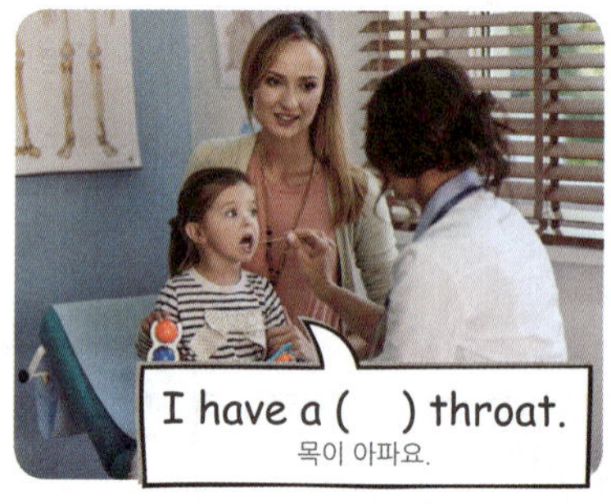

ⓐ dizzy　　ⓑ sore

3.

ⓐ cough　　ⓑ sight

4.

ⓐ 코피가 나　　ⓑ 코가 막혔어

5.

ⓐ disease　　ⓑ pain

6.

ⓐ fever　　ⓑ disease

B. 우리말에 맞도록 주어진 알파벳으로 시작하는 단어를 써 보세요.

7. 그는 **치통**이 있어. He has a t____________.

8. 그 소년은 **기침하고 있어.** The boy is c__________ing.

9. 나는 **알약**이 필요해요. I need a p__________.

10. 나는 **콧물이 나.** I have a r____________.

11. 나는 **시력**이 나빠. I have bad s__________.

12. 나는 **병**이 있어. I have a d__________.

13. 그는 얼굴에 **흉터**가 있어. He has a s_______ on his face.

C. 다음 우리말을 보고 알맞은 영어 단어의 철자를 써 보세요.

14. 피 흘리다

b				d	

15. 건강

				l	t

16. 열

f		v		

17. 재채기하다

s			e	z	

18. 회복하다

r		c	o			

19. 진찰하다

	x			i		e

20. 독감

	l	u	

DAY 05 It's my daily life.

NAME :　　　　DATE :　　.　　.　　.　　GOAL : 필수 7 / 추가 13

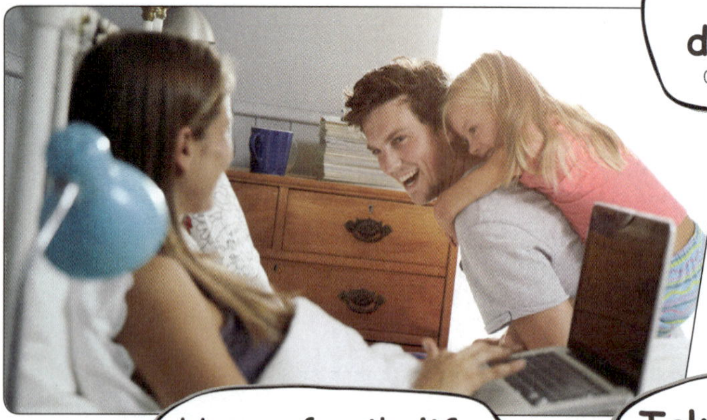

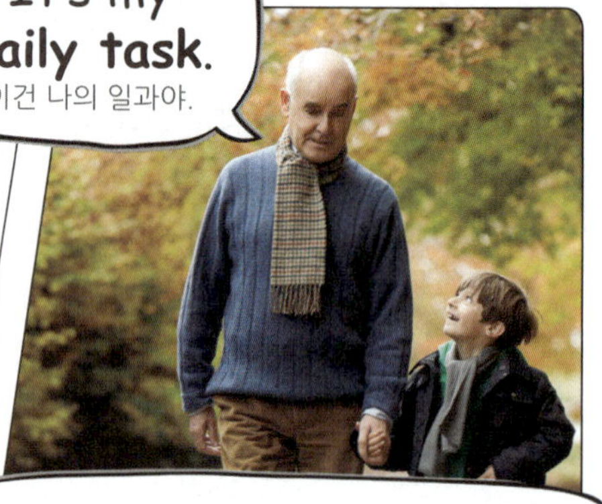

☆초등필수☆

0081 life

life

[laif] 생활

0082 daily

daily

[déili] 매일 하는

0083 daily task

daily task

[déili tæsk] 일과

0084 task

task

[tæsk] 업무

☆초등필수☆

0085 take a walk

take a walk

[teik ə wɔːk] 산책하다

0086

sound sleep

sound sleep   s

[saund sli:p] 숙면

0087

sound

sound   s   s

[saund] (잠이) 깊은

☆초등필수☆

0088

bell

bell   b   b

[bel] 종

☆초등필수☆

0089

usually

usually   u

[júːʒuəli] 보통

0090

stretch

stretch   s

[stretʃ] 기지개/ (팔, 다리를) 뻗다

0091

routine

routine   r

[ruːtíːn] 일과, 반복되는 일

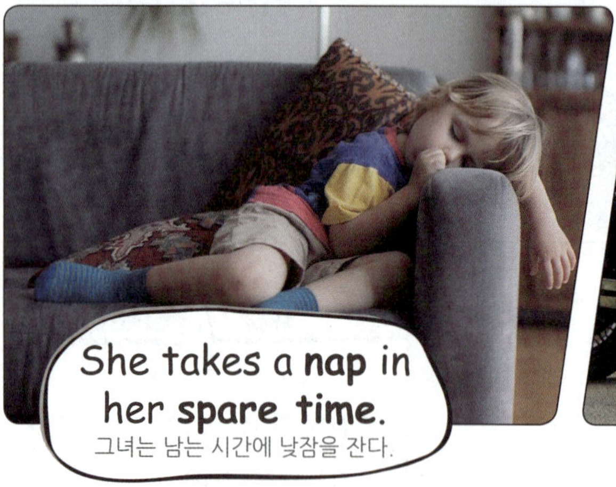

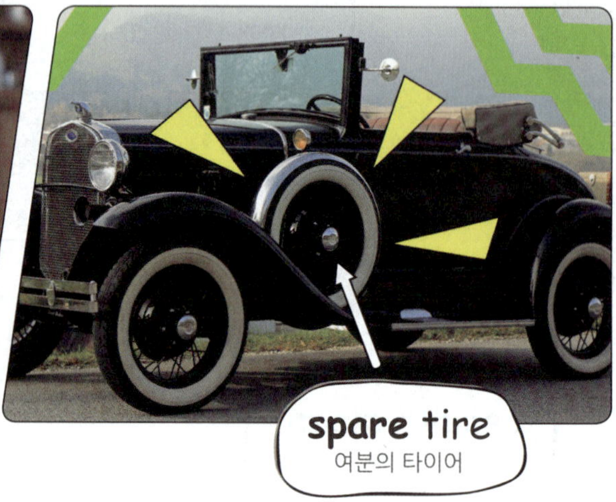

0092 **nap** nap n n

[næp] 낮잠

0093 **spare time** spare time s

[spɛər taim] 남는 시간

0094 **spare** spare s s

[spɛər] 여분의

0095 **shave** shave s s

[ʃeiv] 면도하다

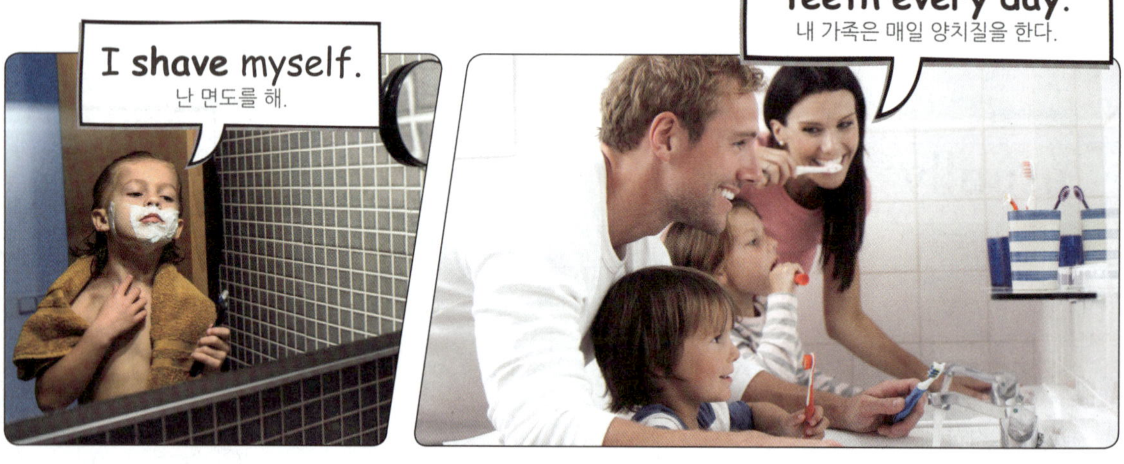

0096

brush

brush   b   b

[brʌʃ] 솔질하다

0097

teeth

teeth   t   t

[tiːθ] 치아

0098

every day

every day   e   e

[évri dei] 매일

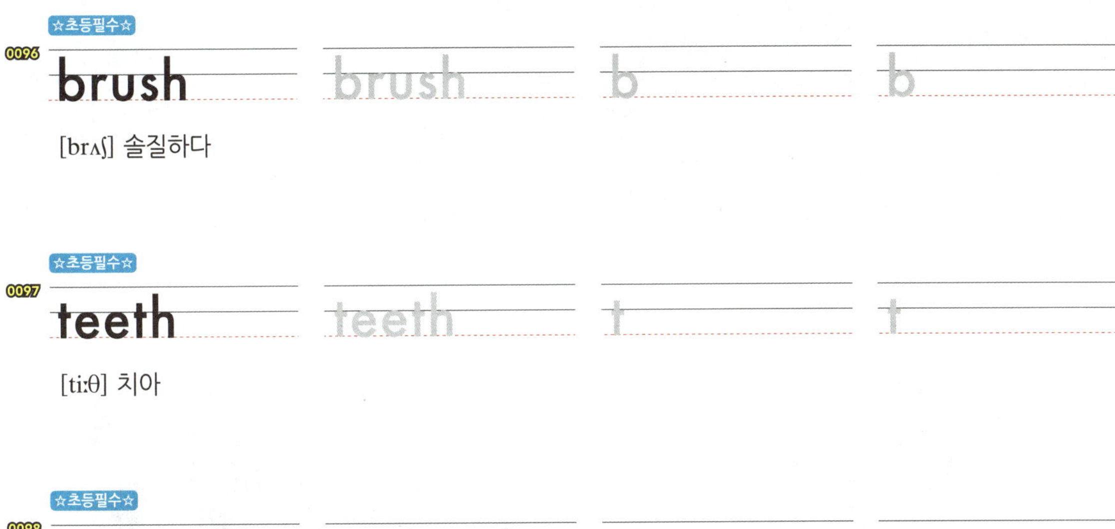

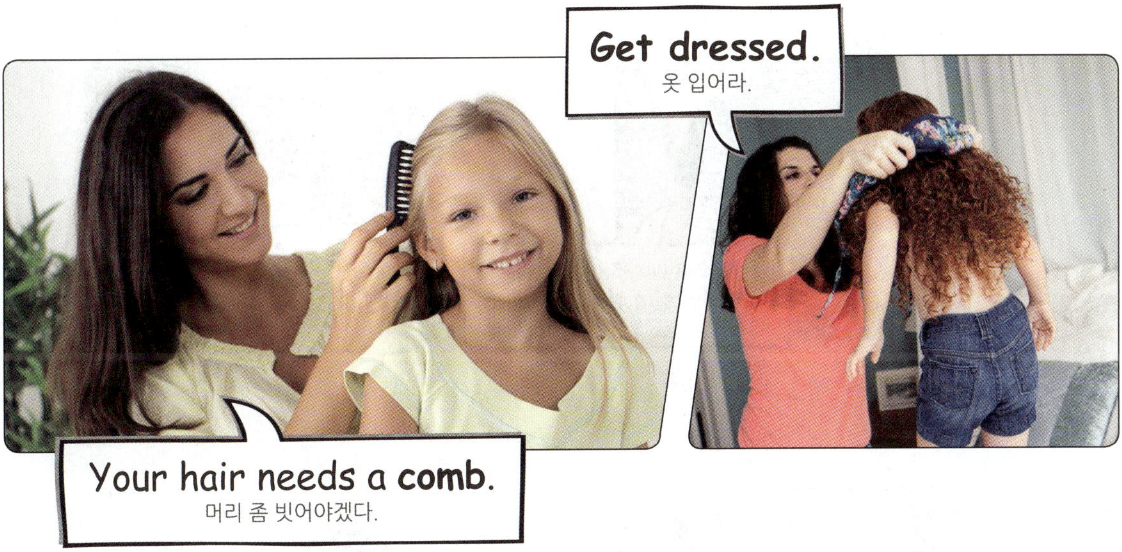

0099

comb

comb   c   c

[koum] 빗질

0100

get dressed

get dressed   g

[get drest] 옷을 입다

DAY 05 Activity

A. 다음 사진과 설명을 보고 연상되는 영어 단어나 우리말 뜻을 고르세요.

1.

ⓐ 생활　　　ⓑ 산책

2.

ⓐ sound sleep　　　ⓑ daily task

3.

ⓐ stretch　　　ⓑ shave

4.

ⓐ 남는 시간　　　ⓑ 일과

5.

ⓐ stretch　　　ⓑ shave

6.

ⓐ comb　　　ⓑ walk

B. 우리말에 맞도록 주어진 알파벳으로 시작하는 단어를 써 보세요.

7. 행복한 가정 **생활**　　　　Happy family l_________

8. 나는 할아버지와 **산책**을 한다.　　　I take a w_________ with my grandpa.

9. 이것은 나의 **일과**이다.　　　This is my d_________ t_________.

10. 그녀는 **잠을 잘 잤어.**　　　She had a s_________ s_________.

11. 나는 **낮잠**을 잔다.　　　I take a n_________.

12. 나는 **면도**를 한다.　　　I s_________ myself.

13. 나는 **양치질**을 한다.　　　I b_________ my teeth.

C. 다음 우리말을 보고 알맞은 영어 단어의 철자를 써 보세요.

14. (잠이) 깊은

s			n	

15. 보통

u			a	l	

16. 기지개/ (팔, 다리를) 뻗다

	t	r			c	

17. 일과, 반복되는 일

r			t	i		

18. 여분의

		p	a		

19. 매일

e	v					d		y

20. 옷을 입다

g					r	e			e	

 **A.** 다음 우리말 뜻에 맞는 단어를 괄호 안에서 고르세요.

1. 나는 이 집의 거주자야. I am a (resident / family) here.

2. 우리는 집을 지어. We (build / fix) a house.

3. 나는 꽃에 물을 줘야 해. I have to (water / trim) the flowers.

4. 나는 대나무가 좋아. I like (bamboo / root).

5. 나는 영리해. I'm (happy / clever).

6. 나는 콧물이 나. I have a (stuffy / runny) nose.

7. 그녀는 열이 있어. She has a (fever / pain).

8. 난 면도를 해. I (brush / shave) myself.

9. 나는 매일 산책을 해. I take a (nap / walk) every day.

B. 아래 영어 단어의 우리말 뜻을 쓰세요.

10. window	____________	16. locker	____________
11. bathroom	____________	17. sneeze	____________
12. root	____________	18. pain	____________
13. tree	____________	19. fever	____________
14. exam	____________	20. take a walk	____________
15. graduate	____________	21. every day	____________

C. 빈칸에 알맞은 단어를 찾아 줄로 연결하세요.

22. We _______d to a new house. •   • grade
    우리는 새로운 집으로 이사했다.

23. What a big oak ________! •   • toothache
    얼마나 큰 오크 나무인가!

24. I need to get a good ________. •   • move
    나는 좋은 성적을 받아야해.

25. This is my ___________. •   • desk
    이것은 나의 책상이야.

26. I have bad ________. •   • sight
    나는 시력이 나빠.

27. I have a ________. •   • spare
    나는 치통이 있어.

28. Do you have a ________ tire? •   • tree
    여분의 타이어를 가지고 있니?

D. 다음 우리말을 보고 알맞은 영어 단어를 써 보세요.

29. 살다   l___________   35. 가구   f___________

30. 가지   b___________   36. 벽   w___________

31. 줄기   s___________   37. 단풍나무   m___________

32. 교육   e___________   38. 재채기하다   s___________

33. 성적   g___________   39. 보통   u___________

34. 책   b___________   40. 옷을 입다   g___________

DAY 06 The sky is so high.

 NAME :　　DATE :　.　.　.　　GOAL : 필수 15 / 추가 5

☆초등필수☆

0101
mountain

[máuntən] 산

☆초등필수☆

0102
lake

[leik] 호수

0103
smooth

[smuːð] 매끄러운, 부드러운

☆초등필수☆

0104
mirror

[mírər] 거울

0105

river

[rívər] 강

0106

flow

[flou] 흐르다

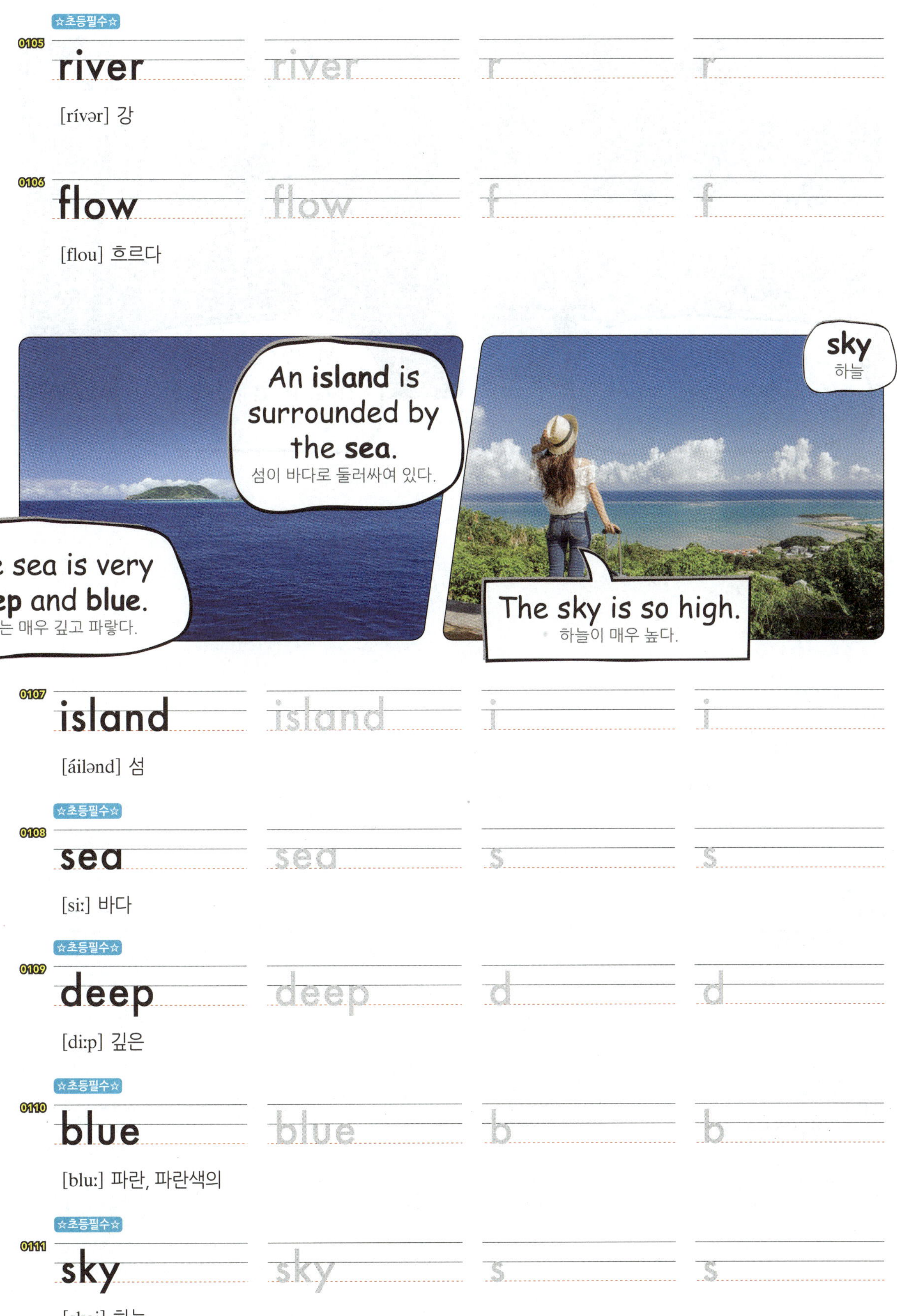

0107

island

[áilənd] 섬

0108

sea

[si:] 바다

0109

deep

[di:p] 깊은

0110

blue

[blu:] 파란, 파란색의

0111

sky

[skai] 하늘

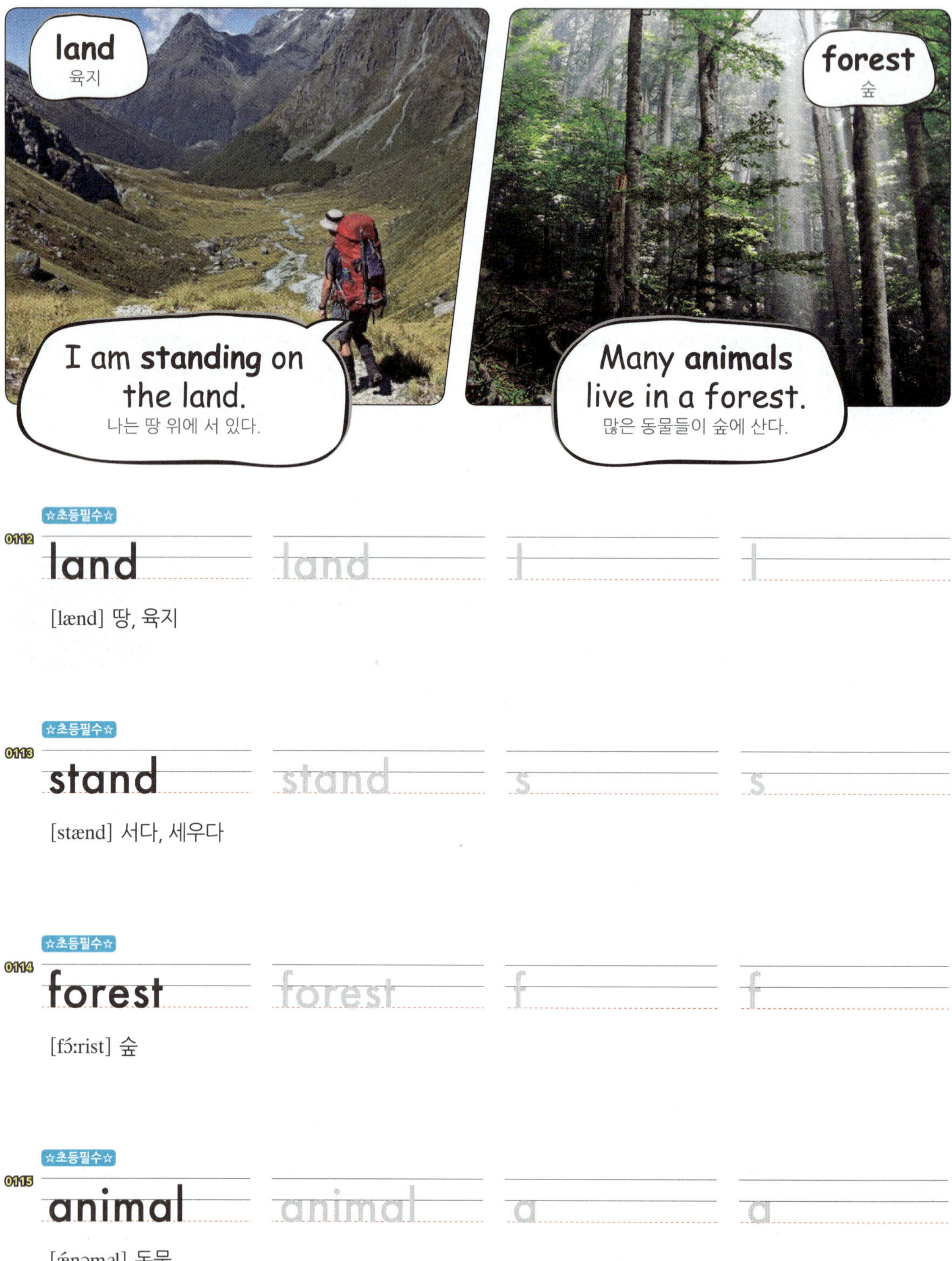

☆초등필수☆

0112 land

[lænd] 땅, 육지

☆초등필수☆

0113 stand

[stænd] 서다, 세우다

☆초등필수☆

0114 forest

[fɔ́:rist] 숲

☆초등필수☆

0115 animal

[ǽnəməl] 동물

0116
desert
[dézərt] 사막

☆초등필수☆

0117
place
[pleis] 곳, 장소

☆초등필수☆

0118
field
[fi:ld] 들판

0119
wild
[waild] 야생의, 거친

☆초등필수☆

0120
green
[gri:n] 녹색의, 푸른

DAY 06 Activity

A. 다음 사진과 설명을 보고 연상되는 영어 단어나 우리말 뜻을 고르세요.

1.

ⓐ forest　　ⓑ lake

2.

ⓐ 섬　　ⓑ 하늘

3.

ⓐ river　　ⓑ sky

4.

ⓐ land　　ⓑ sea

5.

ⓐ desert　　ⓑ mountain

6.

ⓐ deep　　ⓑ wild

B. 우리말에 맞도록 주어진 알파벳으로 시작하는 단어를 써 보세요.

7. **섬**이 바다로 둘러싸여 있다.   An i__________ is surrounded by the sea.

8. 바다는 매우 **깊고** 파랗다.   The sea is very d_______ and blue.

9. 많은 **동물**들이 숲에 산다.   Many a__________s live in a forest.

10. 우리는 땅 위에 **서** 있어.   We are s__________ing on the land.

11. 사막은 건조한 **곳**이다.   A desert is a dry p__________.

12. 난 **바다**에서 수영을 즐긴다.   I enjoy swimming in the s_______.

13. 야생의 푸른 **들판**이 있어.   There are wild green f__________s.

C. 다음 우리말을 보고 알맞은 영어 단어의 철자를 써 보세요.

14. 흐르다 | f | | | |

15. 산 | | o | u | | | a | | |

16. 사막 | d | | | | r | |

17. 거울 | m | | | o | |

18. 파란, 파란색의 | b | | | |

19. 강 | r | | v | | |

20. 매끄러운 | s | m | | | | |

DAY 07 It's a hot day.

 NAME :   DATE :   .   .   .   GOAL : 필수 7 / 추가 13

☆초등필수☆

0121 sunny   sunny   s   s

[sʌ́ni] 화창한

☆초등필수☆

0122 hot   hot   h   h

[hɑ:t] 더운, 뜨거운

0123 sunburn   sunburn   s   s

[sʌ́nbə:rn] 햇볕에 탐

0124 drought   drought   d   d

[draut] 가뭄

☆초등필수☆

0125 dry   dry   d   d

[drai] 건조한

☆초등필수☆

0126 above above a a

[əbʌ́v] ~을 넘는, ~보다 높게

0127 degree degree d d

[digrí:] (온도 단위) 도

0128 temperature temperature t

[témpərətʃər] 온도, 기온

0129 raindrop raindrop r

[réindràp] 빗방울

☆초등필수☆

0130 weather weather w

[wéðər] 날씨

☆초등필수☆

0131 rainy rainy r r

[réini] 비가 많이 오는

0132

weatherman

[wéðərmæn] 기상캐스터

0133

rainstorm

[réinstɔ̀ːrm] 폭풍우

0134

smog

[smɔːg] 스모그

0135

fine dust

[fain dʌst] 미세먼지

0136

cloudy

cloudy   c   c

[kláudi] 흐린, 탁한

0137

snowstorm

snowstorm   s

[snóustɔ̀:rm] 눈보라

0138

snowflake

snowflake   s

[snóuflèik] 눈송이

0139

icicle

icicle   i   i

[áisikl] 고드름

0140

freezing

freezing   f   f

[frí:ziŋ] 몹시 추운

DAY 07 Activity

 **A.** 다음 사진과 설명을 보고 연상되는 영어 단어나 우리말 뜻을 고르세요.

1.

ⓐ hot   ⓑ cloudy

2.

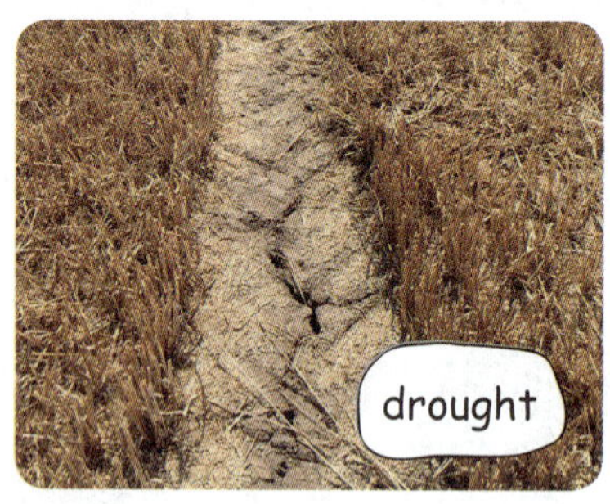

ⓐ 스모그   ⓑ 가뭄

3.

ⓐ dry   ⓑ rainy

4.

ⓐ icicle   ⓑ snowflake

5.

ⓐ snowstorm   ⓑ smog

6.

ⓐ 안개   ⓑ 미세먼지

B. 우리말에 맞도록 주어진 알파벳으로 시작하는 단어를 써 보세요.

7. **화창한** 날이야. It is a s__________ day.

8. 나는 **햇볕에 탔어**. I got a s__________.

9. **비가 와**! It's r__________!

10. **온도**가 30도가 넘어. T__________ is above 30 degrees.

11. 날씨가 **흐려**. It is c__________.

12. **기상캐스터**는 내일 비가 The w__________ says
올 거라고 말한다. it will rain tomorrow.

13. 밖은 **몹시 추워**. It's f__________ outside.

C. 다음 우리말을 보고 알맞은 영어 단어의 철자를 써 보세요.

14. 가뭄 | d | | o | u | | |

15. 건조한 | d | | |

16. (온도 단위) 도 | d | | | r | | |

17. 날씨 | | | e | a | | |

18. 빗방울 | r | a | | | | r | |

19. 눈송이 | s | | o | | f | | k | |

20. ~보다 높게 | a | | | | e |

DAY 08 How long does it take?

 NAME :   DATE :   .   .   .   GOAL : 필수 8 / 추가 12

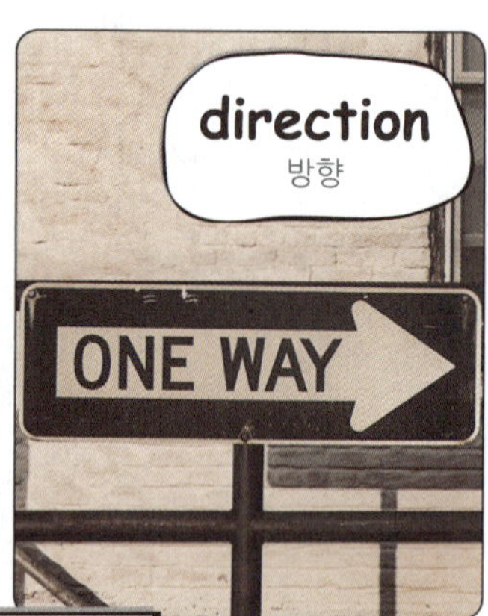

☆초등필수☆

0141
faster
faster   f   f

[fǽstər] 더 빠른

☆초등필수☆

0142
than
than   t   t

[ðən] ~보다

0143
traffic jam
traffic jam

[trǽfik dʒæm] 교통 체증

☆초등필수☆

0144
bicycle
bicycle   b

[báisikl] 자전거

0145
direction
direction   d

[dairékʃən] 방향

☆초등필수☆

0146

car

car   c   c

[kɑːr] 자동차

☆초등필수☆

0147

take

take   t   t

[teik] (얼마의 시간이) 걸리다

☆초등필수☆

0148

more

more   m   m

[mɔːr] 더

0149

highway

highway   h   h

[háiwèi] 고속도로

0150

aboard

aboard   a   a

[əbɔ́ːrd] (배, 기차, 비행기 등에) 탑승한

0151

flight

flight   f   f

[flait] 비행기

0152

crosswalk

crosswalk   c

[krɔ́:swɔ̀:k] 횡단보도

0153

sidewalk

sidewalk   s

[sáidwɔ́:k] 보도, 인도

0154

express

express   e

[iksprés] 신속한

0155

express train

express train   e

[iksprés trein] 급행열차

☆초등필수☆

0156 **plane** plane p p

[plein] 비행기

☆초등필수☆

0157 **slower** slower s s

[slouər] 더 느린

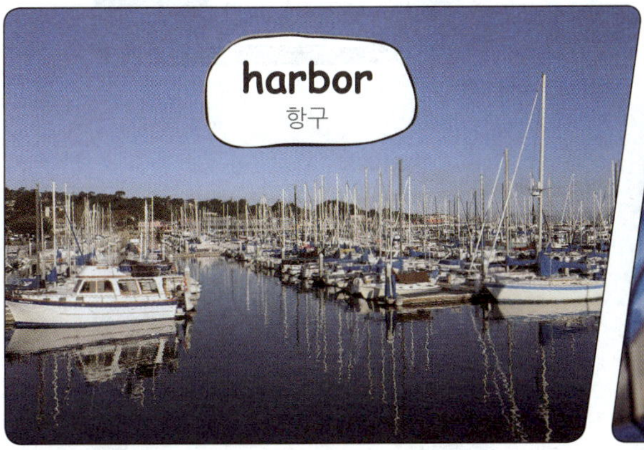

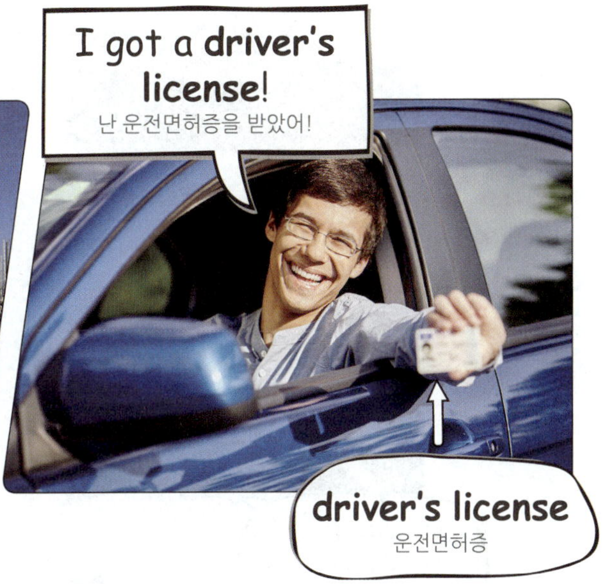

0158 **harbor** harbor h h

[há:rbər] 항구

0159 **license** license l l

[láisəns] 면허

0160 **driver's license** driver's license

[dráivərz láisəns] 운전면허증

# DAY 08 Activity

A. 다음 사진과 설명을 보고 연상되는 영어 단어나 우리말 뜻을 고르세요.

1.

ⓐ faster   ⓑ slower

2.

ⓐ 고속도로   ⓑ 교통체증

3.

ⓐ more   ⓑ faster

4.

ⓐ 고속도로   ⓑ 횡단보도

5.

ⓐ sidewalk   ⓑ crosswalk

6.
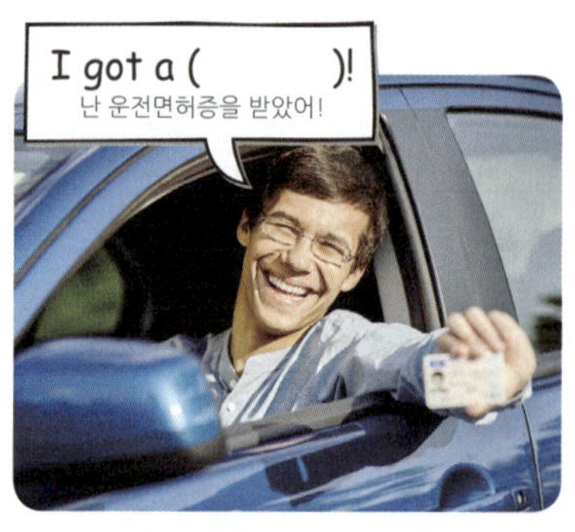

ⓐ express train   ⓑ driver's license

B. 우리말에 맞도록 주어진 알파벳으로 시작하는 단어를 써 보세요.

7. 나는 너보다 **빨라**.
I am f______________ than you.

8. 우린 **교통체증**에 갇혀 있어.
We are stuck in a t__________ j________.

9. 30분 넘게 **걸려요**.
It t____________s more than 30 minutes.

10. **횡단보도**에서 길을 건너세요.
Cross at the c______________.

11. 우리 비행기에 **탑승**한 것을 환영합니다.
Welcome a____________ our flight.

12. **급행열차**를 타세요.
Take an e__________ t____________.

13. 나는 **운전면허증**을 받았어.
I got a d____________ l____________.

C. 다음 우리말을 보고 알맞은 영어 단어의 철자를 써 보세요.

14. 자전거
| | | c | y | | | |

15. 방향
| d | | r | e | | | i | | |

16. 더
| | o | r | |

17. 고속도로
| h | | | w | a | | |

18. 보도, 인도
| s | | | e | w | | l | |

19. 비행기
| f | l | | | | t |

20. 항구
| h | | r | b | | |

DAY 09 I'll love you forever!

 NAME :   DATE :   .   .   .   GOAL : 필수 11 / 추가 9

☆초등필수☆

0161 forever

[fərévə(r)] 영원히

☆초등필수☆

0162 day

[dei] 하루, 날

0163 annual

[ǽnjuəl] 연례의(1년에 한 번)

☆초등필수☆

0164 year

[jiər] 1년

0165 every year

[évri jir] 해마다, 매년

"

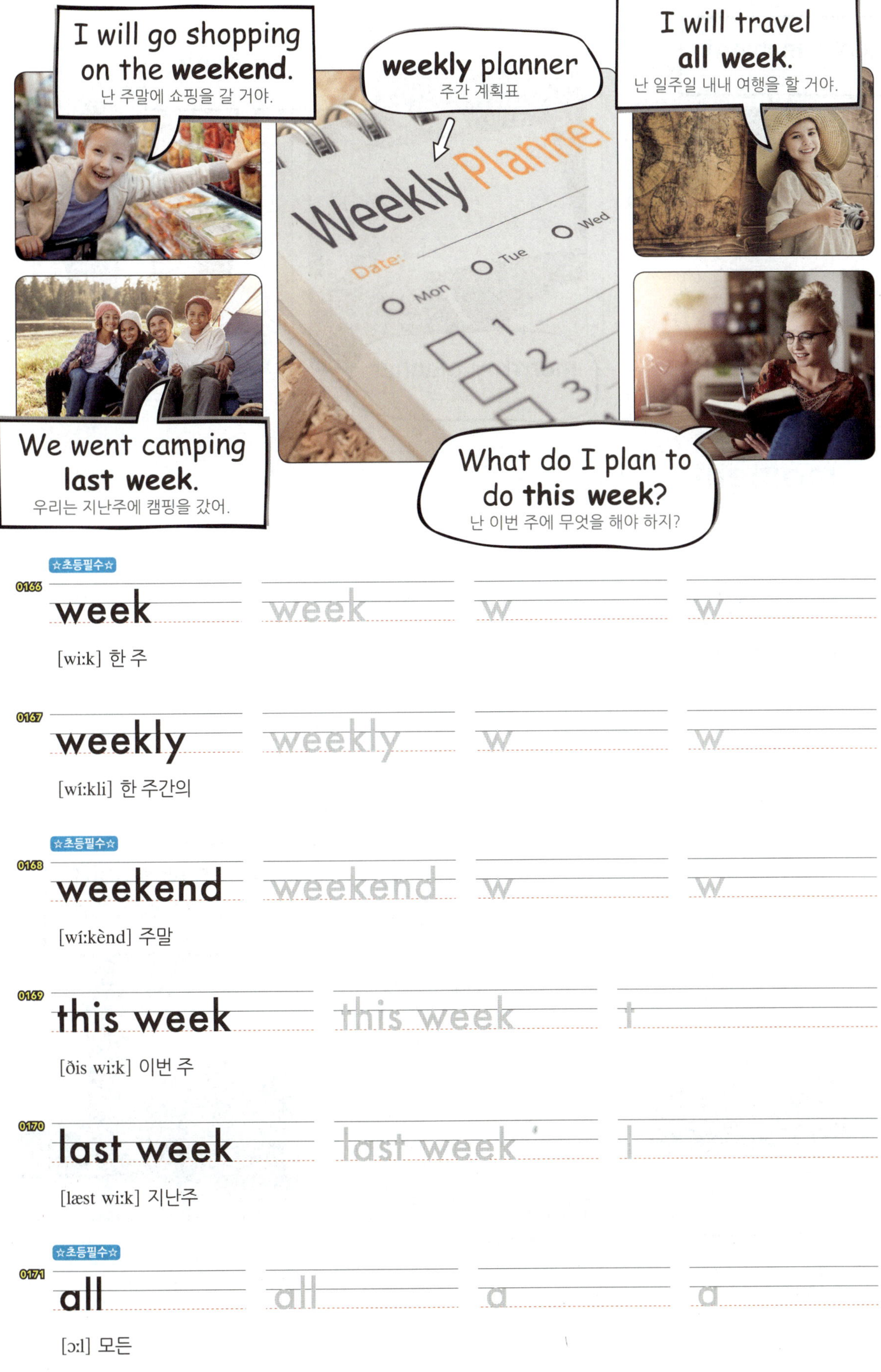

☆초등필수☆

0166
week
week   w   w

[wi:k] 한 주

0167
weekly
weekly   w   w

[wí:kli] 한 주간의

☆초등필수☆

0168
weekend
weekend   w   w

[wí:kènd] 주말

0169
this week
this week   t

[ðis wi:k] 이번 주

0170
last week
last week   t

[læst wi:k] 지난주

☆초등필수☆

0171
all
all   a   a

[ɔ:l] 모든

0172

moment

moment   m   m

[móumənt] 순간, 잠깐

0173

monthly

monthly   m   m

[mʌ́nθli] 한 달의, 월간

☆초등필수☆

0174

again

again   a   a

[əgén] 다시

decade
10년

century
100년

0175

decade

decade   d   d

[dékeid] 10년

century

[séntʃəri] 100년, 세기

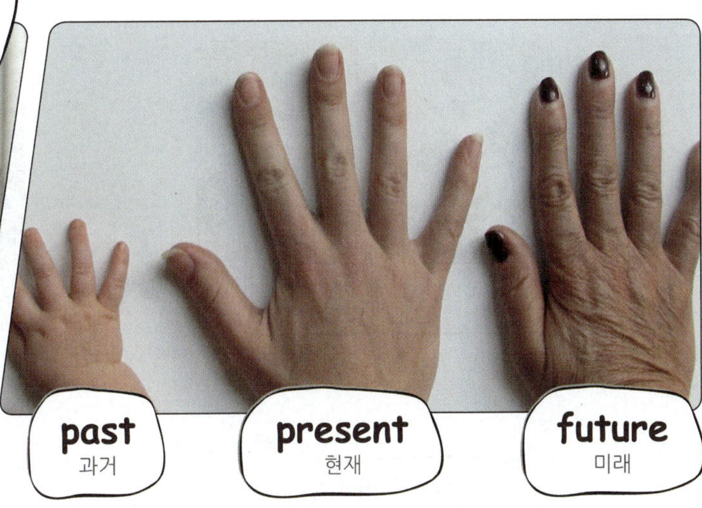

☆초등필수☆

0177
time

[taim] 시간

☆초등필수☆

0178
past

[pæst] 과거

☆초등필수☆

0179
present

[préznt] 현재

☆초등필수☆

0180
future

[fjúːtʃər] 미래

DAY 09 Activity

A. 다음 사진과 설명을 보고 연상되는 영어 단어나 우리말 뜻을 고르세요.

1.

ⓐ 영원히　　　ⓑ 다시

2.
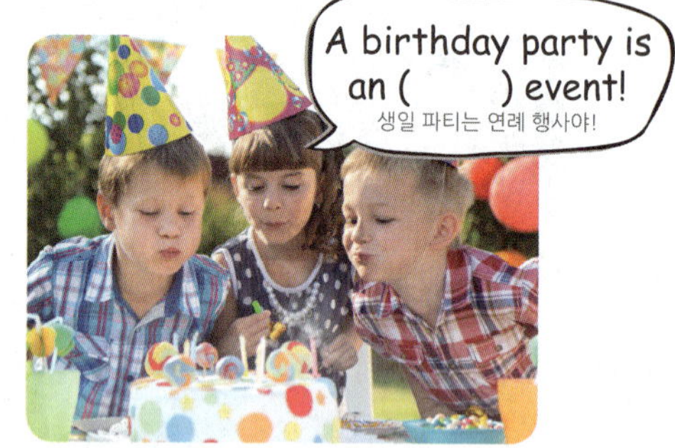

ⓐ monthly　　　ⓑ annual

3.

ⓐ 월간　　　ⓑ 주간

4.

ⓐ moment　　　ⓑ decade

5.

ⓐ century　　　ⓑ decade

6.
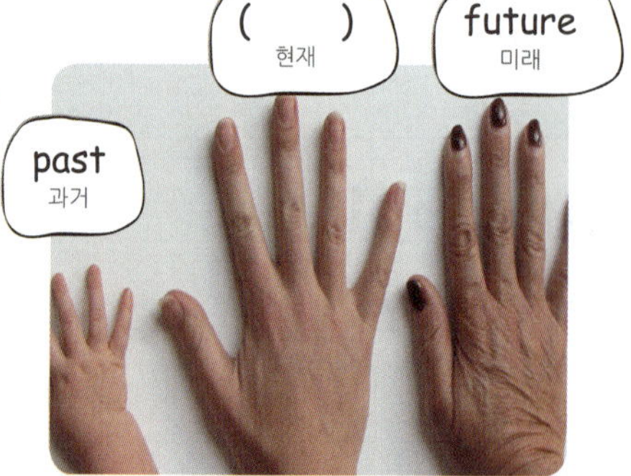

ⓐ present　　　ⓑ time

B. 우리말에 맞도록 주어진 알파벳으로 시작하는 단어를 써 보세요.

7. 난 당신을 **영원히** 사랑할 거야.　　　I'll love you f__________.

8. 나는 **매년** 미국에 간다.　　　I go to the US e________ y________.

9. 나는 **지난주**에 캠핑을 갔어.　　　I went camping l________ w________.

10. **월간** 계획표　　　m__________ planner

11. **주간** 계획표　　　w__________ planner

12. **잠깐만**!　　　Just a m__________!

13. **또** 만나자!　　　See you a__________!

C. 다음 우리말을 보고 알맞은 영어 단어의 철자를 써 보세요.

14. 하루, 날　　　| d | | |

15. 연례의　　　| a | | | a | |

16. 주말　　　| w | e | | | e | |

17. 모든　　　| a | | |

18. 10년　　　| | | c | | d | e |

19. 100년, 세기　　　| | | n | t | | r | |

20. 과거　　　| | | s | |

DAY 10 She has curly blond hair.

 NAME :   DATE :   .   .   .   GOAL : 필수 9 / 추가 11

0181
curly
curly

[kə́ːrli] 곱슬곱슬한

0182
blond
blond

[bland] 금발인

0183
adorable
adorable

[ədɔ́ːrəbl] 사랑스러운

☆초등필수☆
0184
cute
cute

[kjuːt] 귀여운

☆초등필수☆
0185
lovely
lovely

[lʌ́vli] 사랑스러운

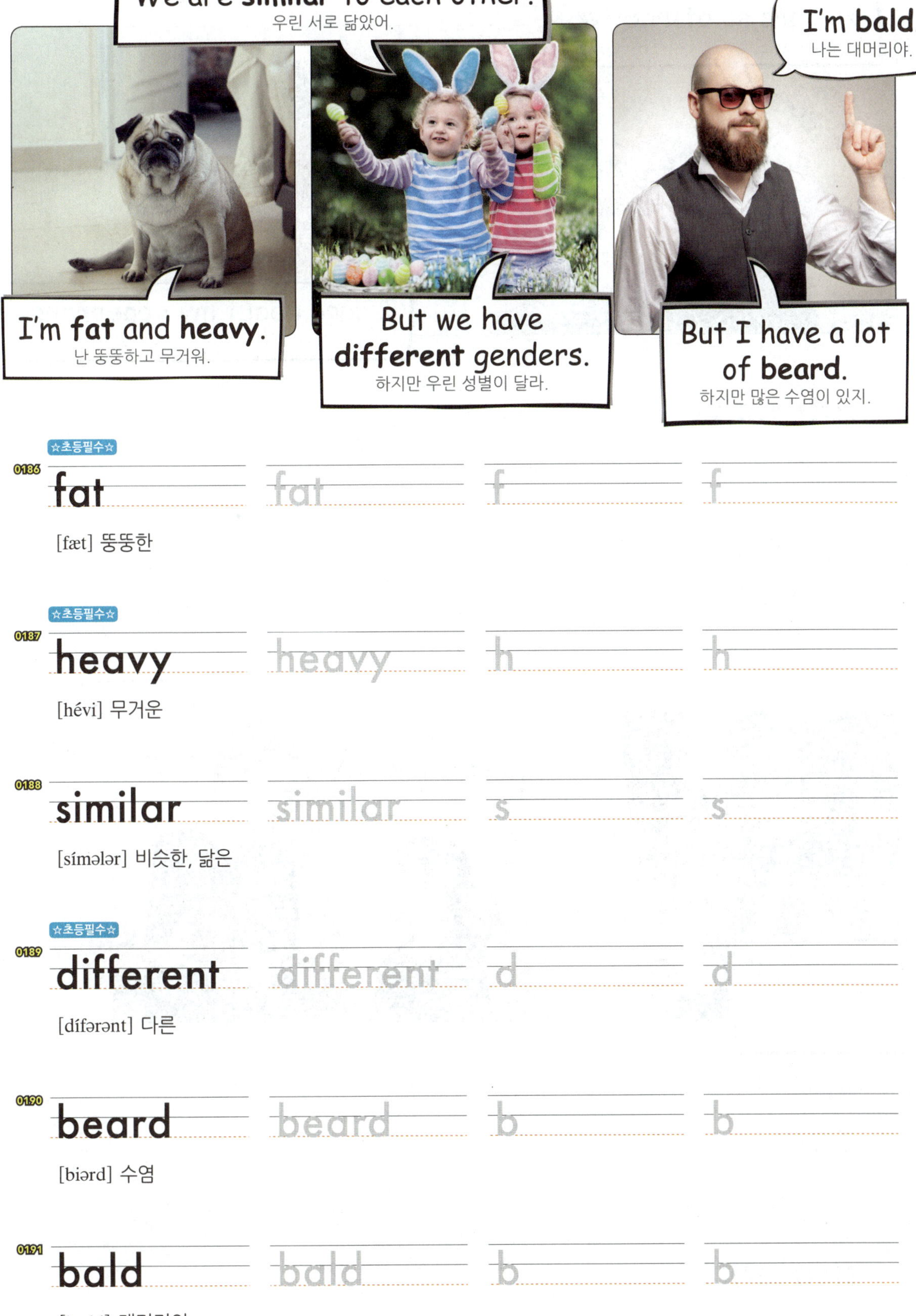

☆초등필수☆

0186 **fat**

[fæt] 뚱뚱한

☆초등필수☆

0187 **heavy**

[hévi] 무거운

0188 **similar**

[símələr] 비슷한, 닮은

☆초등필수☆

0189 **different**

[dífərənt] 다른

0190 **beard**

[biərd] 수염

0191 **bald**

[bɔːld] 대머리의

0192

attractive

attractive   a

[ətrǽktiv] 매력적인

0193

appearance

appearance   a

[əpíərəns] 외모

☆초등필수☆

0194

dark

dark   d   d

[da:rk] 어두운

0195

straight

straight   s   s

[streit] 직선의

☆초등필수☆

0196 **tall** tall t t

[tɔ:l] 키가 큰

☆초등필수☆

0197 **short** short s s

[ʃɔ:rt] 키가 작은

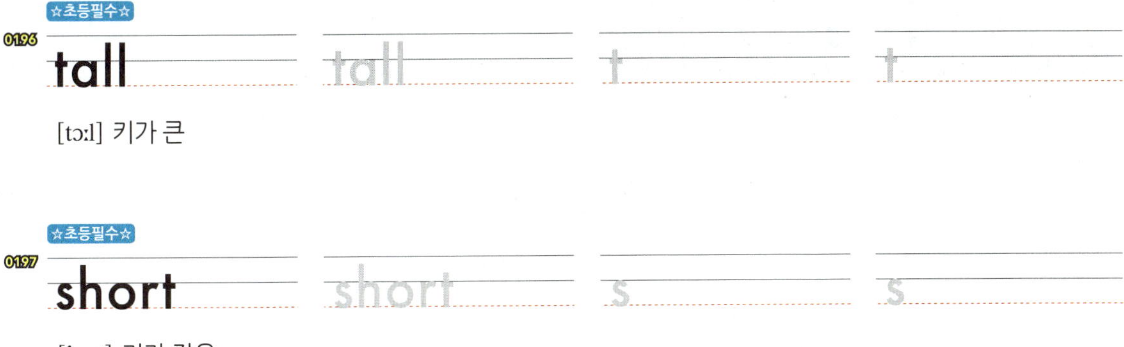

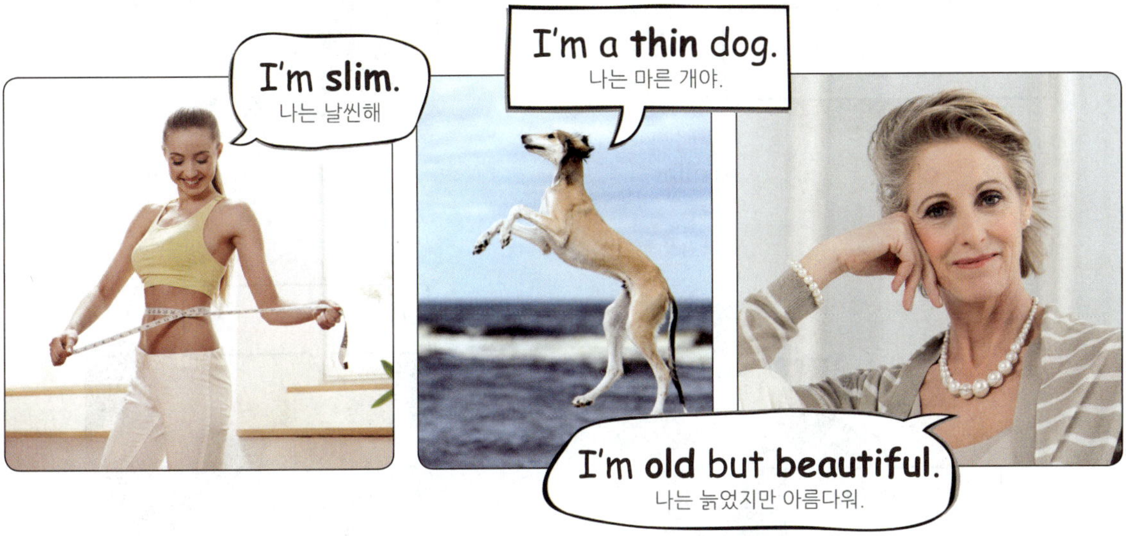

0198 **slim** slim s s

[slim] 날씬한

0199 **thin** thin t t

[θin] 마른

☆초등필수☆

0200 **beautiful** beautiful b b

[bjú:tifl] 아름다운

DAY 10 Activity

A. 다음 사진과 설명을 보고 연상되는 영어 단어나 우리말 뜻을 고르세요.

1.

ⓐ curly   ⓑ similar

2.

ⓐ 사랑스러워   ⓑ 매력적이야

3.

ⓐ beard   ⓑ bald

4.

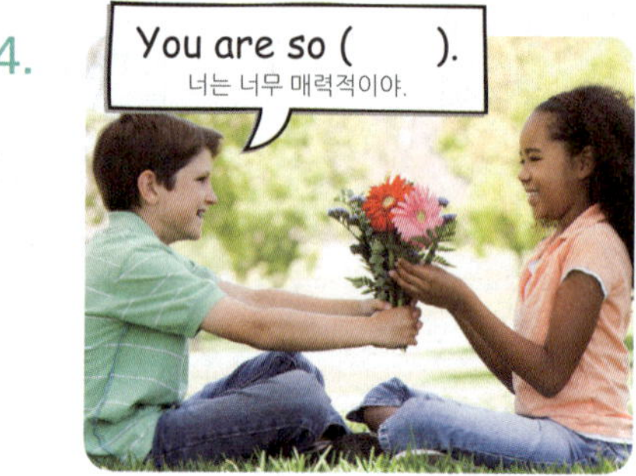

ⓐ slim   ⓑ attractive

5.

ⓐ 작아   ⓑ 커

6.

ⓐ slim   ⓑ different

B. 우리말에 맞도록 주어진 알파벳으로 시작하는 단어를 써 보세요.

7. 그녀는 **곱슬머리**야.　　　She has c____________ hair.

8. 그녀는 **생머리**야.　　　She has s____________ hair.

9. 그 소년은 **사랑스러워**.　　　The boy is a____________.

10. 그 개는 **뚱뚱해**.　　　The dog is f__________.

11. 우리는 **닮았어**.　　　We are s____________ to each other.

12. 그는 **키가 커**.　　　He is t________.

13. 그녀는 **날씬해**.　　　She is s__________.

C. 다음 우리말을 보고 알맞은 영어 단어의 철자를 써 보세요.

14. 귀여운　　　| c | | | e |

15. 무거운　　　| h | | | | y |

16. 다른　　　| d | | f | | r | e | | |

17. 매력적인　　　| | | t | r | | t | i | | e |

18. 외모　　　| a | | | e | | r | a | c | |

19. 키가 작은　　　| | h | | | t |

20. 마른　　　| t | | | |

 **다음 우리말 뜻에 맞는 단어를 괄호 안에서 고르세요.**

1. 하늘이 매우 높다. The (sky / mountain) is so high.

2. 강은 바다로 흐른다. A river flows into the (lake / sea).

3. 난 햇볕에 탔어. I got a (fine dust / sunburn).

4. 밖은 몹시 추워. It's (rainy / freezing) outside.

5. 난 너보다 빨라. I am (faster / slower) than you.

6. 지금 고속도로 위에 있어. I'm on the (highway / crosswalk).

7. 월간 계획표 (daily / monthly) planner

8. 그는 곱슬머리야. He has (curly / straight) hair.

9. 그 소년은 사랑스러워. The boy is (adorable / attractive).

아래 영어 단어의 우리말 뜻을 쓰세요.

10. mountain _______		16. desert _______
11. mirror _______		17. sunny _______
12. forest _______		18. plane _______
13. different _______		19. again _______
14. weekend _______		20. appearance _______
15. heavy _______		21. tall _______

C. 빈칸에 알맞은 단어를 찾아 줄로 연결하세요.

22. The sea is very ________.
바다는 매우 깊다.　　　　•　　　　• stand

23. I am ________ing on the land.
나는 땅 위에 서 있다.　　•　　　　• rainy

24. It's __________.
비가 온다.　　　　•　　　　• express

25. Take an ________ train.
급행열차를 타세요.　　•　　　　• deep

26. We love ________.
우리는 영원히 사랑합니다.　•　　　　• moment

27. Just a ________!
잠깐만!　　　　•　　　　• different

28. We are ________ from each other.　•　　　　• forever
우리는 서로 다르다.

D. 다음 우리말을 보고 알맞은 영어 단어를 써 보세요.

29. 귀여운　c __________　　35. 섬　i __________

30. 가뭄　d __________　　36. 온도　t __________

31. 눈송이　s __________　　37. 더　m __________

32. 방향　d __________　　38. 10년　d __________

33. 현재　p __________　　39. 시간　t __________

34. 매력적인　a __________　　40. 마른　t __________

DAY 11 He is always well-dressed.

 NAME :　　　　　　　DATE :　　.　　.　　.　　　　GOAL : 필수 8 / 추가 12

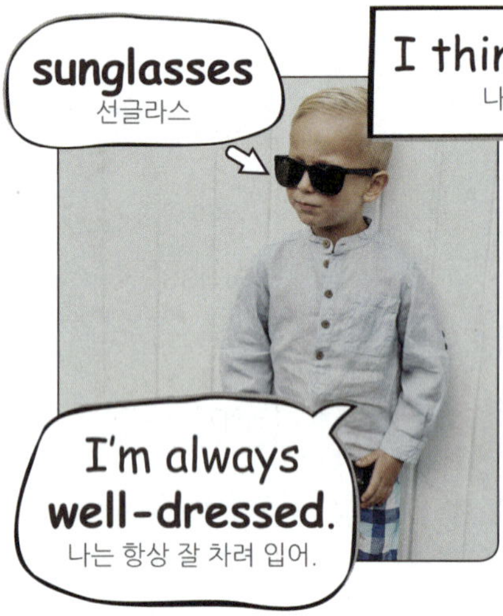

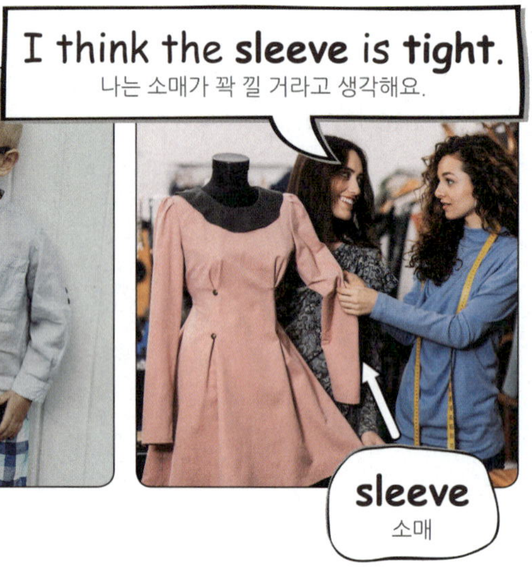

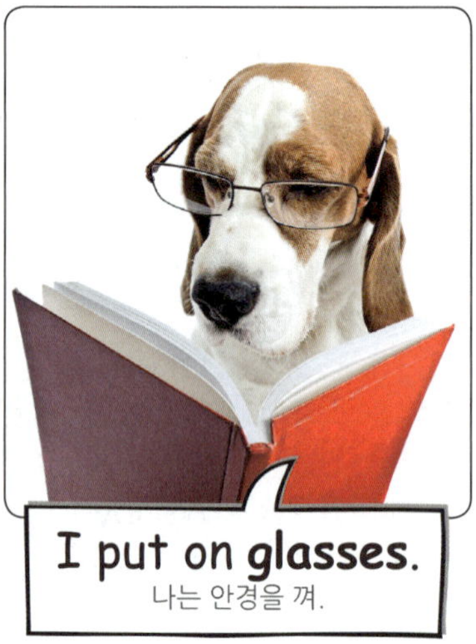

☆초등필수☆

0201 sunglasses　　sunglasses　　s

[sʌ́nglæsiz] 선글라스

0202 well-dressed　　well-dressed　　w

[wel-drest] 잘 차려 입은

0203 sleeve　　sleeve　　s　　s

[sliːv] 소매

0204 tight　　tight　　t　　t

[tait] 꽉 끼는

☆초등필수☆

0205 glasses　　glasses　　g　　g

[glǽsiz] 안경

"

☆초등필수☆

0206

sweater

[swétər] 스웨터

0207

blouse

[blaus] 블라우스

0208

jacket

[dʒǽkit] 재킷

0209

loose

[luːs] 헐렁한

☆초등필수☆

0210

T-shirt

[tiː-ʃəːrt] 티셔츠

0211

costume

[kástjuːm] 의상

0212

naked
naked　　n　　n

[néikid] 벌거벗은

0213

bracelet
bracelet　　b　　b

[bréislit] 팔찌

0214

necklace
necklace　　n　　n

[néklis] 목걸이

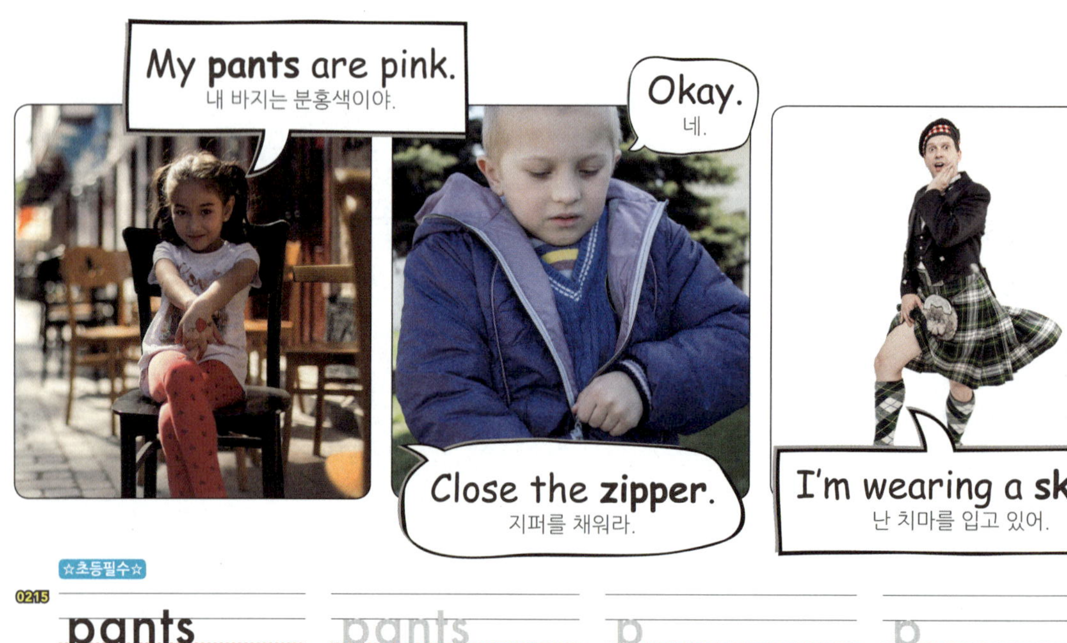

☆초등필수☆

0215

pants
pants　　p　　p

[pænts] 바지

0216

zipper

zipper   z   z

[zípər] 지퍼

0217

skirt

skirt   s   s

[skə:rt] 치마

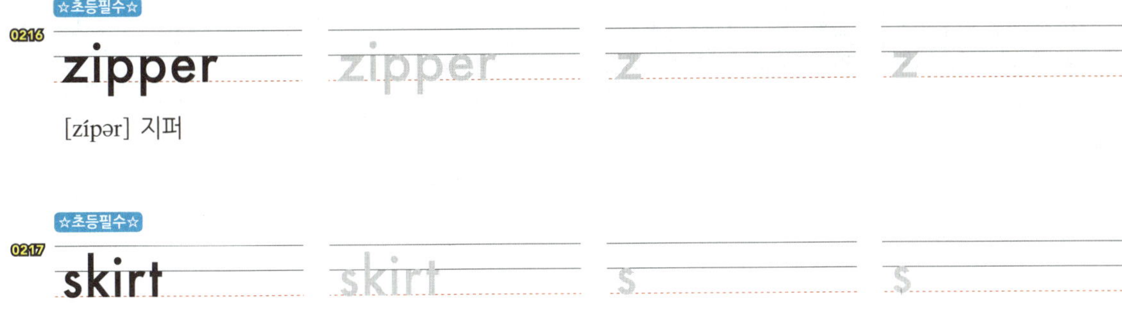

0218

sneakers

sneakers   s

[sníːkərz] 운동화

0219

comfortable

comfortable   c

[kʌ́mfərtəbl] 편한

0220

exchange

exchange   e

[ikstʃéindʒ] 교환하다

DAY 11 Activity

A. 다음 사진과 설명을 보고 연상되는 영어 단어나 우리말 뜻을 고르세요.

1.
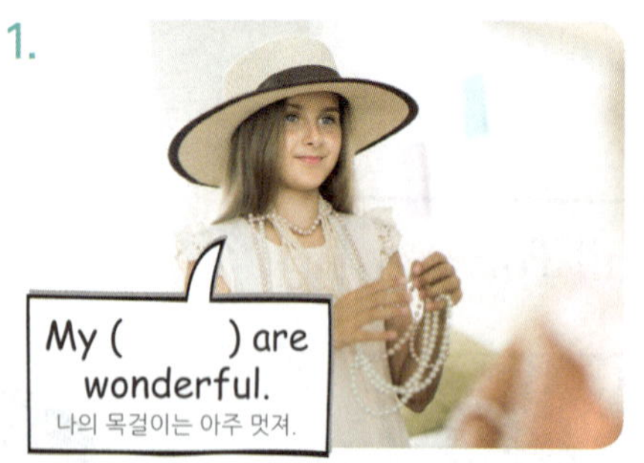

ⓐ glasses　　ⓑ necklaces

2.
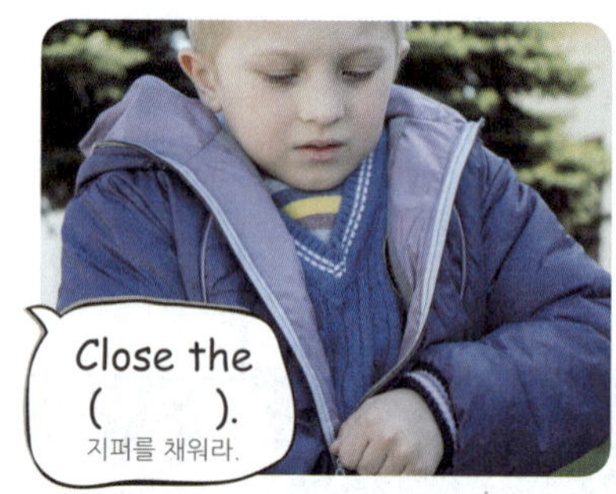

ⓐ zipper　　ⓑ sleeve

3.

ⓐ comfortable　　ⓑ well-dressed

4.

ⓐ 소매　　ⓑ 치마

5.
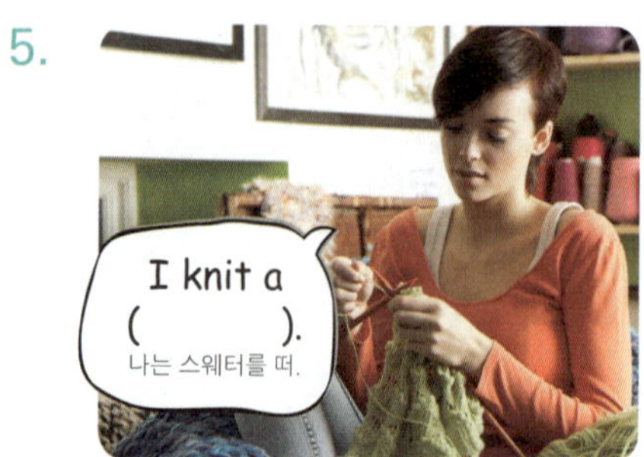

ⓐ sweater　　ⓑ skirt

6.

ⓐ 의상　　ⓑ 안경

B. 우리말에 맞도록 주어진 알파벳으로 시작하는 단어를 써 보세요.

7. 나는 **선글라스**를 껴. I put on s________________.

8. **소매**가 너무 길어. This s____________ is too long.

9. 나는 **스웨터**를 떠. I knit a s______________.

10. 이 옷은 너무 **꽉 껴**. These clothes are too t____________.

11. **지퍼**를 채워라. Close the z____________.

12. 이 티셔츠는 **편해**. This T-shirt is c________________.

13. **교환해** 드릴게요. I will e______________ it.

C. 다음 우리말을 보고 알맞은 영어 단어의 철자를 써 보세요.

14. 헐렁한 | l | | | s | |

15. 의상 | | o | s | | m | |

16. 벌거벗은 | | | k | | |

17. 팔찌 | b | | a | | l | | |

18. 치마 | s | | | r | t |

19. 운동화 | s | n | | | k | | |

20. 블라우스 | | | o | | s | |

DAY 12 — What's your favorite subject?

STEP 1 사진으로 단어/표현 학습하기　STEP 2 음원을 듣고 영단어 따라 읽기　STEP 3 손으로 줄에 맞춰 단어 쓰기

NAME :　　　DATE :　　.　　.　　.　　GOAL : 필수 17 / 추가 3

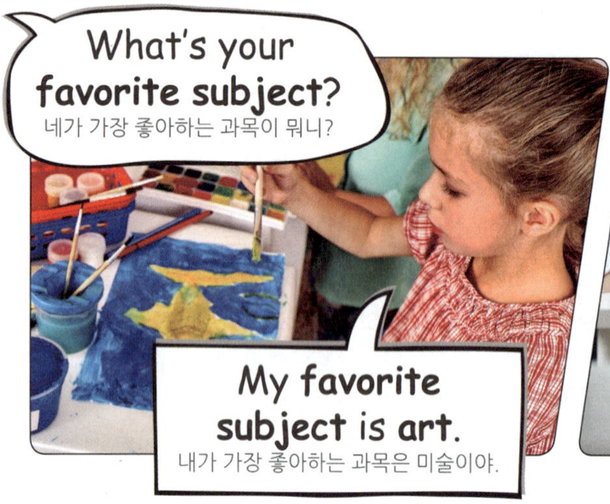

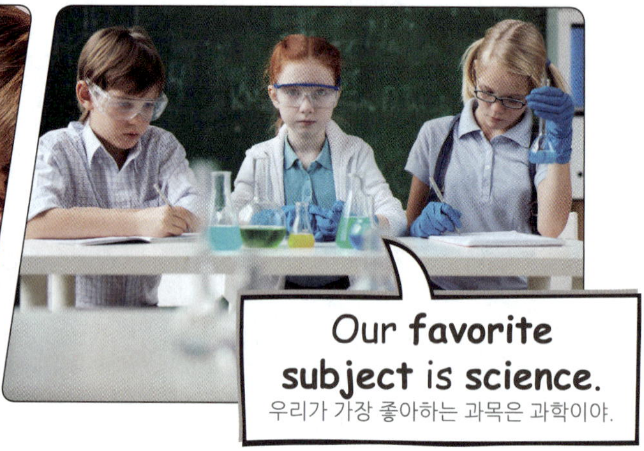

☆초등필수☆

0221 art   art   a   a

[aːrt] 미술

☆초등필수☆

0222 favorite   favorite   f   f

[féivərit] 가장 좋아하는

☆초등필수☆

0223 Korean   Korean   K   K

[kəríːən] 한국어

☆초등필수☆

0224 science   science   s   s

[sáiəns] 과학

0225 subject   subject   s   s

[sʌ́bdʒikt] 과목

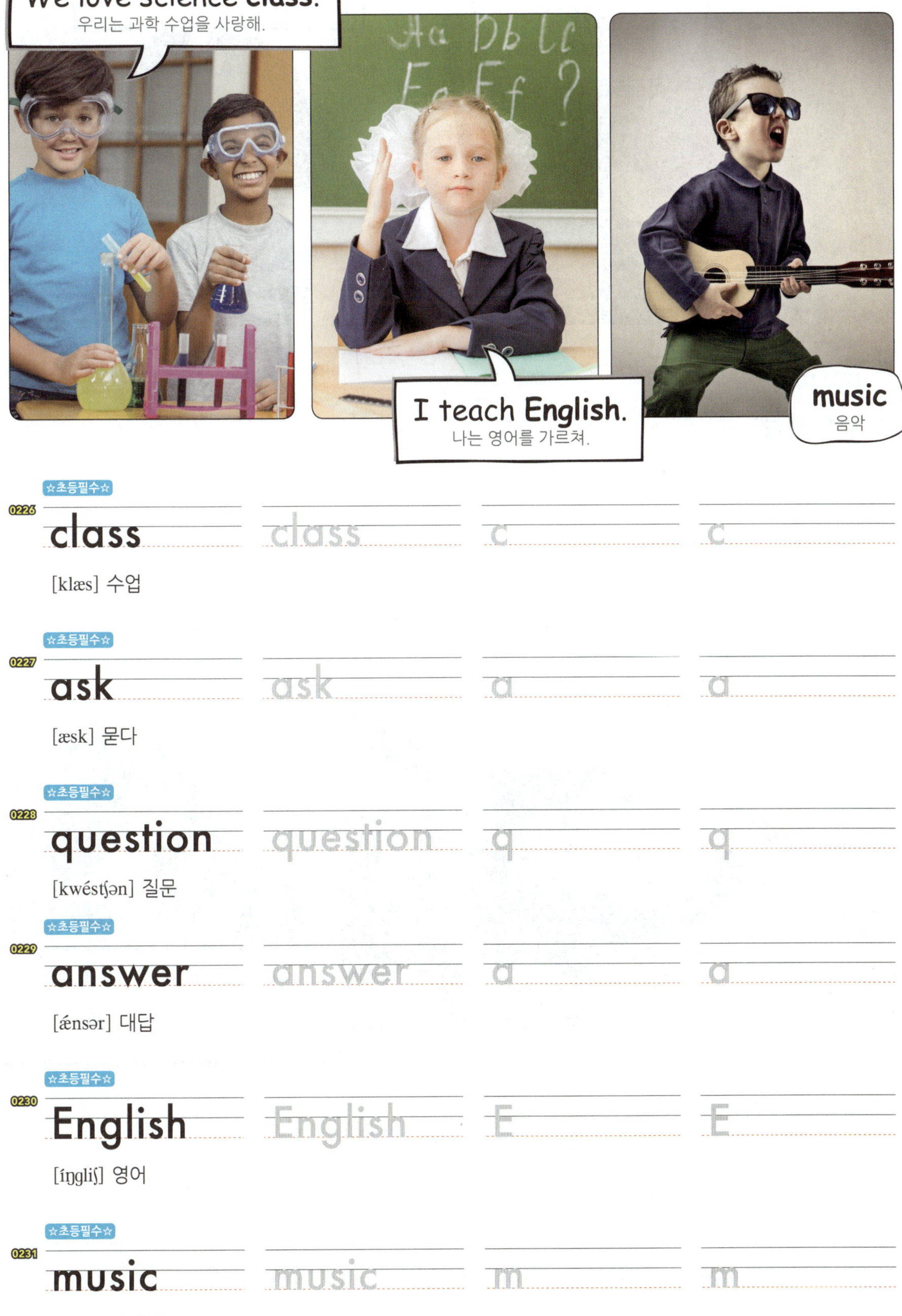

☆초등필수☆

0226 **class** class c c

[klæs] 수업

☆초등필수☆

0227 **ask** ask a a

[æsk] 묻다

☆초등필수☆

0228 **question** question q q

[kwéstʃən] 질문

☆초등필수☆

0229 **answer** answer a a

[ǽnsər] 대답

☆초등필수☆

0230 **English** English E E

[íŋgliʃ] 영어

☆초등필수☆

0231 **music** music m m

[mjúːzik] 음악

0232

math

[mæθ] 수학

0233

difficult

[dífəkʌlt] 어려운

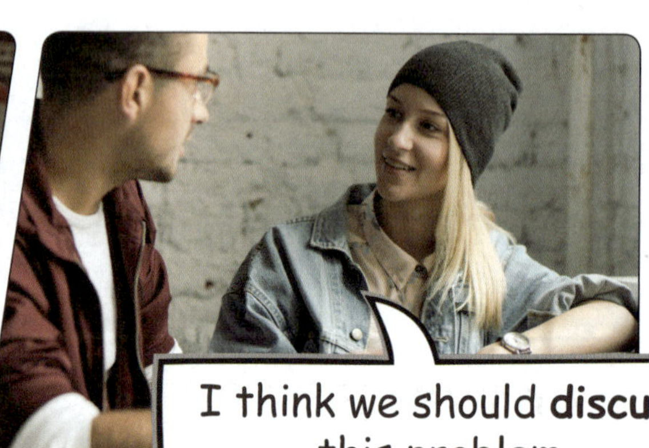

0234

prepare

[pripέər] 준비하다

0235

example

[igzǽmpl] 예제, 본보기

0236

discuss

discuss   d   d

[diskʌ́s] 논의하다

0237

review

review   r   r

[rivjúː] 복습

0238

history

history   h   h

[hístəri] 역사

0239

geography

geography   g

[dʒiágrəfi] 지리학

0240

student

student   s   s

[stjúːdənt] 학생

DAY 12 Activity

A. 다음 사진과 설명을 보고 연상되는 영어 단어나 우리말 뜻을 고르세요.

1.

ⓐ 미술　　ⓑ 수학

2.

ⓐ Korean　　ⓑ science

3.

ⓐ class　　ⓑ question

4.

ⓐ 음악　　ⓑ 수학

5.

ⓐ discuss　　ⓑ prepare

6.

ⓐ history　　ⓑ geography

B. 우리말에 맞도록 주어진 알파벳으로 시작하는 단어를 써 보세요.

7. 나는 **영어**를 공부해.   I study E____________.

8. 나는 **한국어**를 좋아해.   I like K____________.

9. 나는 **과학**을 공부해.   I study s____________.

10. 나는 **지리**를 공부해.   I study g____________.

11. 나는 **역사**를 좋아해.   I like h____________.

12. 나는 **음악**을 좋아해.   I like m____________.

13. 나는 **수학**을 공부해.   I study m____________.

C. 다음 우리말을 보고 알맞은 영어 단어의 철자를 써 보세요.

14. 대답

a			w	e	

15. 과목

			j	e		t

16. 가장 좋아하는

f			o	r		

17. 질문

	u	e			i		

18. 준비하다

		e	p		e

19. 예제, 본보기

e				l	e

20. 학생

s				n	t

DAY 13 Protect wild animals!

 NAME :   DATE :   .   .   .   GOAL : 필수 7 / 추가 13

0241
protect
protect · p · p

[prətékt] 보호하다

0242
wild animal
wild animal · w

[wáil ǽnəməl] 야생동물

0243
endangered
endangered · e

[indéindʒərd] 멸종 위기에 처한

☆초등필수☆

0244
elephant
elephant · e · e

[éləfənt] 코끼리

0245
panda
panda · p · p

[pǽndə] 판다, 흑백곰

☆초등필수☆

0246 about

[əbáut] 약

☆초등필수☆

0247 hunting

[hʌ́ntiŋ] 사냥

0248 illegal

[ilí:gəl] 불법의

0249 legal

[lí:gəl] 합법의

☆초등필수☆

0250 tail

[teil] 꼬리

0251 ban

[bæn] 금지하다

0252

environment

[inváiərənmənt] 환경

☆초등필수☆

0253

save

[seiv] 구하다

☆초등필수☆

0254

ocean

[óuʃən] 바다

0255

pollute

[pəljúːt] 오염시키다

0256 **habitat** habitat h h

[hǽbitæt] 서식지

☆초등필수☆

0257 **jungle** jungle j j

[dʒʌŋgl] 밀림

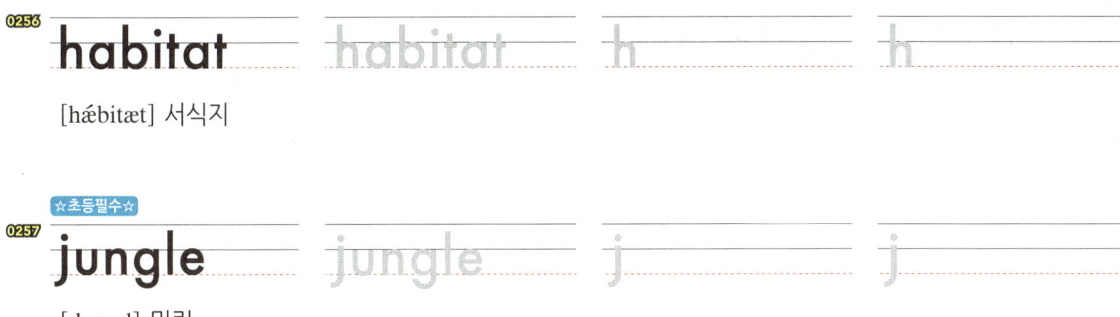

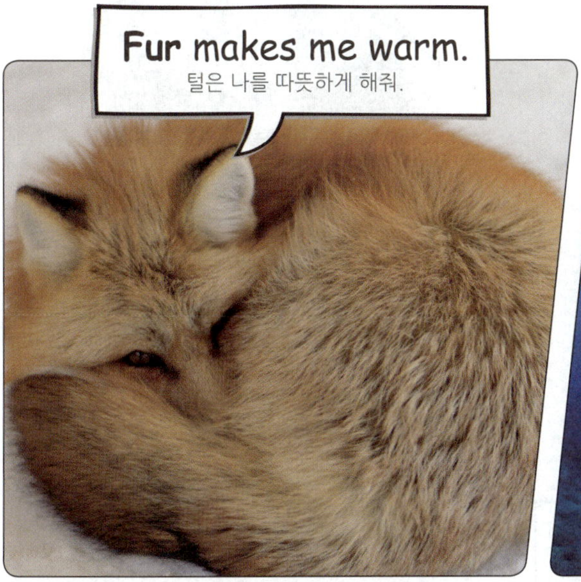

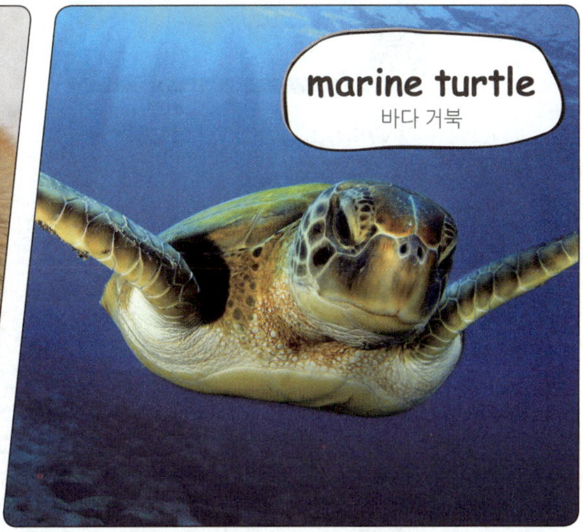

0258 **fur** fur f f

[fəːr] 털, 모피

0259 **marine** marine m m

[məríːn] 바다의

0260 **turtle** turtle t t

[tə́ːrtl] 거북이

DAY 13 Activity

A. 다음 사진과 설명을 보고 연상되는 영어 단어나 우리말 뜻을 고르세요.

1.

ⓐ wild animals   ⓑ zebras

2.

ⓐ 멸종 위기에 처해 있다

ⓑ 인기가 있다

3.

ⓐ illegal   ⓑ legal

4.

ⓐ ocean   ⓑ panda

5.

ⓐ jungle   ⓑ ocean

6.
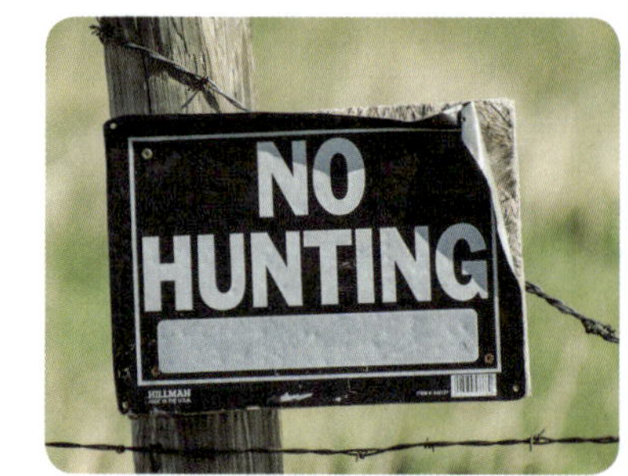

ⓐ 사냥 금지   ⓑ 촬영 금지

B. 우리말에 맞도록 주어진 알파벳으로 시작하는 단어를 써 보세요.

7. **야생동물**을 보호해 주세요.　　Please protect w_______ a__________s.

8. 판다는 **멸종 위기에 처해 있다**.　　A panda is e_________________.

9. 당신은 코끼리 **사냥**을 할 수 없다.　　You can't do elephant-h___________.

10. 환경을 **오염시키지** 마세요.　　Don't p__________ the environment.

11. 바다를 **구해주세요**.　　S__________ the ocean.

12. 여긴 코끼리들의 **서식지**야.　　This is the h__________ of elephants.

13. **정글**은 매우 흥미로워.　　The j__________ is very interesting.

C. 다음 우리말을 보고 알맞은 영어 단어의 철자를 써 보세요.

14. 환경

e	n			n			t

15. 불법의

			e	g		l	

16. 금지하다

b		

17. 코끼리

		e	p			

18. 털

		r

19. 바다의

	a	r		

20. 보호하다

p	r				

DAY 14 I have long fingers.

STEP 1 사진으로 단어/표현 학습하기　　**STEP 2** 음원을 듣고 영단어 따라 읽기　　**STEP 3** 손으로 줄에 맞춰 단어 쓰기

NAME :　　　　DATE :　　.　　.　　.　　GOAL : 필수 4 / 추가 16

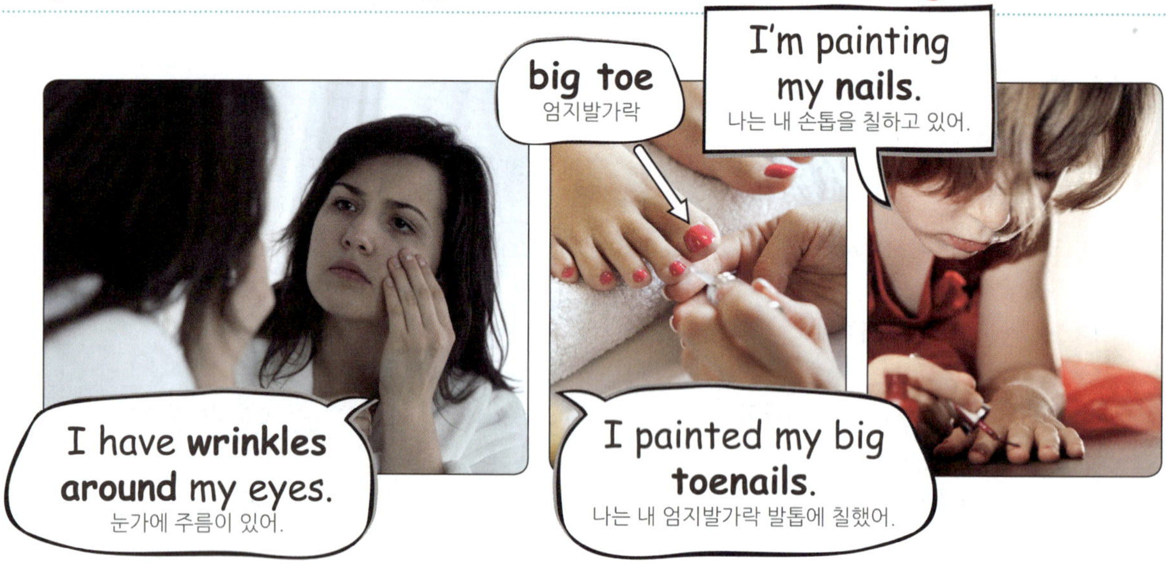

0261 **wrinkle**

[ríŋkl] 주름

☆초등필수☆

0262 **around**

[əráund] 주위에

0263 **big toe**

[big tou] 엄지발가락

0264 **toenail**

[tóunèil] 발톱

0265 **nail**

[neil] 손톱

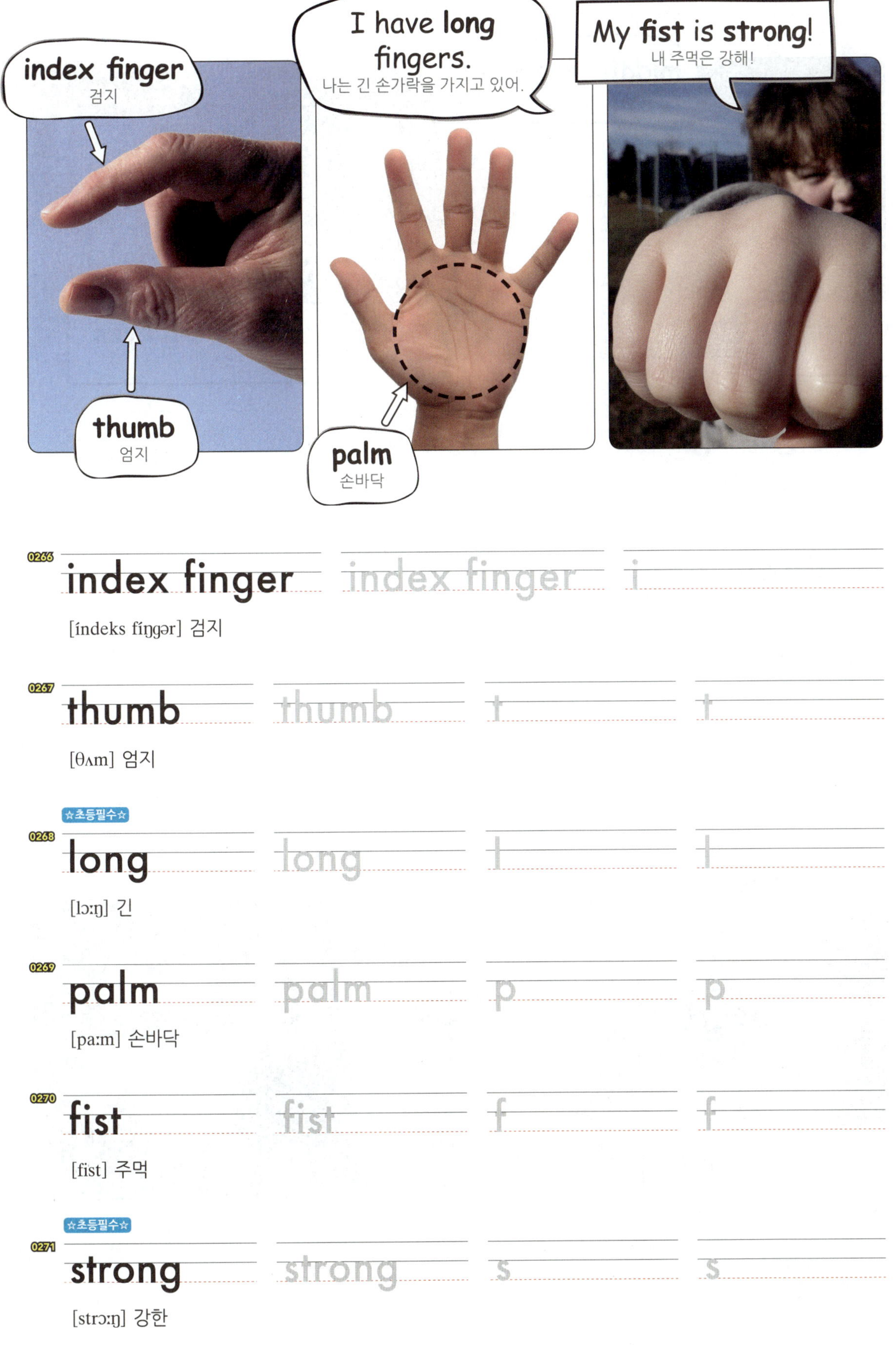

0266

index finger

index finger   i

[índeks fíŋgər] 검지

0267

thumb

thumb   t   t

[θʌm] 엄지

☆초등필수☆

0268

long

long   l   l

[lɔːŋ] 긴

0269

palm

palm   p   p

[paːm] 손바닥

0270

fist

fist   f   f

[fist] 주먹

☆초등필수☆

0271

strong

strong   s   s

[strɔːŋ] 강한

0272

ring finger

ring finger   r

[riŋ fíŋgər] 약지

0273

middle finger

middle finger   m

[mídl fíŋgər] 중지

☆초등필수☆

0274

eye

eye   e   e

[ai] 눈

0275

pupil

pupil   p   p

[pjúːpl] 눈동자

0276 **eyelash** eyelash e e

[áilæʃ] 속눈썹

0277 **heel** heel h h

[hiːl] 뒤꿈치

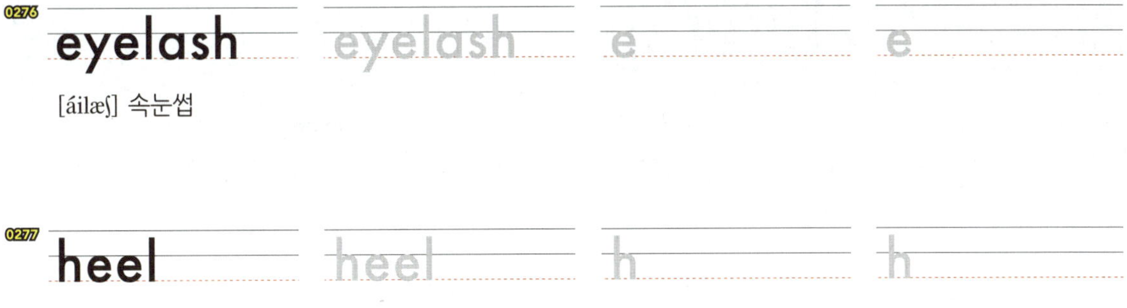

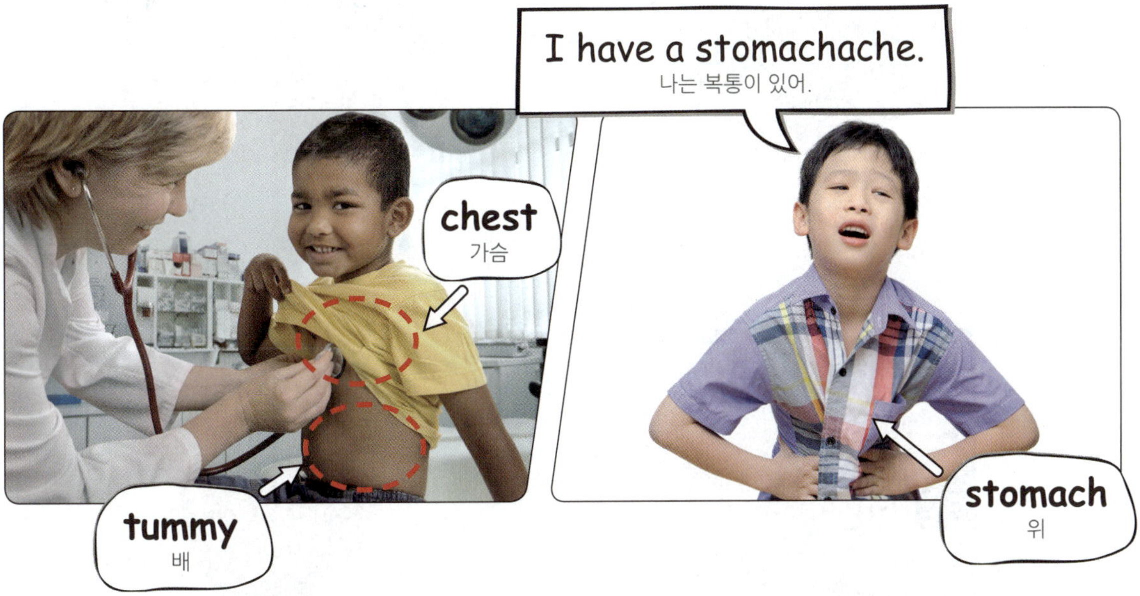

0278 **chest** chest c c

[tʃest] 가슴

0279 **tummy** tummy t t

[tʌ́mi] 배

0280 **stomach** stomach s s

[stʌ́mək] 위

DAY 14 Activity

A. 다음 사진과 설명을 보고 연상되는 영어 단어나 우리말 뜻을 고르세요.

1.

ⓐ 가슴　　ⓑ 위

2.

ⓐ pupil　　ⓑ eyelash

3.

ⓐ 엄지　　ⓑ 약지

4.
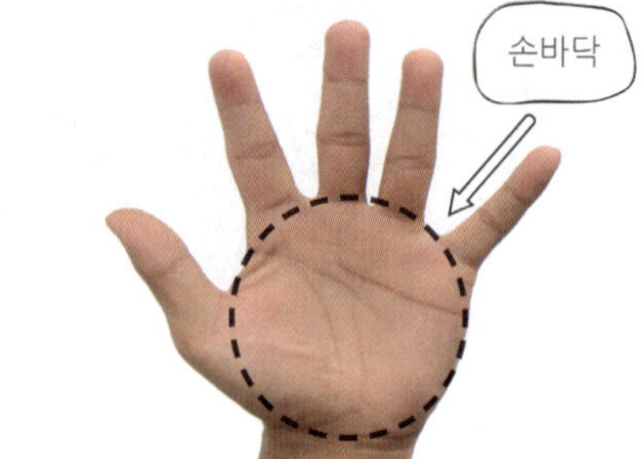

ⓐ palm　　ⓑ thumb

5.

ⓐ wrinkle　　ⓑ pupil

6.

ⓐ heel　　ⓑ nail

B. 우리말에 맞도록 주어진 알파벳으로 시작하는 단어를 써 보세요.

7. 나는 커다란 **엄지**를 가지고 있어. I have a big t__________.

8. 나는 **눈**이 커. I have big e________s.

9. 그의 **속눈썹**은 길어. His e__________es are long.

10. 나는 내 **발톱**을 깎고 있어. I am cutting my t__________s.

11. 내 **주먹**은 강해. My f__________ is strong.

12. **검지손가락**으로 가리켜 보렴. Point with your i________ f________.

13. 나는 **긴** 손가락을 가지고 있어. I have l________ fingers.

C. 다음 우리말을 보고 알맞은 영어 단어의 철자를 써 보세요.

14. 주름 | w | | i | | l |

15. 주위에 | a | | | n | d |

16. 손톱 | | a | |

17. 뒤꿈치 | h | e | |

18. 손바닥 | | | m |

19. 가슴 | | | s | t |

20. 위 | s | t | | | c | |

DAY 15 I fold the laundry.

 NAME :　　　　 DATE :　　.　　.　　.　　　　 GOAL : 필수 6 / 추가 14

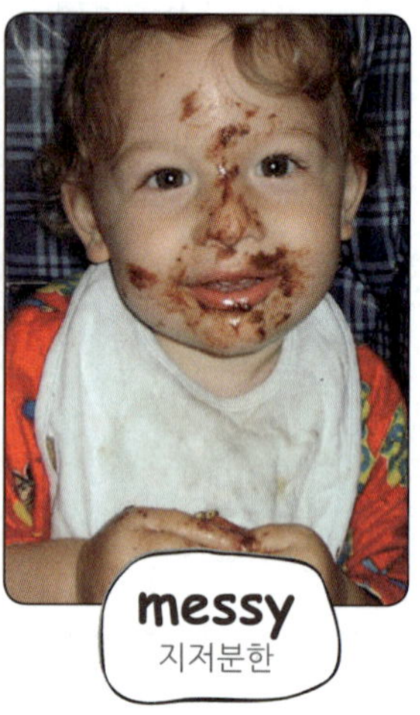

☆초등필수☆

0281
clean
[kliːn] 청소하다

0282
rubbish
[rʌ́biʃ] 쓰레기

0283
sweep
[swiːp] 쓸다

0284
messy
[mési] 지저분한

0285
tidy
[táidi] 깨끗한

0286
rub
rub   r   r

[rʌb] 문지르다

0287
wax
wax   w   w

[wæks] 왁스

0288
polish
polish   p   p

[pάliʃ] (광이 나도록) 닦다

0289
mow
mow   m   m

[mou] 잔디를 깎다

☆초등필수☆

0290
fry
fry   f   f

[frai] 굽다, 튀기다

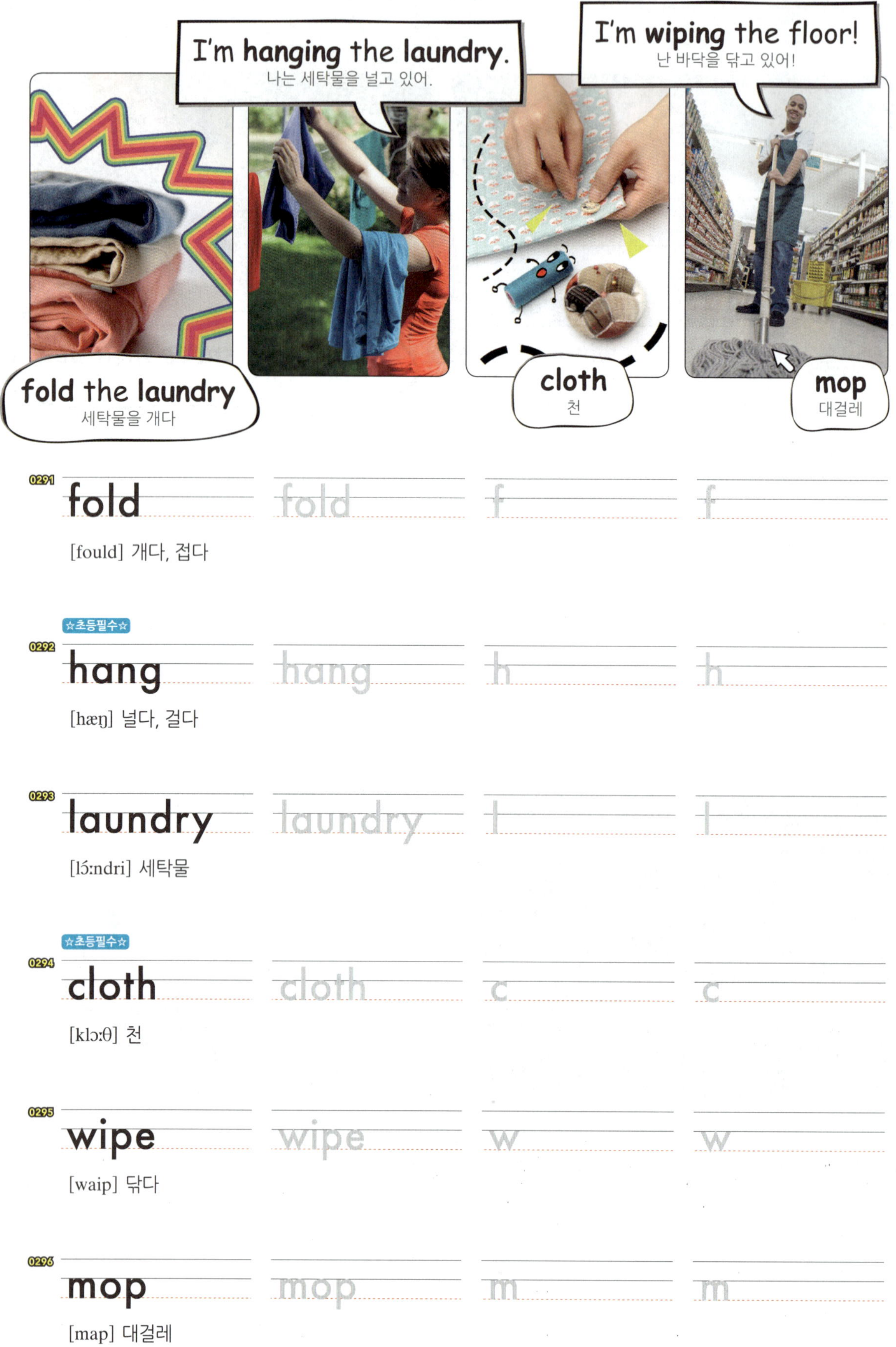

0291
fold

fold   f   f

[fould] 개다, 접다

☆초등필수☆

0292
hang

hang   h   h

[hæŋ] 널다, 걸다

0293
laundry

laundry   l   l

[lɔ́:ndri] 세탁물

☆초등필수☆

0294
cloth

cloth   c   c

[klɔ:θ] 천

0295
wipe

wipe   w   w

[waip] 닦다

0296
mop

mop   m   m

[map] 대걸레

0297
dish
dish   d   d

[diʃ] 음식

0298
iron
iron   i   i

[áiərn] 다리미/ 다리미질하다

0299
chore
chore   c   c

[tʃɔːr] (가정의) 잡일

0300
restroom
restroom   r

[réstrùːm] 화장실

DAY 15 Activity

A. 다음 사진과 설명을 보고 연상되는 영어 단어나 우리말 뜻을 고르세요.

1. 

ⓐ Rub ⓑ Clean

2. 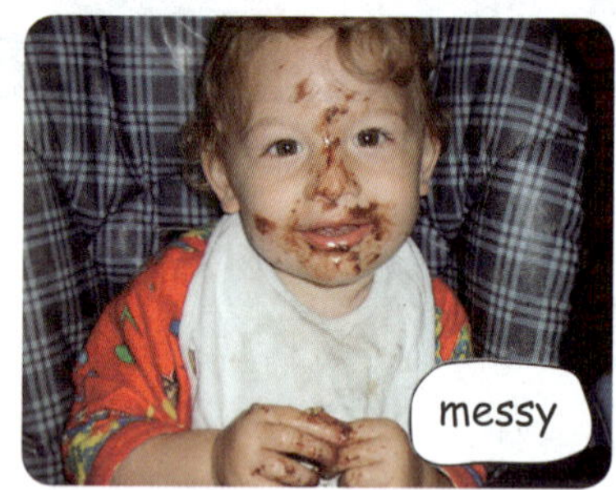

ⓐ 지저분한 ⓑ 깨끗한

3. 

ⓐ rub ⓑ mow

4. 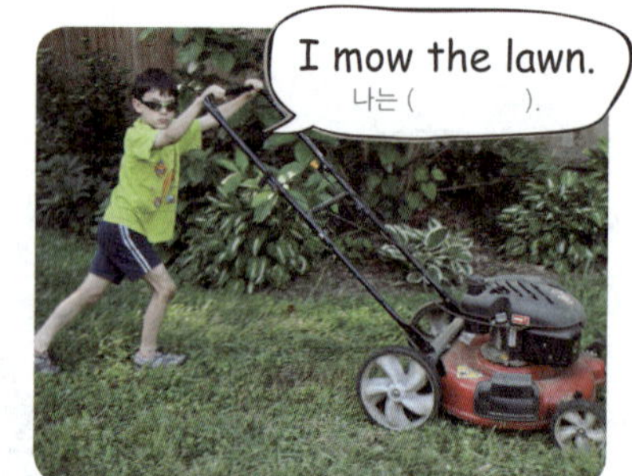

ⓐ 잔디를 깎아 ⓑ 바닥을 닦아

5. 

ⓐ hang ⓑ fold

6.

ⓐ mop ⓑ dish

 우리말에 맞도록 주어진 알파벳으로 시작하는 단어를 써 보세요.

7. 쓰레기를 **쓸어**.   S____________ the rubbish.

8. 방이 매우 **더럽구나**.   Your room is very m____________.

9. 방이 매우 **깨끗하구나**.   Your room is very t____________.

10. 나는 신발을 **닦아**.   I p____________ my shoes.

11. 나는 계란을 **구워**.   I f____________ eggs.

12. 나는 **세탁물**을 널고 있어.   I'm hanging the l____________.

13. 난 바닥을 **닦는다**.   I w____________ the floor.

C. 다음 우리말을 보고 알맞은 영어 단어의 철자를 써 보세요.

14. 쓰레기 | r | | | | | h |

15. 왁스 | | a | |

16. 걸다 | h | | | |

17. 천 | | l | | h |

18. 대걸레 | | o | |

19. 다리미질하다 | | o | |

20. (가정의) 잡일 | | o | | e |

 **A.** 다음 우리말 뜻에 맞는 단어를 괄호 안에서 고르세요.

1. 그는 항상 잘 차려입어. He is always (well-dressed / comfortable).

2. 내 팔찌를 봐. Look at my (bracelet / necklace).

3. 난 역사를 공부해. I study (history / math).

4. 나는 과학을 좋아해. I like (music / science).

5. 원숭이는 정글에 산다. Monkeys live in the (jungle / ocean).

6. 야생동물을 보호해 주세요. (Clean / Protect) wild animals.

7. 나는 큰 눈을 가지고 있어. I have big (eyelashes / eyes).

8. 나는 왁스로 신발을 닦아. I (polish / rub) my shoes with wax.

9. 나는 잔디를 깎아. I (mow / fry) the lawn.

B. 아래 영어 단어의 우리말 뜻을 쓰세요.

10.	sleeve	__________	16.	chest	__________
11.	jacket	__________	17.	favorite	__________
12.	difficult	__________	18.	prepare	__________
13.	pollute	__________	19.	hunting	__________
14.	palm	__________	20.	strong	__________
15.	sweep	__________	21.	restroom	__________

 빈칸에 알맞은 단어를 찾아 줄로 연결하세요.

22. This clothing is too _______.
이 옷은 너무 꽉 낀다.

23. I put on _______.
나는 안경을 낀다.

24. I'm a _______ teacher.
나는 수학 선생님이다.

25. We're taking a _______ class.
우리는 역사 수업을 듣고 있다.

26. Hunting elephants is _______.
코끼리 사냥은 불법이다.

27. My _______ is strong.
내 주먹은 강하다.

28. I _______ the window.
나는 유리창을 문질러.

- rub
- history
- math
- tight
- glasses
- illegal
- fist

D. 다음 우리말을 보고 알맞은 영어 단어를 써 보세요.

29. 벌거벗은   n_______________
30. 운동화   s_______________
31. 수학   m_______________
32. 야생동물   w_______________
33. 엄지   t_______________
34. 세탁물   l_______________

35. 헐렁한   l_______________
36. 수업   c_______________
37. 사냥   h_______________
38. 서식지   h_______________
39. 주름   w_______________
40. 다리미질하다   i_______________

DAY 16 The exhibition is great.

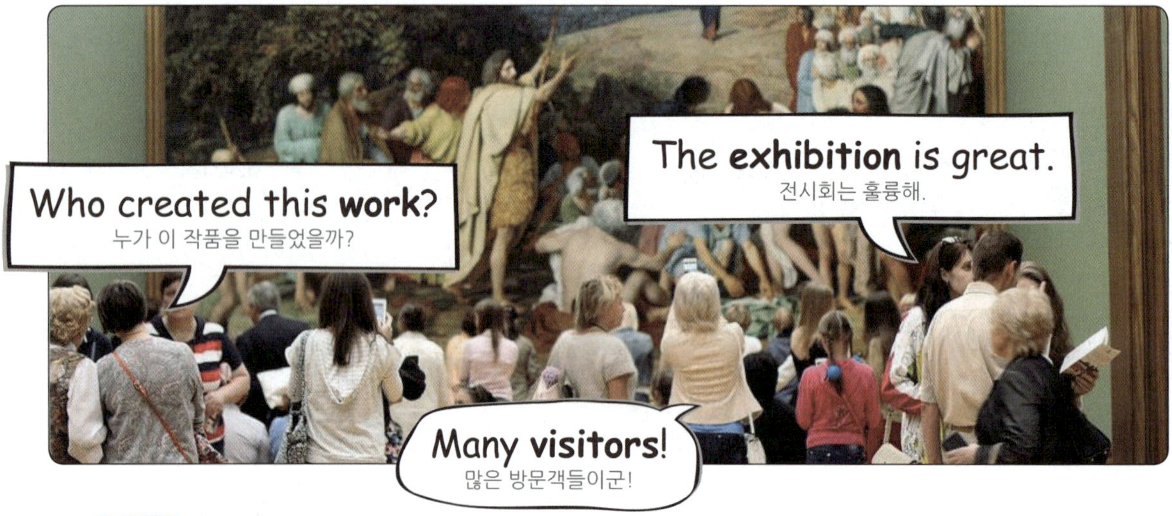

☆초등필수☆

0301 museum museum m m

[mjuːzíːəm] 박물관

0302 exhibition exhibition e

[èksəbíʃən] 전시회

0303 exhibit exhibit e e

[igzíbit] 전시하다

0304 visitor visitor v v

[vízitər] 방문객

☆초등필수☆

0305 work work w w

[wəːrk] 작품

0306
curator
[kjuəréitər] 큐레이터

0307
charge
[tʃaːrdʒ] 책임

☆초등필수☆

0308
part
[paːrt] 부분

☆초등필수☆

0309
about
[əbáut] ~에 대하여

0310
explain
[ikspléin] 설명하다

0311
fossil
[fásəl] 화석

☆초등필수☆

0312

use

use u u

[juːz] 사용하다

0313

inside voice

inside voice

[insáid vɔis] 작은 목소리

☆초등필수☆

0314

carry

carry c c

[kǽri] 가지고 다니다

☆초등필수☆

0315

turn off

turn off t

[təːrn ɔːf] ~을 끄다

0316
touch
touch   t   t

[tʌtʃ] 만지다

0317
painting
painting   p   p

[péintiŋ] (물감으로 그린) 그림

0318
sculpture
sculpture   s   s

[skʌ́lptʃər] 조각품

0319
admission
admission   a

[ædmíʃən] 입장료

0320
free
free   f   f

[fri:] 무료의

DAY 16 Activity

A. 다음 사진과 설명을 보고 연상되는 영어 단어나 우리말 뜻을 고르세요.

1.

ⓐ 큐레이터　　ⓑ 방문객

2.
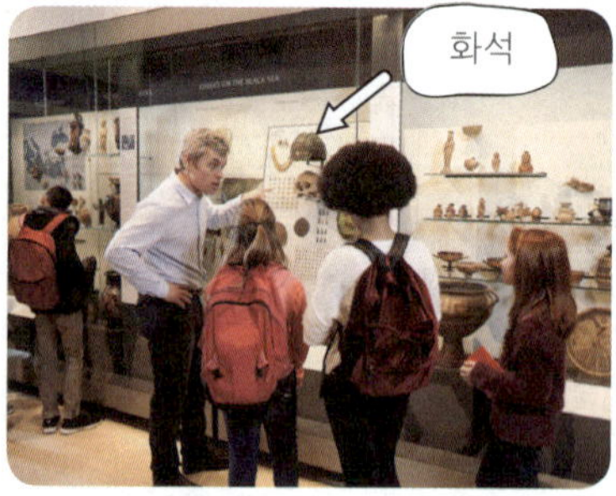

ⓐ painting　　ⓑ fossil

3.

ⓐ exhibit　　ⓑ carry

4.
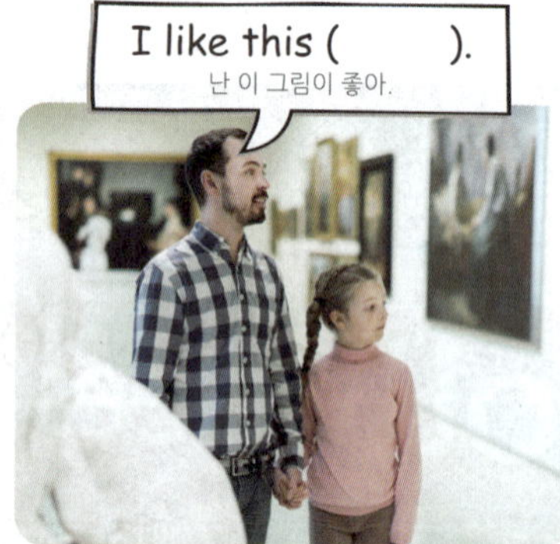

ⓐ painting　　ⓑ sculpture

5.

ⓐ 전시회　　ⓑ 입장료 무료

6.

ⓐ Touch　　ⓑ Use

B. 우리말에 맞도록 주어진 알파벳으로 시작하는 단어를 써 보세요.

7. 이 **전시회**는 훌륭해. This e______________ is great.

8. 난 박물관을 **책임**지고 있어. I'm in c______________ of the museum.

9. 이 화석에 대하여 **설명해드릴게요**. I'll e______________ about this fossil.

10. 휴대폰을 **끄세요**. T______ o______ cell phones.

11. **무료**로 너를 안아줄게. I'll give you a f________ hug.

12. **목소리를 낮추세요**. Use your i__________ v__________s.

13. 누가 이 **작품**을 만들었을까? Who created this w________?

C. 다음 우리말을 보고 알맞은 영어 단어의 철자를 써 보세요.

14. 박물관 | m | | s | | | |

15. 전시하다 | | x | h | | b | | t |

16. 방문객 | v | | s | | | | r |

17. 큐레이터 | c | | r | | t |

18. 화석 | f | | s | s | | |

19. 가지고 다니다 | | | r | | y |

20. 입장료 | | d | m | | s | s | | | |

DAY 17 I'm smart!

NAME :　　　　　**DATE :**　　.　　.　　.　　　**GOAL :** 필수 9 / 추가 11

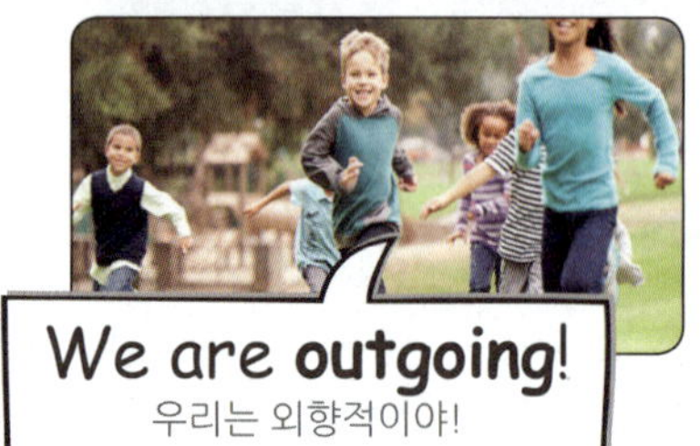

0321

active

[ǽktiv] 활발한

0322

outgoing

[áutgòuiŋ] 외향적인

☆초등필수☆

0323

smart

[smɑ:rt] 똑똑한

☆초등필수☆

0324

kind

[kaind] 친절한

☆초등필수☆

0325

shy

[ʃai] 부끄러움을 많이 타는

☆초등필수☆

0326
boring
boring   b   b

[bɔ́:riŋ] 지루하게 하는

0327
courage
courage   c   c

[kə́:ridʒ] 용기

☆초등필수☆

0328
stupid
stupid   s

[stjú:pid] 어리석은

☆초등필수☆

0329
brave
brave   b

[breiv] 용감한

0330
friendly
friendly   f

[fréndli] 다정한

0331
wise
wise   w

[waiz] 현명한

<table>
<tr><td>0332</td></tr>
</table>

cheerful

[tʃíərfəl] 발랄한

rude

[ru:d] 무례한

☆초등필수☆

lazy

[léizi] 게으른

diligent

[dílədʒənt] 부지런한

☆초등필수☆

0336
fool

[fu:l] 바보

0337
dull

[dʌl] 따분한

0338
lively

[láivli] 활기찬

0339
serious

[síəriəs] 심각한

☆초등필수☆

0340
humor

[hjú:mər] 유머

DAY 17 Activity

A. 다음 사진과 설명을 보고 연상되는 영어 단어나 우리말 뜻을 고르세요.

1.

ⓐ active　　ⓑ kind

2.

ⓐ 다정해　　ⓑ 똑똑해

3.

ⓐ 용기　　ⓑ 유머

4.

ⓐ wise　　ⓑ friendly

5.
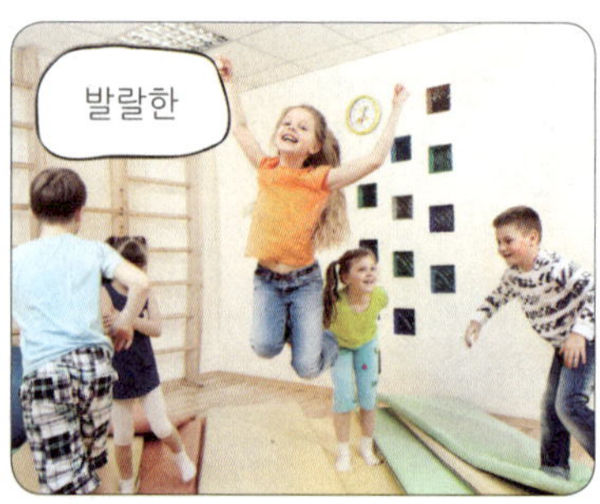

ⓐ rude　　ⓑ cheerful

6.

ⓐ fool　　ⓑ humor

B. 우리말에 맞도록 주어진 알파벳으로 시작하는 단어를 써 보세요.

7. 그들은 **활발하다**.   They are a______________.

8. 나는 **똑똑하다**.   I'm s______________.

9. 너는 참 **친절하구나**.   You're so k______________.

10. 나는 **용감하다**.   I'm b______________.

11. 나는 **부지런하다**.   I'm d______________.

12. 그는 **어리석어** 보인다.   He looks s______________.

13. 그녀는 **발랄하다**.   She is c______________.

C. 다음 우리말을 보고 알맞은 영어 단어의 철자를 써 보세요.

14. 용기 | c | | | | a | g | |

15. 현명한 | | i | | |

16. 게으른 | l | | | |

17. 지루하게 하는 | | | r | i | | |

18. 바보 | f | | | l |

19. 활기찬 | | | | e | l | |

20. 심각한 | s | | | i | o | | |

DAY 18 We have to make a vacation plan.

NAME :   DATE :   .   .   GOAL : 필수 11 / 추가 9

☆초등필수☆

0341
vacation
vacation   v   v

[veikéiʃən] 방학

☆초등필수☆

0342
band
band   b   b

[bænd] 밴드

☆초등필수☆

0343
contest
contest   c   c

[kántest] 대회

☆초등필수☆

0344
plan
plan   p   p

[plæn] 계획

0345
planner
planner   p   p

[plǽnər] 계획표

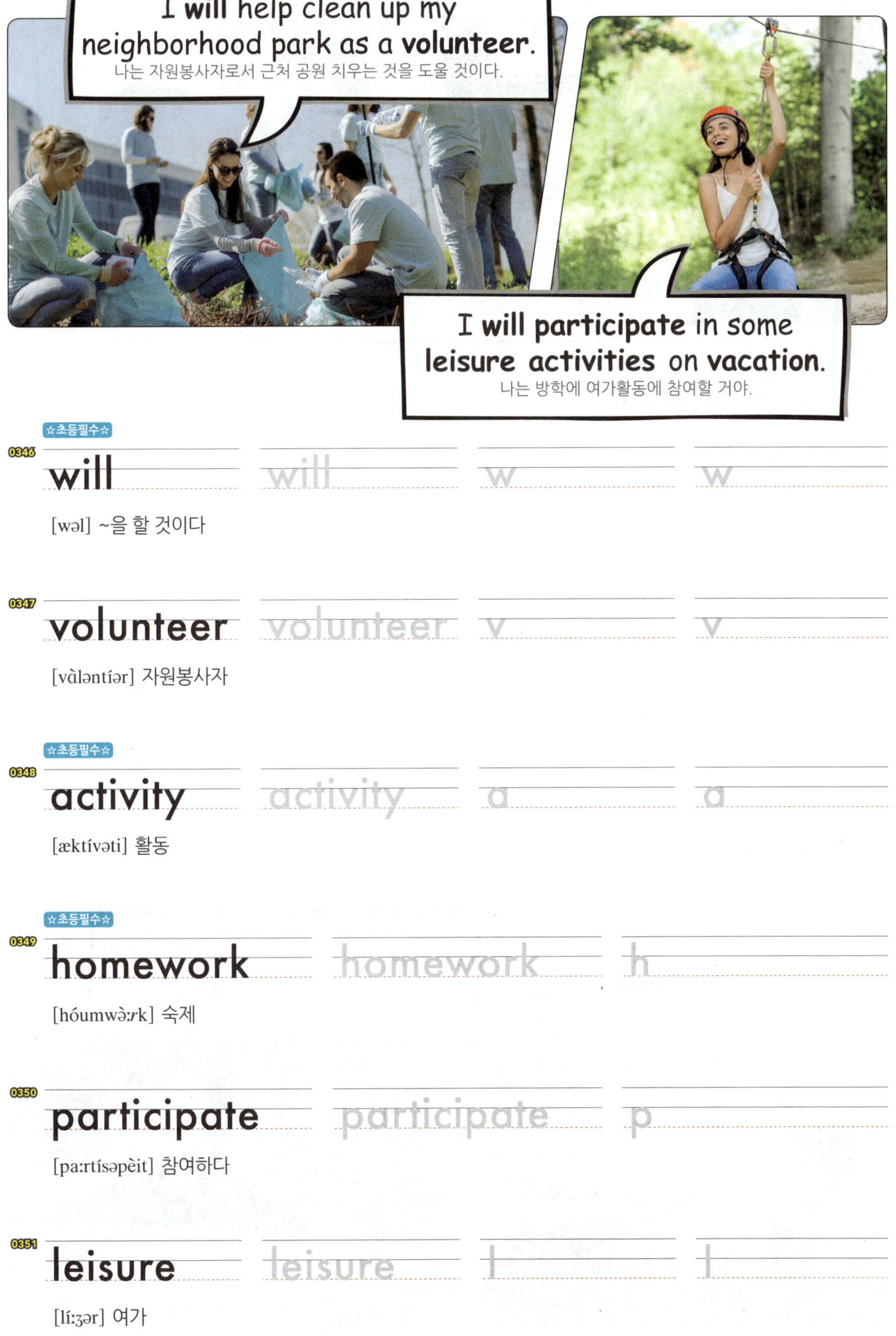

☆초등필수☆

0346 will
[wəl] ~을 할 것이다

0347 volunteer
[vʌ̀ləntíər] 자원봉사자

☆초등필수☆

0348 activity
[æktívəti] 활동

☆초등필수☆

0349 homework
[hóumwə̀ːrk] 숙제

0350 participate
[paːrtísəpèit] 참여하다

0351 leisure
[líːʒər] 여가

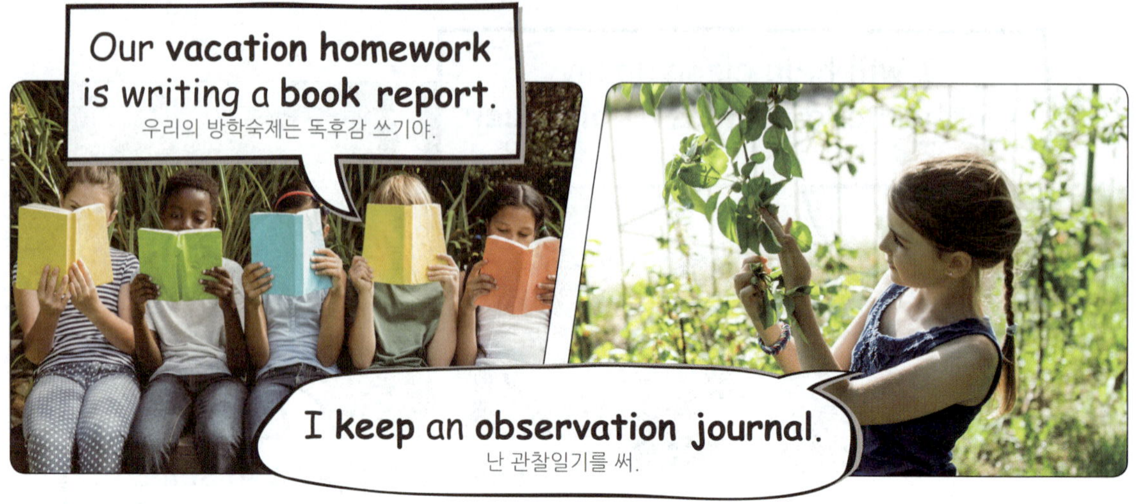

0352

book report

book report　b

[buk ripɔ́:rt] 독후감

☆초등필수☆

0353

keep

keep　k　k

[ki:p] 일기를 쓰다

0354

observation

observation　o

[àbzərvéiʃən] 관찰

0355

journal

journal　j　j

[dʒə́:rnl] 일기

0356

focus

focus　　　f　　　f

[fóukəs] 집중하다

0357

in advance

in advance　　　i

[in ædvǽns] 미리

0358

trip

trip　　　t　　　t

[trip] 여행

0359

during

during　　　d　　　d

[djúəriŋ] ~ 동안에

0360

recreation

recreation　　　r

[rèkriéiʃən] 오락

DAY 18 Activity

A. 다음 사진과 설명을 보고 연상되는 영어 단어나 우리말 뜻을 고르세요.

1.

ⓐ 대회   ⓑ 밴드

2.
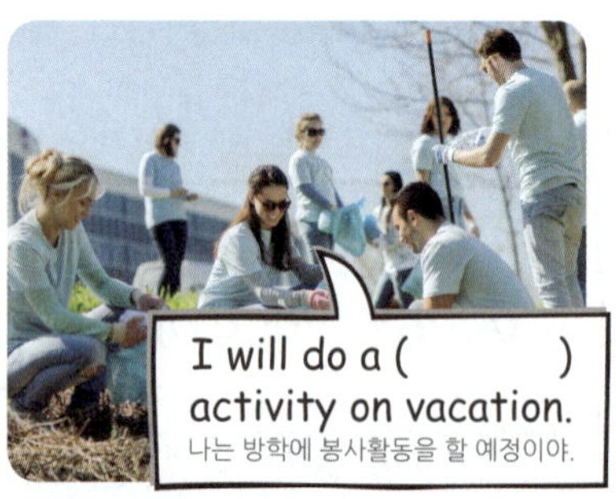

ⓐ volunteer   ⓑ leisure

3.

ⓐ activities   ⓑ journals

4.

ⓐ 일기   ⓑ 독후감

5.
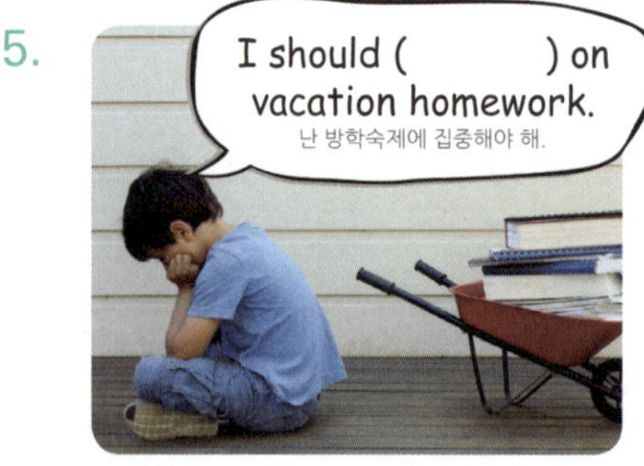

ⓐ plan   ⓑ focus

6.

ⓐ recreation   ⓑ observation

B. 우리말에 맞도록 주어진 알파벳으로 시작하는 단어를 써 보세요.

7. 우리는 **대회**에 참가할 거야.　　We'll enter the c___________.

8. 이건 내 **계획**이야.　　This is my p___________.

9. 나는 **봉사활동**을 할 예정이야.　　I will do a v___________ activity.

10. 나는 **여가활동**을 할 예정이야.　　I will do a l___________ activity.

11. 난 **독후감**을 써야 해.　　I have to write a b_______ r___________.

12. 난 **관찰**일기를 써야 해.　　I have to keep an o___________ journal.

13. 숙제를 **미리** 하렴.　　Do your homework i____ a___________.

C. 다음 우리말을 보고 알맞은 영어 단어의 철자를 써 보세요.

14. 여행　　| t | r | | |

15. 오락　　| r | | | r | | | i | | n |

16. ~동안에　　| d | | r | i | | |

17. 집중하다　　| f | | c | u | |

18. 활동　　| | | t | i | | i | t | |

19. 참여하다　　| p | a | | | c | i | | a | t | |

20. 일기　　| | o | | r | n | a | |

DAY 19 I'm going on a journey.

 NAME :   DATE :   .   .   .   GOAL : 필수 7 / 추가 13

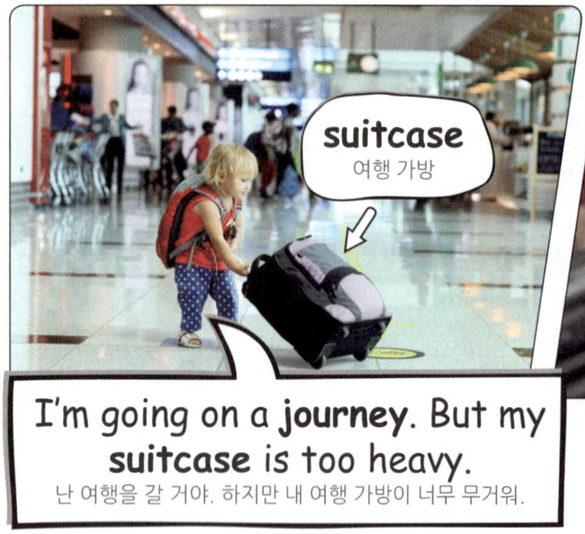

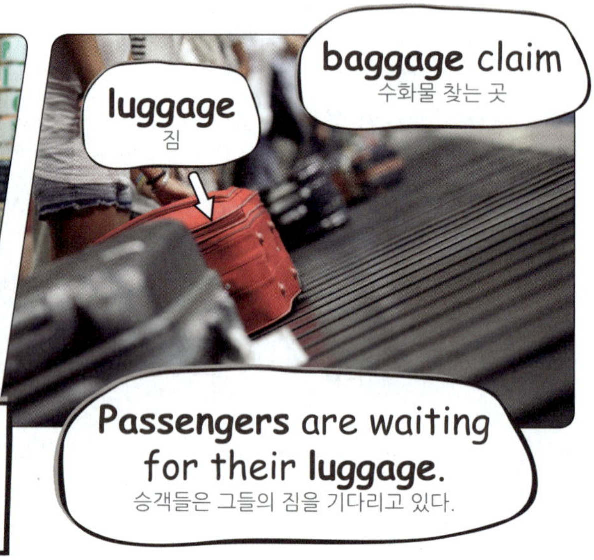

0361 journey

journey   j   j

[dʒə́:rni] 여행

0362 suitcase

suitcase   s   s

[súːtkeis] 여행 가방

0363 passenger

passenger   p   p

[pǽsindʒə(r)] 승객

0364 luggage

luggage   l   l

[lʌ́gidʒ] 짐

0365 baggage

baggage   b   b

[bǽgidʒ] 수화물

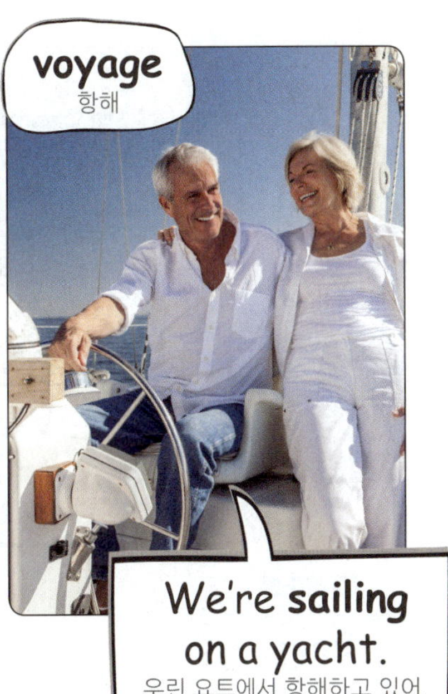

0366
business trip
business trip b

[bíznis trip] 출장

0367
delay
delay d d

[diléi] 지연시키다

☆초등필수☆

0368
board
board b b

[bɔːrd] 탑승하다

0369
boarding pass
boarding pass b

[bɔ́ːrdiŋ pæs] 탑승권

0370
sail
sail s s

[seil] 항해하다

0371
voyage
voyage v v

[vɔ́iidʒ] 항해

0372

travel

travel

[trǽvəl] 여행

0373

check in

check in

[tʃek in] (공항에서) 탑승 수속을 하다

0374

credit card

credit card

[krédit kɑːrd] 신용카드

0375

travel agency

travel agency

[trǽvəl éidʒənsi] 여행사

0376
safe
safe   s   s

[seif] 안전한

0377
important
important   i

[impɔ́:rtənt] 중요한

0378
holiday
holiday   h   h

[hǽlidèi] 휴가

0379
great
great   g   g

[greit] 훌륭한

0380
postcard
postcard   p   p

[poústkà:rd] 엽서

DAY 19 Activity

A. 다음 사진과 설명을 보고 연상되는 영어 단어나 우리말 뜻을 고르세요.

1.

ⓐ 탑승권   ⓑ 여행 가방

2.

ⓐ luggage   ⓑ postcard

3.

ⓐ delay   ⓑ sail

4.

ⓐ 탑승권   ⓑ 여행사

5.

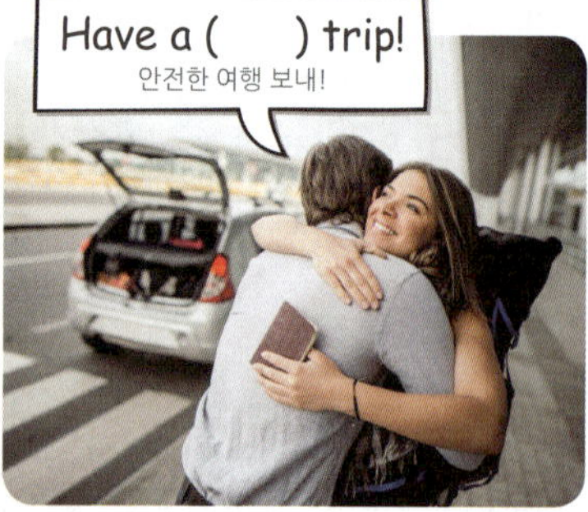

ⓐ safe   ⓑ great

6.

ⓐ suitcase   ⓑ holiday

B. 우리말에 맞도록 주어진 알파벳으로 시작하는 단어를 써 보세요.

7. **수화물** 찾는 곳　　　　b＿＿＿＿＿＿ claim

8. 그는 **출장** 중입니다.　　He is on a b＿＿＿＿ t＿＿＿＿.

9. **탑승권**을 보여주세요.　　Let me see your b＿＿＿＿ p＿＿＿＿.

10. **신용카드**를 가지고 있나요?　Do you have a c＿＿＿＿ c＿＿＿＿?

11. 여기는 **중요한** 유적지야.　Here is an i＿＿＿＿ historic site.

12. **안전한** 여행 되세요.　　Have a s＿＿＿＿ trip.

13. 나는 **엽서**를 사고 싶어.　I want to buy a p＿＿＿＿.

C. 다음 우리말을 보고 알맞은 영어 단어의 철자를 써 보세요.

14. 여행　　| j | | | n | e | |

15. 짐　　| | u | g | | | e |

16. 승객　　| | | s | | | g | e | |

17. 지연시키다　| d | | | a | |

18. 탑승하다　| | o | | d |

19. (공항에서) 탑승 수속을 하다　| | h | | | | i | |

20. 휴가　| h | | | i | d | |

DAY 20 I'm a blue parrot.

초2400_5_w20

NAME :   DATE :   .   .   .   GOAL : 필수 13 / 추가 7

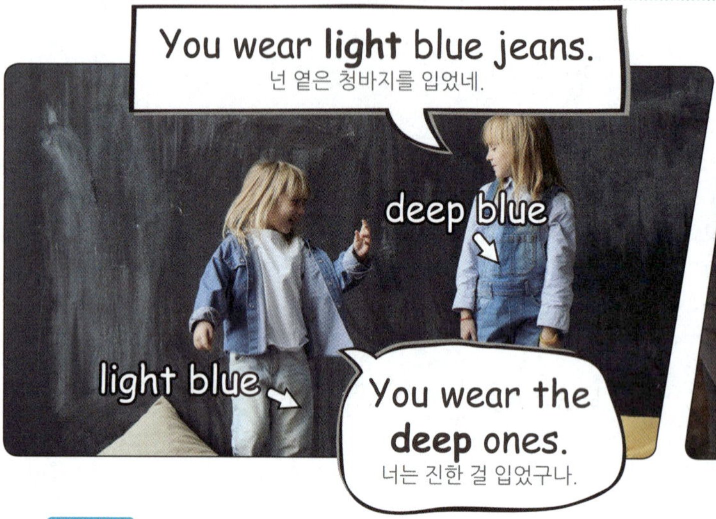

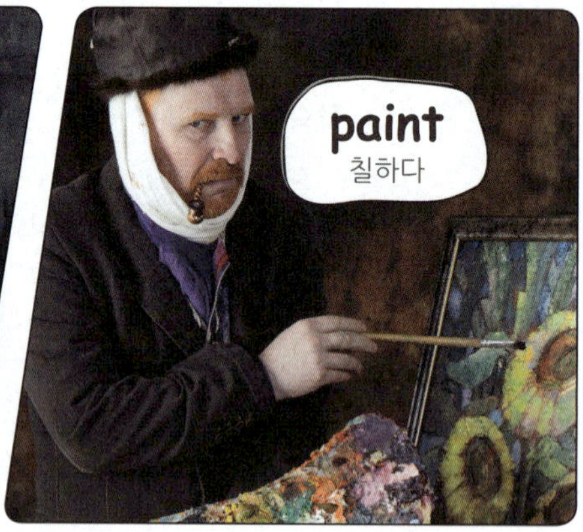

☆초등필수☆

0381

color

color   c   c

[kʌ́lər] 색, 빛깔

☆초등필수☆

0382

light

light   l   l

[lait] 옅은

☆초등필수☆

0383

deep

deep   d   d

[diːp] 진한

☆초등필수☆

0384

bright

bright   b   b

[brait] 밝은

☆초등필수☆

0385

paint

paint   p   p

[peint] 칠하다

0386 ivory   ivory   i   i

[áivəri] 상아, 상아색

0387 beige   beige   b   b

[beiʒ] 베이지색

☆초등필수☆

0388 brown   brown   b   b

[braun] 갈색

☆초등필수☆

0389 blue   blue   b   b

[blu:] 파란색

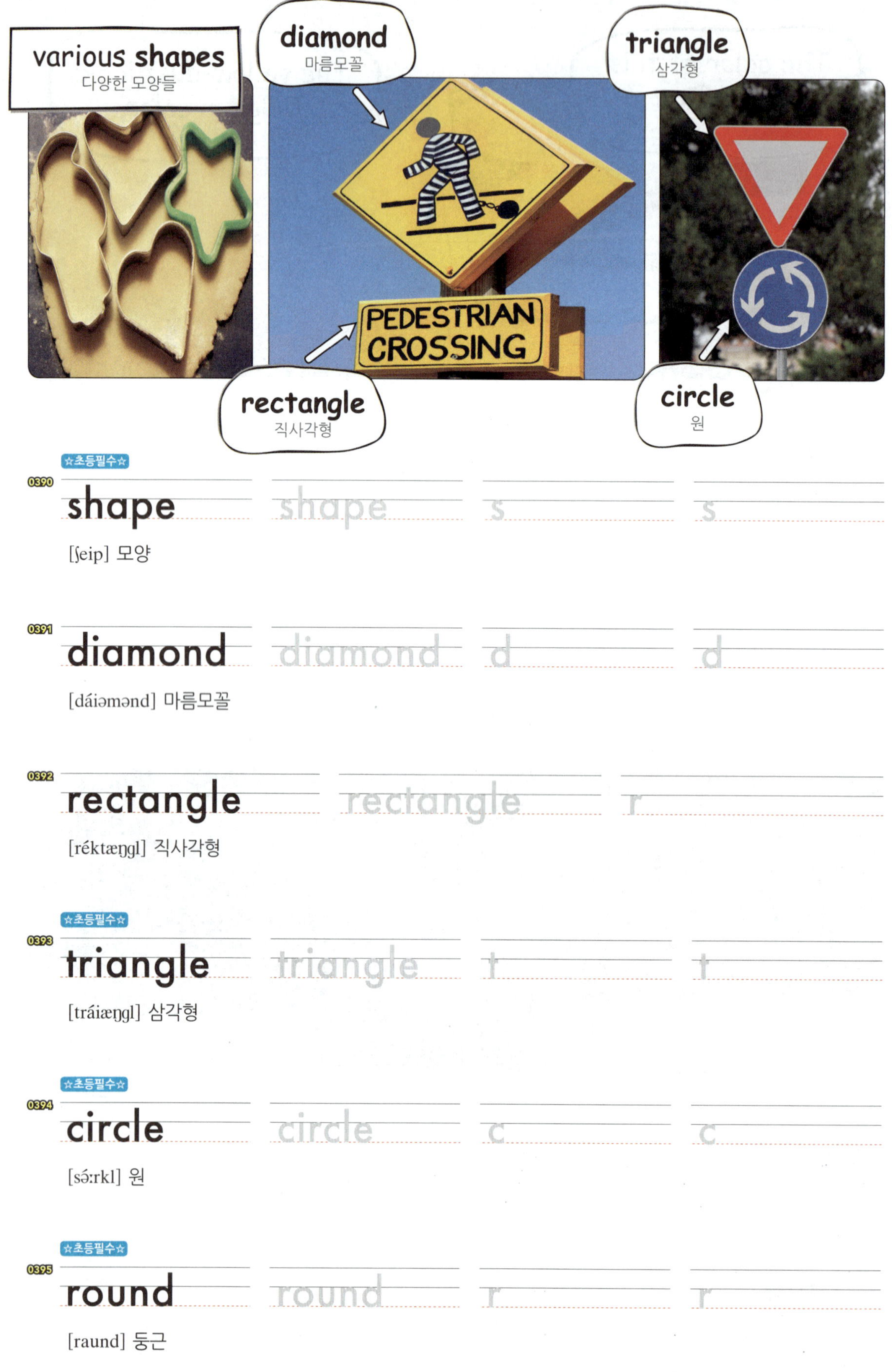

☆초등필수☆

0390 shape

shape　s　s

[ʃeip] 모양

0391 diamond

diamond　d　d

[dáiəmənd] 마름모꼴

0392 rectangle

rectangle　r

[réktæŋgl] 직사각형

☆초등필수☆

0393 triangle

triangle　t　t

[tráiæŋgl] 삼각형

☆초등필수☆

0394 circle

circle　c　c

[sə́:rkl] 원

☆초등필수☆

0395 round

round　r　r

[raund] 둥근

☆초등필수☆

0396
heart
[ha:rt] 하트 모양

0397
oval
[óuvəl] 타원형

0398
cube
[kju:b] 큐브, 정육면체

☆초등필수☆

0399
square
[skwɛər] 정사각형

0400
cone
[koun] 원뿔

DAY 20 Activity

A. 다음 사진과 설명을 보고 연상되는 영어 단어나 우리말 뜻을 고르세요.

1.

ⓐ cone　　ⓑ cube

2.

ⓐ 모양　　ⓑ 칠하다

3.

ⓐ ivory　　ⓑ beige

4.

ⓐ blue　　ⓑ brown

5.

ⓐ 마름모꼴　　ⓑ 직사각형

6.

ⓐ cone　　ⓑ square

B. 우리말에 맞도록 주어진 알파벳으로 시작하는 단어를 써 보세요.

7. 계란은 **타원형**이야.　　An egg is o________.

8. 이 아이스크림은 **원뿔** 모양이야.　This ice cream is c________-shaped.

9. **마름모꼴**의 연은 날리기 쉬워.　A d________-shaped kite is easy to fly.

10. 이 램프는 매우 **밝다**.　　This lamp is very b________.

11. 나는 방을 **칠하고 있어**.　　I'm p________ing the room.

12. 내 옷은 **베이지색**이야.　　My clothes are b________.

13. 내 옷은 **갈색**이야.　　My clothes are b________.

C. 다음 우리말을 보고 알맞은 영어 단어의 철자를 써 보세요.

14. 모양

	h		e

15. 둥근

	o	u	

16. 진한

d		p

17. 상아, 상아색

i		r	y

18. 직사각형

r		t	a		g		e

19. 삼각형

	i	a		l	e

20. 원

c		c	l	

DAY 16~20 OVERALL TEST

A.  다음 우리말 뜻에 맞는 단어를 괄호 안에서 고르세요.

1. 난 박물관을 책임지고 있어. I'm in (charge / work) of the museum.

2. 무료로 너를 안아줄게. I'll give you a (free / warm) hug.

3. 그녀는 친절해. She is (kind / brave).

4. 나는 부끄러움을 많이 타는 소년이야. I'm a (smart / shy) boy.

5. 우리는 대회에 참가할 거야. We'll enter the (contest / activity).

6. 탑승권을 보여주세요. Let me see your (boarding pass / credit card).

7. 그는 출장 중이야. He is on a (vacation / business trip).

8. 너는 연한 청바지를 입었네. You wear (light / deep) blue jeans.

9. 계란은 타원형이야. An egg is (cube / oval).

B. 아래 영어 단어의 우리말 뜻을 쓰세요.

10. museum _______________
11. fossil _______________
12. turn off _______________
13. brave _______________
14. stupid _______________
15. serious _______________

16. during _______________
17. leisure _______________
18. journal _______________
19. board _______________
20. paint _______________
21. cone _______________

C. 빈칸에 알맞은 단어를 찾아 줄로 연결하세요.

22. This _______ is great.
이 전시회는 훌륭해. • • square

23. He looks _______.
그는 어리석어 보인다. • • exhibition

24. She is _______.
그녀는 무례하다. • • volunteer

25. I will do a _______ activity.
나는 봉사활동을 할 거야. • • rude

26. Here is an _______ historic site. •
여기는 중요한 유적지야. • stupid

27. _______ claim •
수화물 찾는 곳 • important

28. This cracker is a _______. •
이 크래커는 정사각형이군. • baggage

D. 다음 우리말을 보고 알맞은 영어 단어를 써 보세요.

29. 큐레이터 c______________   35. 방학 v______________

30. 무료의 f______________   36. 참여하다 p______________

31. 현명한 w______________   37. 게으른 l______________

32. 활기찬 l______________   38. 지연시키다 d______________

33. 지루하게 하는 b______________   39. 안전한 s______________

34. 활동 a______________   40. 만지다 t______________

DAY 21 How much is it?

STEP 1 사진으로 단어/표현 학습하기 > **STEP 2** 음원을 듣고 영단어 따라 읽기 > **STEP 3** 손으로 줄에 맞춰 단어 쓰기

NAME :　　　　　DATE :　　.　　.　　.　　　　GOAL : 필수 13 / 추가 7

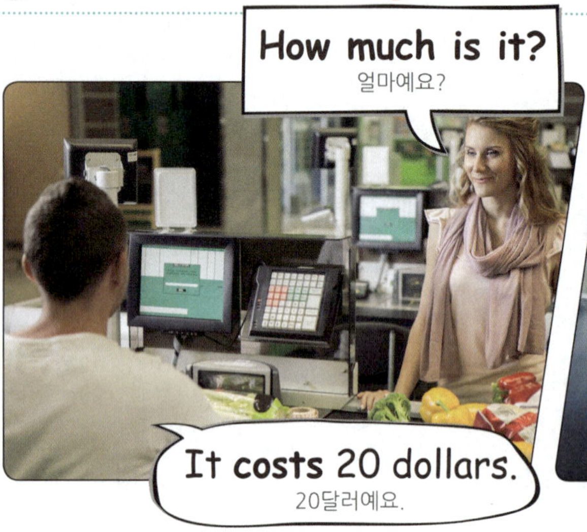

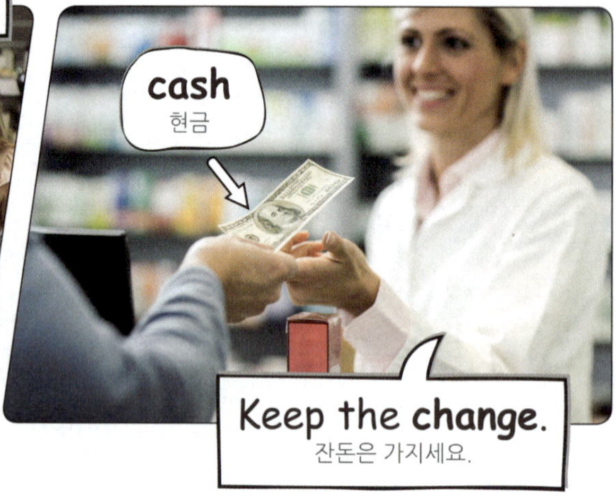

☆초등필수☆
0401
How much is it?

[hau mʌtʃ íz it] 얼마예요?

☆초등필수☆
0402
cost

[kɔːst] (값이) ~이다

0403
dollar

[dálər] 달러

☆초등필수☆
0404
cash

[kæʃ] 현금

☆초등필수☆
0405
change

[tʃeindʒ] 잔돈

☆초등필수☆

0406
buy

buy   b   b

[bai] 사다

0407
price

price   p   p

[prais] 가격

0408
allowance

allowance   a

[əláuəns] 용돈

0409
bill

bill   b   b

[bil] 지폐

☆초등필수☆

0410
coin

coin   c   c

[kɔin] 동전

☆초등필수☆

0411
money

money   m   m

[mʌni] 돈

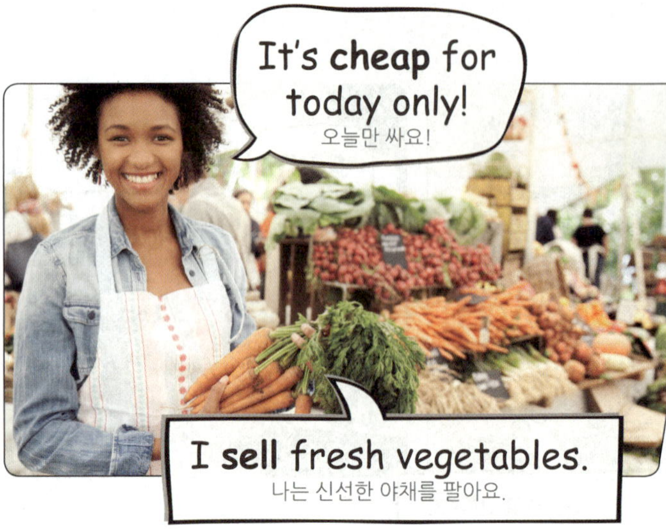
It's **cheap** for today only!
오늘만 싸요!
I **sell** fresh vegetables.
나는 신선한 야채를 팔아요.

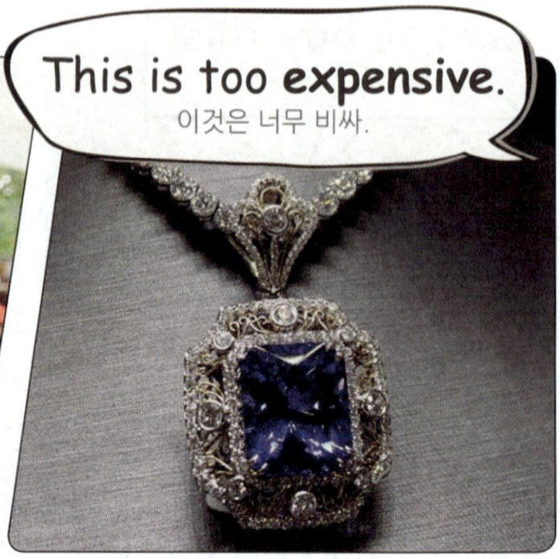
This is too **expensive**.
이것은 너무 비싸.

☆초등필수☆

0412 **sell** sell s s

[sel] 팔다

☆초등필수☆

0413 **cheap** cheap c c

[tʃi:p] 싼

0414 **expensive** expensive e

[ikspénsiv] 비싼

I like **shopping**.
난 쇼핑이 좋아.

I'll **pay** by cash.
현금으로 지불할게요.
wallet
지갑

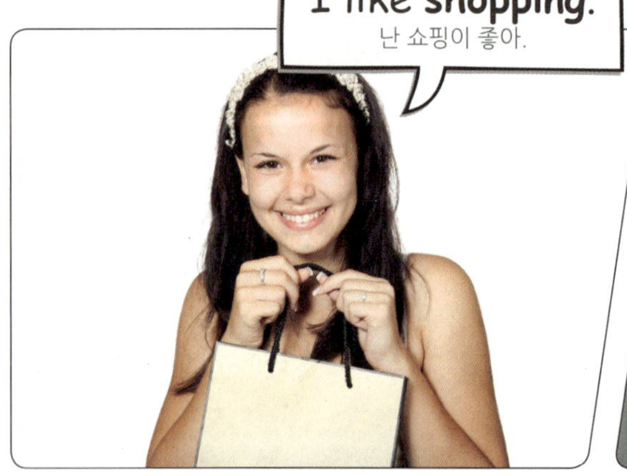

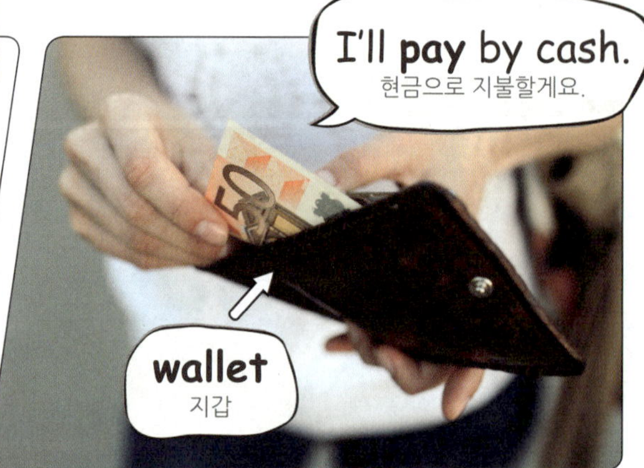

0415 **shopping** shopping s

[ʃápiŋ] 쇼핑

0416

shop

shop   s   s

[ʃap] 쇼핑하다

0417

pay

pay   p   p

[pei] 지불하다

0418

wallet

wallet   w   w

[wɑ́lit] 지갑

0419

cart

cart   c   c

[ka:rt] 카트

0420

another

another   a

[ənʌ́ðər] 또 다른

DAY 21 Activity

A. 다음 사진과 설명을 보고 연상되는 영어 단어나 우리말 뜻을 고르세요.

1.

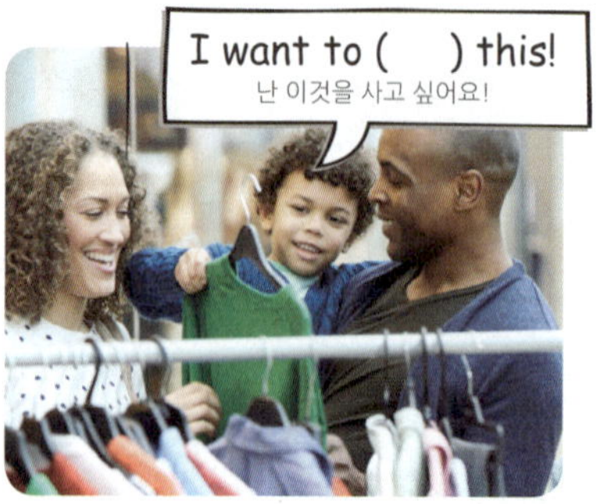

ⓐ buy   ⓑ sell

2. 

ⓐ change   ⓑ price

3. 

ⓐ 동전   ⓑ 용돈

4. 

ⓐ wallet   ⓑ money

5. 

ⓐ cheap   ⓑ expensive

6. 

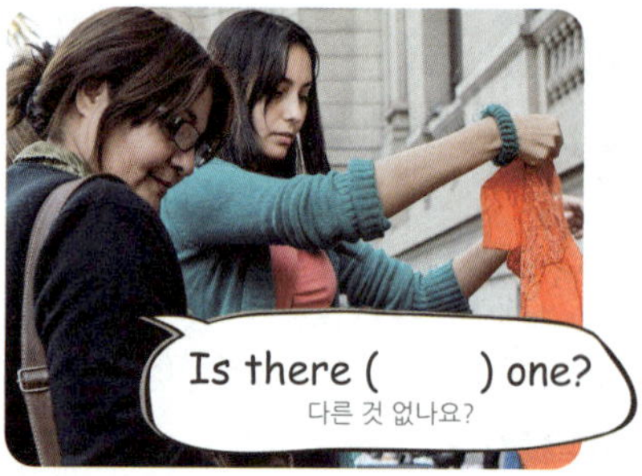

ⓐ cheap   ⓑ another

B. 우리말에 맞도록 주어진 알파벳으로 시작하는 단어를 써 보세요.

7. 그건 20**달러**입니다.　　　　It costs 20 d__________s.

8. **잔돈**은 가지세요.　　　　Keep the c________.

9. 난 이것을 **사고** 싶어요.　　　　I want to b________ this.

10. 나는 **용돈**을 받았어.　　　　I got an a____________.

11. 이건 너무 **비싸**.　　　　This is too e______________.

12. **현금**으로 지불할게요.　　　　I'll pay by c________.

13. 난 **쇼핑**이 좋아.　　　　I like s____________.

C. 다음 우리말을 보고 알맞은 영어 단어의 철자를 써 보세요.

14. 팔다　　　| s | e | | |

15. 싼　　　| | h | | a | p |

16. 지갑　　　| w | | l | e | |

17. 돈　　　| m | | e | y |

18. 가격　　　| p | r | | |

19. 지폐　　　| | i | l | |

20. 동전　　　| c | | | n |

DAY 22   Today is our wedding anniversary.

NAME :   DATE :   .   .   .   GOAL : 필수 7 / 추가 13

0421

anniversary

[ǽnəvə́:rsəri] 기념일

0422

wedding anniversary

[wédiŋ ǽnəvə́:rsəri] 결혼기념일

☆초등필수☆

0423

special

[spéʃəl] 특별한

☆초등필수☆

0424

event

[ivént] 이벤트

0425

celebrate

[séləbrèit] 기념하다

0426
Children's Day

[tʃíldrənz dei] 어린이날

0427
Parents' Day

[pέərənts dei] 어버이날

0428
ceremony

[sérəmòuni] 의식, 식

☆초등필수☆

0429
memory

[méməri] 기억, 기억력

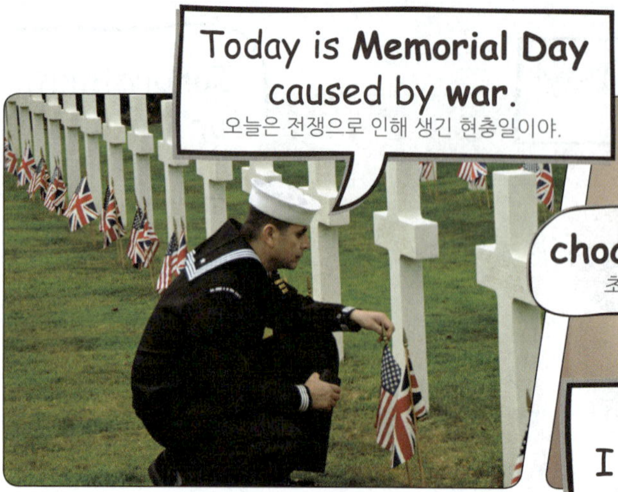

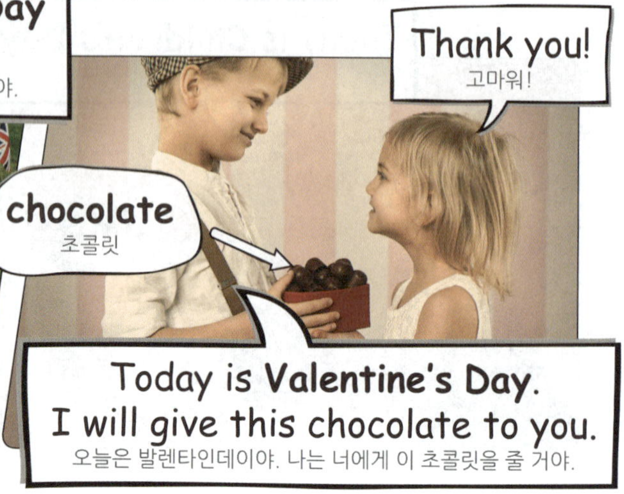

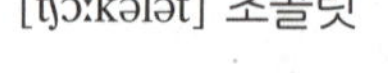

0430 **Memorial Day** Memorial Day

[məmɔ́:riəl dei] 현충일

☆초등필수☆

0431 **war** war w w

[wɔ:r] 전쟁

0432 **Valentine's Day** Valentine's Day

[vǽləntàinz dei] 발렌타인데이

0433 **chocolate** chocolate c

[tʃɔ́:kələt] 초콜릿

0434 **eve** eve e e

[i:v] 전날

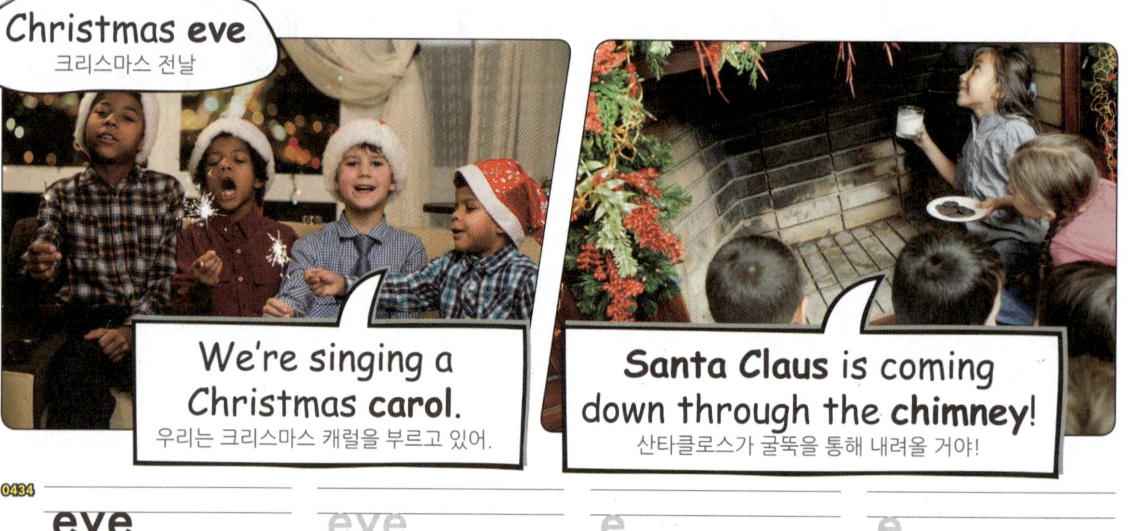

0435

carol

carol   c   c

[kǽrəl] 캐럴

0436

Santa Claus

Santa Claus   S

[sǽntə klɔ́ːz] 산타클로스

0437

chimney

chimney   c   c

[tʃímni] 굴뚝

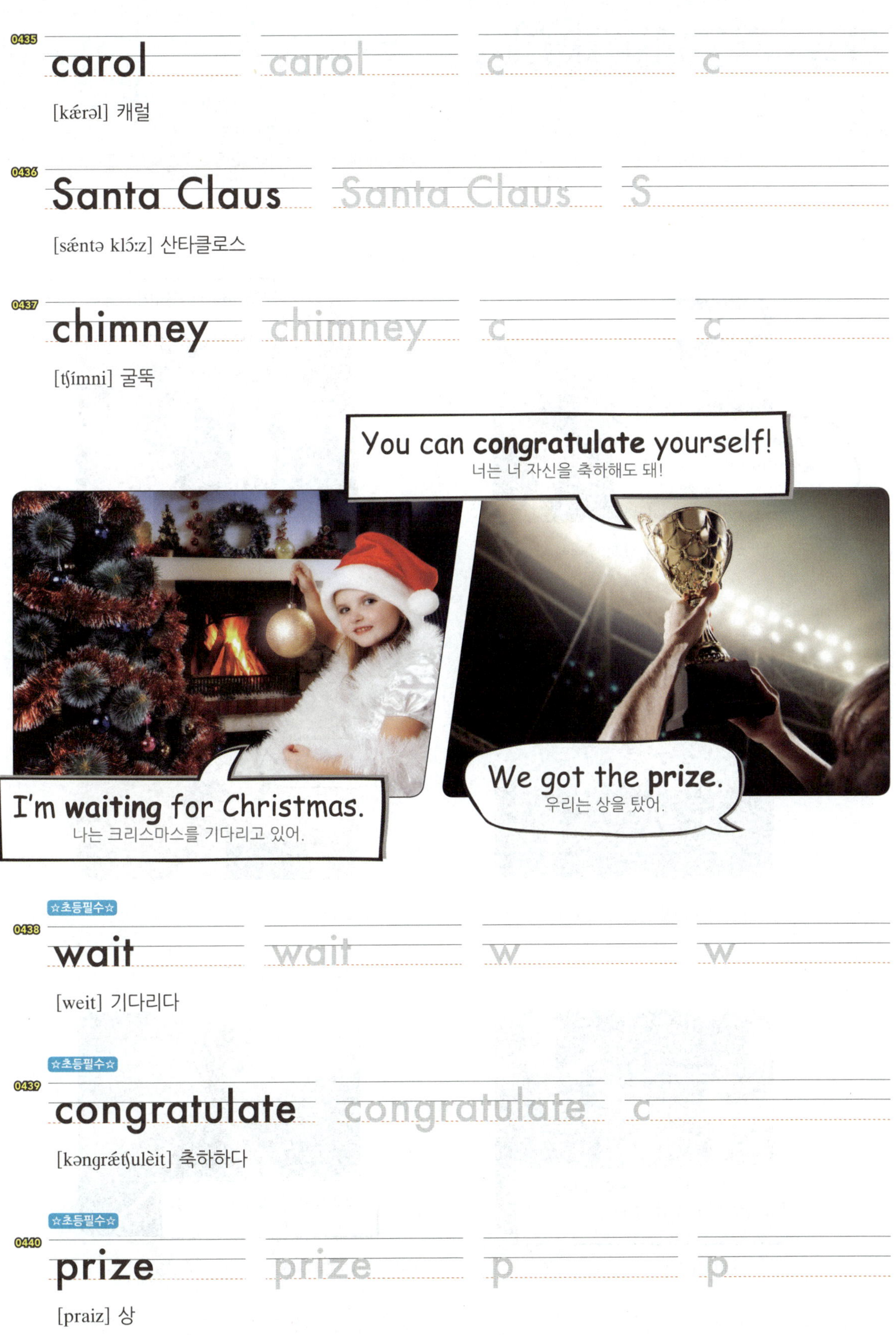

☆초등필수☆

0438

wait

wait   w   w

[weit] 기다리다

☆초등필수☆

0439

congratulate

congratulate   c

[kəngrǽtʃulèit] 축하하다

☆초등필수☆

0440

prize

prize   p   p

[praiz] 상

DAY 22 Activity

A. 다음 사진과 설명을 보고 연상되는 영어 단어나 우리말 뜻을 고르세요.

1.

ⓐ anniversary　ⓑ event

2.

ⓐ 어버이날　ⓑ 어린이날

3.

ⓐ ceremony　ⓑ memory

4.

ⓐ 초콜릿　ⓑ 이벤트

5.
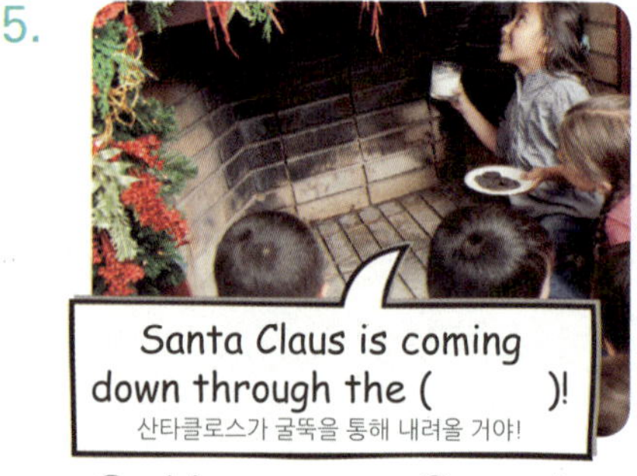

ⓐ chimney　ⓑ carol

6.

ⓐ prize　ⓑ carol

B. 우리말에 맞도록 주어진 알파벳으로 시작하는 단어를 써 보세요.

7. 오늘은 우리의 **결혼기념일**이다. Today is our w________ a____________.

8. 오늘은 **어린이날**이다. Today is C____________ D__________.

9. 오늘은 **어버이날**이다. Today is P__________ D______.

10. 오늘은 졸업**식**이다. Today is a graduation c____________.

11. 오늘은 **현충일**이다. Today is M__________ D______.

12. 오늘은 **발렌타인데이**다. Today is V______________ D______.

13. 나는 크리스마스를 **기다리고 있다**. I'm w________ing for Christmas.

C. 다음 우리말을 보고 알맞은 영어 단어의 철자를 써 보세요.

14. 특별한

| s | p | | c | | | |

15. 이벤트

| e | | | n | |

16. 기념하다

| | e | l | | b | | a | | |

17. 기억

| | e | m | | r | |

18. 초콜릿

| c | | | c | o | | | t | |

19. 굴뚝

| | | | m | | e | y |

20. 상

| p | | | | e |

DAY 23 I get an e-mail.

NAME :　　　　　DATE :　　.　　.　　.　　GOAL : 필수 11 / 추가 9

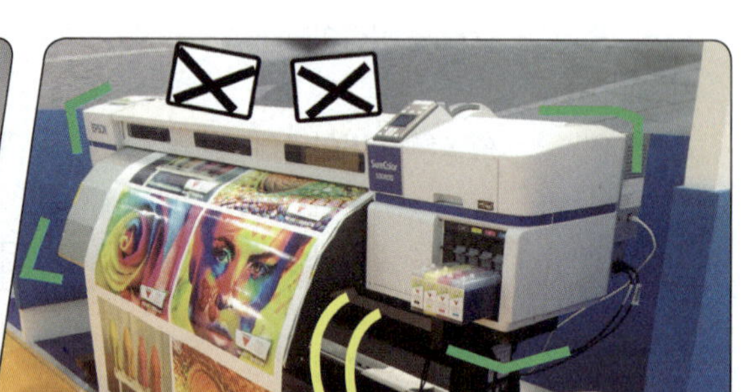

0441
click
click　　c　　c

[klik] 클릭하다

☆초등필수☆

0442
quickly
quickly　　q　　q

[kwíkli] 빨리

0443
computer
computer　　c　　c

[kəmpjúːtər] 컴퓨터

☆초등필수☆

0444
print
print　　p　　p

[print] 인쇄하다

☆초등필수☆

0445
top
top　　t　　t

[tap] 맨 위, 윗면

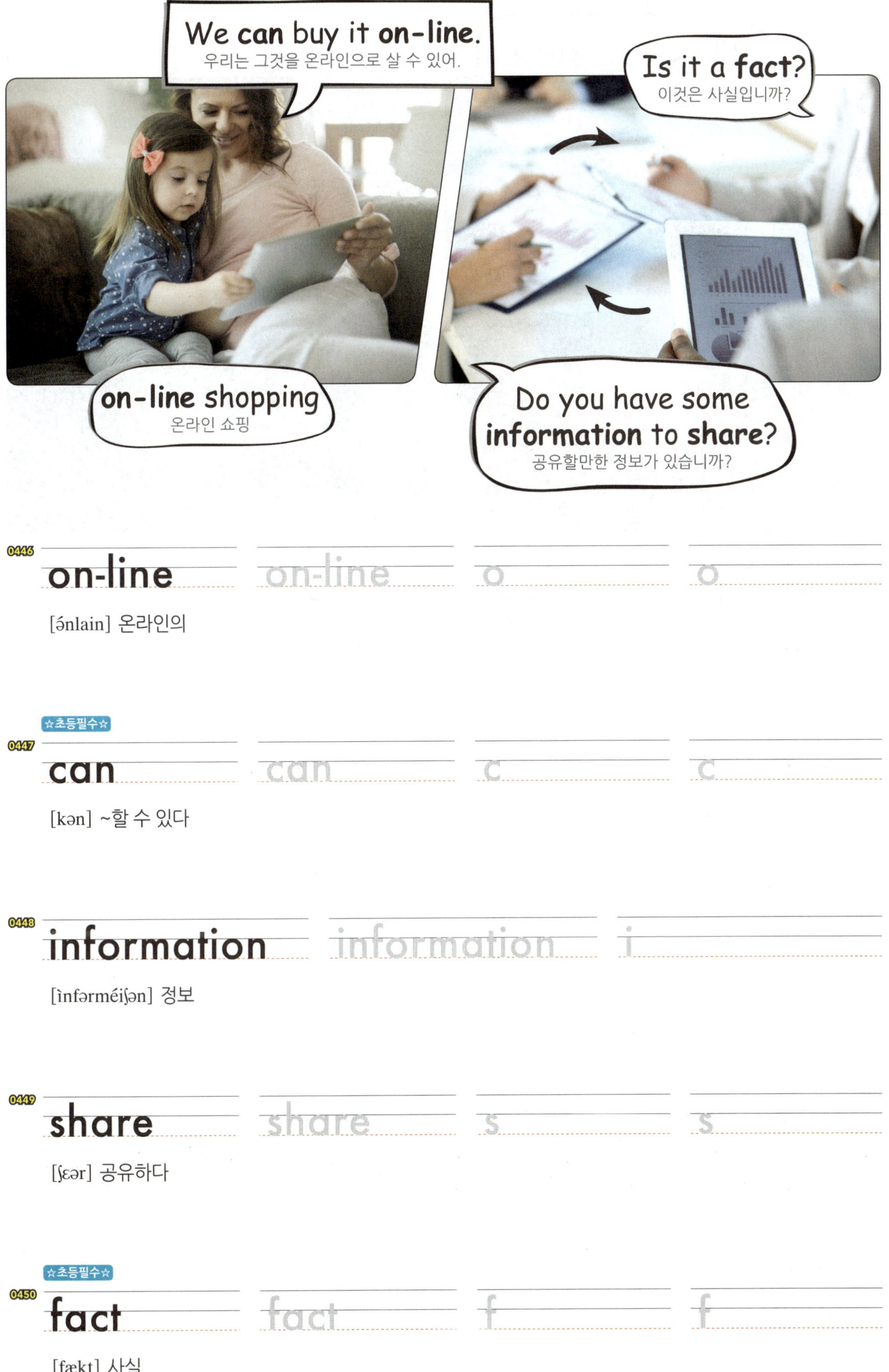

0446
on-line
on-line   o   o

[ɔ́nlain] 온라인의

☆초등필수☆
0447
can
can   c   c

[kən] ~할 수 있다

0448
information
information   i

[ìnfərméiʃən] 정보

0449
share
share   s   s

[ʃɛər] 공유하다

☆초등필수☆
0450
fact
fact   f   f

[fækt] 사실

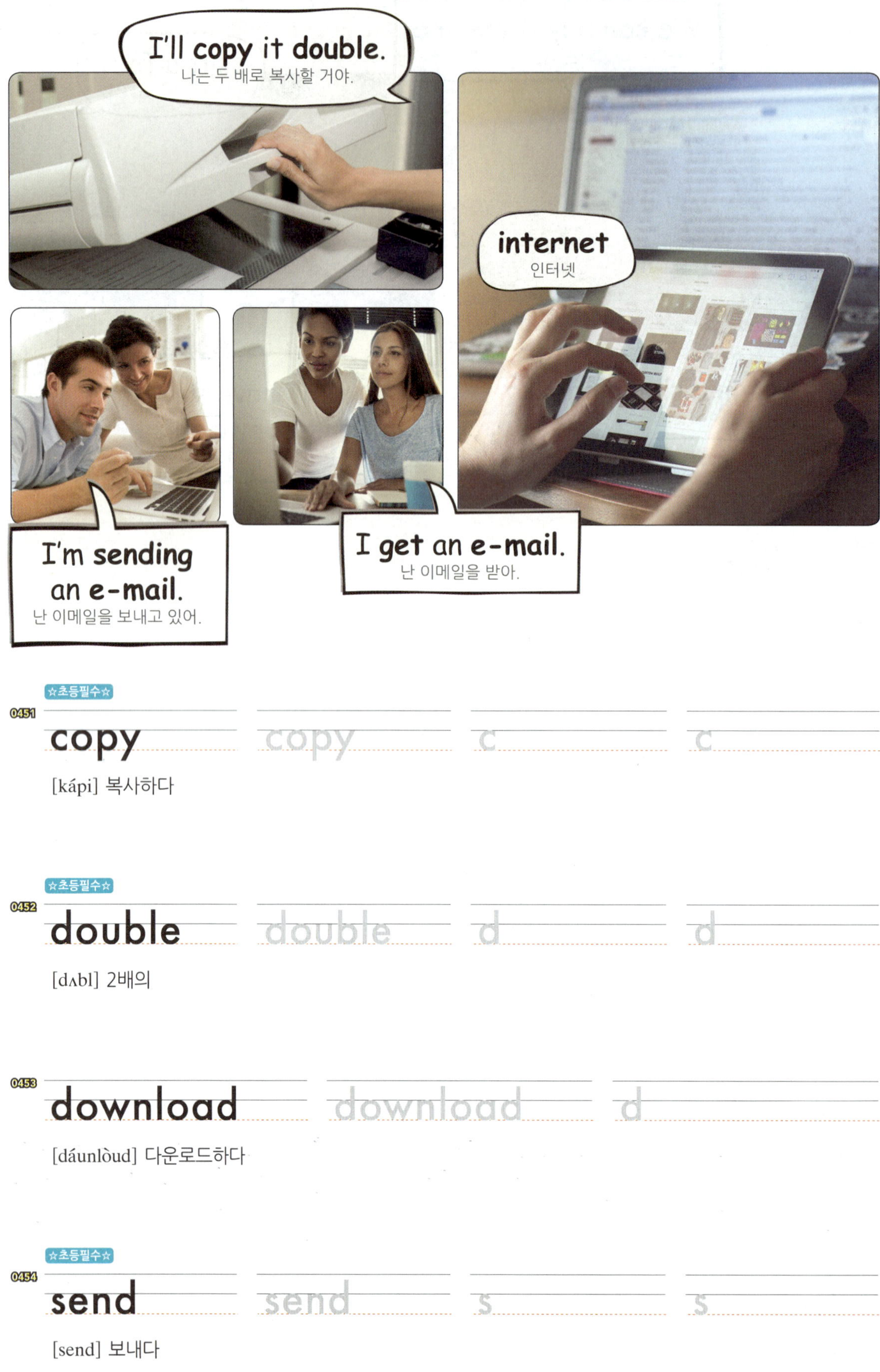

0451

copy

copy · c · c

[kápi] 복사하다

0452

double

double · d · d

[dʌbl] 2배의

0453

download

download · d

[dáunlòud] 다운로드하다

0454

send

send · s · s

[send] 보내다

0455

e-mail

[íːmeil] 이메일

0456

get

[get] 얻다

0457

internet

[íntərnet] 인터넷

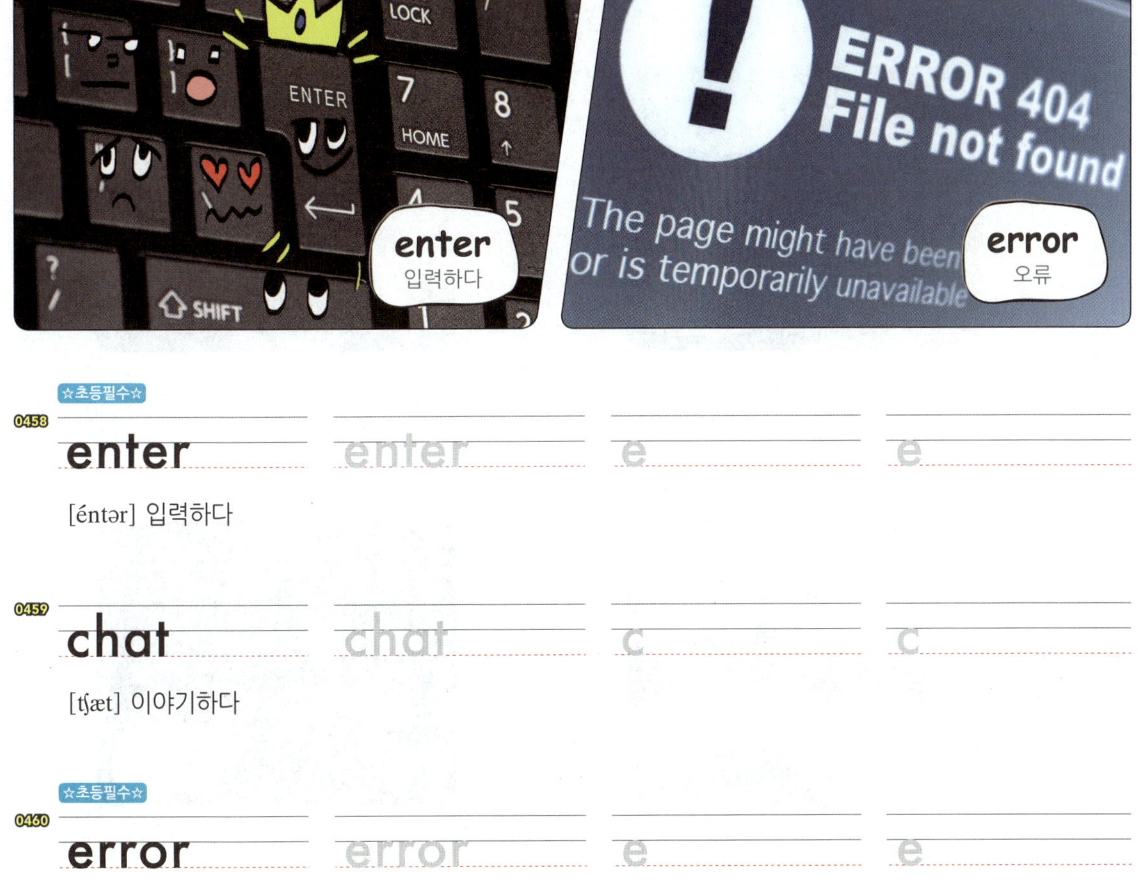

0458

enter

[éntər] 입력하다

0459

chat

[tʃæt] 이야기하다

0460

error

[érər] 오류

DAY 23 Activity

 **다음 사진과 설명을 보고 연상되는 영어 단어나 우리말 뜻을 고르세요.**

1.

ⓐ on-line　　ⓑ double

2.

ⓐ information　　ⓑ internet

3.

ⓐ 인쇄하다　　ⓑ 이야기하다

4.

ⓐ 이메일　　ⓑ 인터넷

5.

ⓐ copy　　ⓑ send

6.

ⓐ enter　　ⓑ click

B. **우리말에 맞도록 주어진 알파벳으로 시작하는 단어를 써 보세요.**

7. 이건 탁상용 **컴퓨터**야.　　　This is a desktop c___________.

8. 나는 **이메일**을 쓰고 있어.　　　I'm writing an e___________.

9. 나는 **온라인** 쇼핑을 좋아해.　　　I like o___________ shopping.

10. 이것은 **사실**입니까?　　　Is it a f___________?

11. 나는 이것을 **인쇄**해야 해.　　　I have to p___________ this.

12. 나는 이것을 **공유**해야 해.　　　I have to s___________ this.

13. 너는 **정보**를 많이 가지고 있구나.　　　You have a lot of i___________.

C. **다음 우리말을 보고 알맞은 영어 단어의 철자를 써 보세요.**

14. 클릭하다　　　| | l | i | | |

15. 복사하다　　　| c | | | y |

16. 입력하다　　　| e | | e | |

17. 얻다　　　| g | | |

18. 인터넷　　　| | | t | e | | | e | t |

19. 이야기하다　　　| | | a | t |

20. 보내다　　　| s | | | d |

DAY 24   The microwave heats milk.

NAME :   DATE :   .   .   .   GOAL : 필수 6 / 추가 14

0461

microwave

[máikrəwèiv] 전자레인지

☆초등필수☆

0462

heat

[hi:t] 데우다

0463

freezer

[frí:zər] 냉동실

0464

freeze

[fri:z] 얼리다

0465

blender

[bléndər] 믹서기(블렌더)

0466
blend

[blend] 혼합하다

☆초등필수☆

0467
control

[kəntróul] 조종/ 조종하다

0468
remote

[rimóut] 멀리 있는

☆초등필수☆

0469
volume

[válju:m] 음량

0470
minimum

[mínəməm] 최소

0471
maximum

[mǽksəməm] 최대

0472
light

light

[lait] 전등

0473
switch

switch

[switʃ] 스위치

0474
turn on

turn on

[təːrn ən] 켜다

0475
off

off

[ɔːf] 꺼진

0476

socket

socket　　　s　　　s

[sákit] 콘센트

0477

plug

plug　　　p　　　p

[plʌg] 플러그

0478

cable

cable　　　c　　　c

[kéibl] 전선

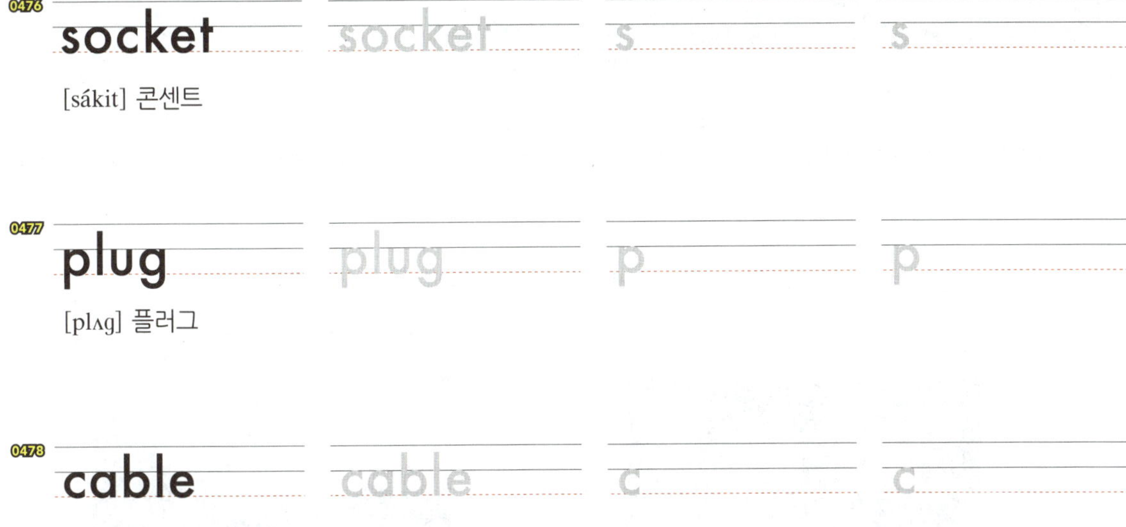

0479

signal

signal　　　s　　　s

[sígnəl] 신호

0480

washing machine

washing machine

[wáʃiŋ məʃí:n] 세탁기

DAY 24 Activity

A. 다음 사진과 설명을 보고 연상되는 영어 단어나 우리말 뜻을 고르세요.

1.

ⓐ 전자레인지　　ⓑ 믹서기

2.

ⓐ heat　　ⓑ control

3.

ⓐ 최소　　ⓑ 최대

4.

ⓐ socket　　ⓑ cable

5.

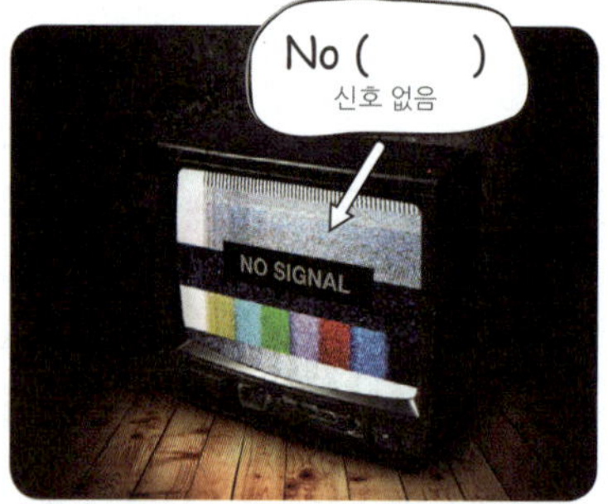

ⓐ signal　　ⓑ cable

6.

ⓐ freezer
ⓑ washing machine

B. 우리말에 맞도록 주어진 알파벳으로 시작하는 단어를 써 보세요.

7. 나는 **전자레인지**를 사용한다.   I use a m________________.

8. 나는 **믹서기**를 사용한다.   I use a b____________.

9. 나는 TV를 **조종한다**.   I c____________ the TV.

10. 나는 라디오를 **켠다**.   I t__________ o________ the radio.

11. **스위치**를 꺼 주세요.   Turn off the s____________.

12. **음량**을 낮춰 주세요.   Turn the v____________ down.

13. 나는 **플러그**를 콘센트에 꽂는다.   I put a p__________ into the socket.

C. 다음 우리말을 보고 알맞은 영어 단어의 철자를 써 보세요.

14. 데우다 | h | | | |

15. 얼리다 | | | e | z | |

16. 혼합하다 | b | | e | | |

17. 멀리 있는 | | m | o | | |

18. 전등 | | i | | t |

19. 꺼진 | o | | |

20. 신호 | | | n | a | |

DAY 25 Look at that blocking!

| STEP 1 사진으로 단어/표현 학습하기 | STEP 2 음원을 듣고 영단어 따라 읽기 | STEP 3 손으로 줄에 맞춰 단어 쓰기 |

NAME :　　　　　DATE :　　.　　.　　.　　GOAL : 필수 7 / 추가 13

0481

volleyball　　volleyball　　v

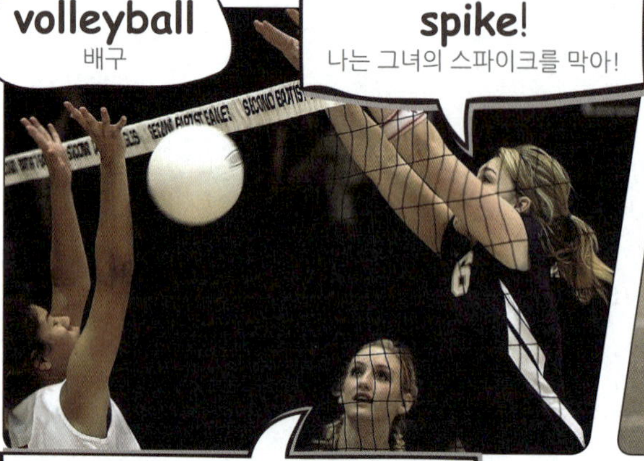

[válibɔ̀:l] 배구

☆초등필수☆

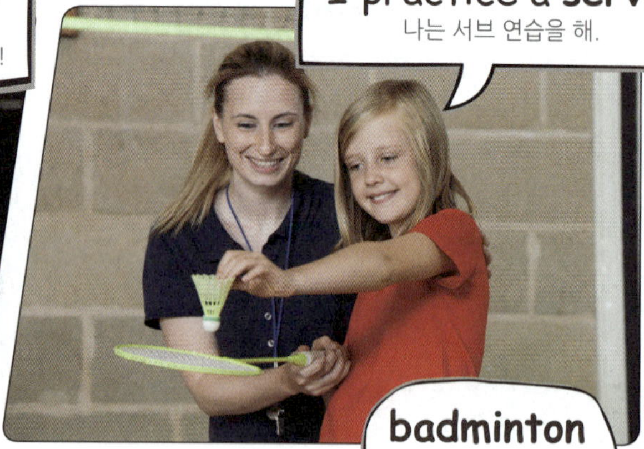

0482

block　　block　　b　　b

[blak] 막다

0483

spike　　spike　　s　　s

[spaik] 스파이크

☆초등필수☆

0484

practice　　practice　　p　　p

[prǽktis] 연습하다

0485

serve　　serve　　s　　s

[səːrv] 서브/ 서브하다

0486

badminton

[bǽdmintn] 배드민턴

0487

net

[net] 네트, 그물

0488

racket

[rǽkit] 라켓

0489

shuttlecock

[ʃʌ́tlkɑːk] 셔틀콕

0490

table tennis

[téibl ténis] 탁구

☆초등필수☆

0491

stress

[stres] 스트레스

0492

foul

foul   f   f

[faul] 반칙

0493

rule

rule   r   r

[ru:l] 규칙

☆초등필수☆

0494

uniform

uniform   u   u

[júːnəfɔ̀ːrm] 유니폼

☆초등필수☆

0495

basketball

basketball   b

[bǽskitbɔ̀ːl] 농구

win

win   w   w

[win] 이기다

lose

lose   l   l

[lu:z] 지다

0498
athlete

athlete   a   a

[ǽθli:t] 운동선수

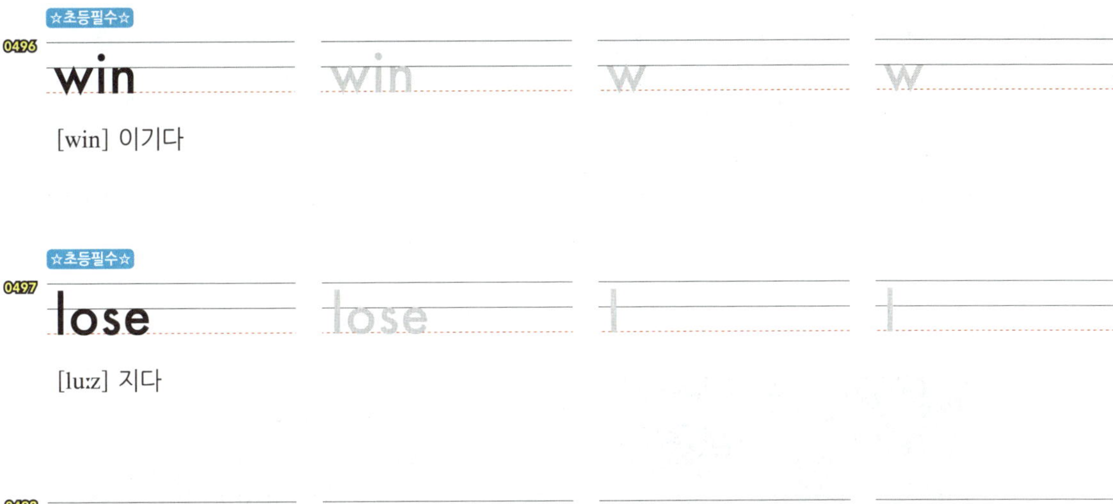

0499
yoga

yoga   y   y

[jóugə] 요가

0500
meditation

meditation   m

[mèdətéiʃən] 명상

DAY 25 Activity

A. 다음 사진과 설명을 보고 연상되는 영어 단어나 우리말 뜻을 고르세요.

1.
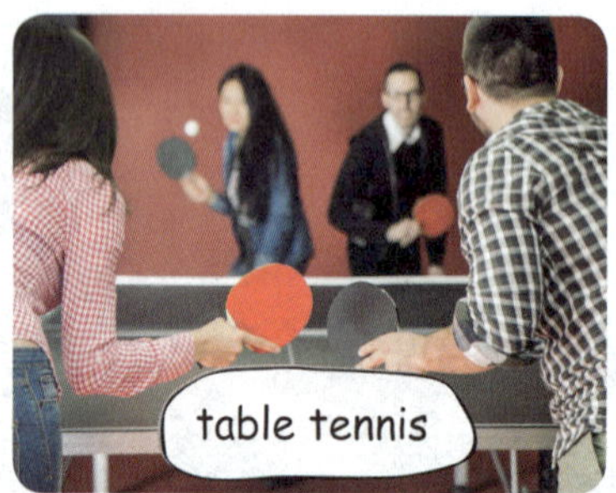

ⓐ blocking   ⓑ spike

2.
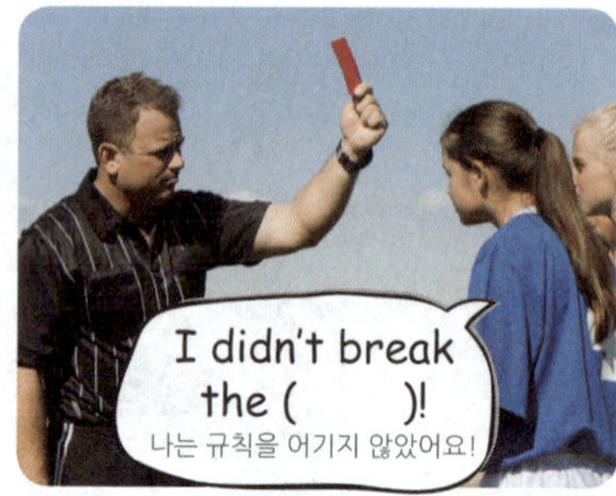

ⓐ badminton   ⓑ volleyball

3.
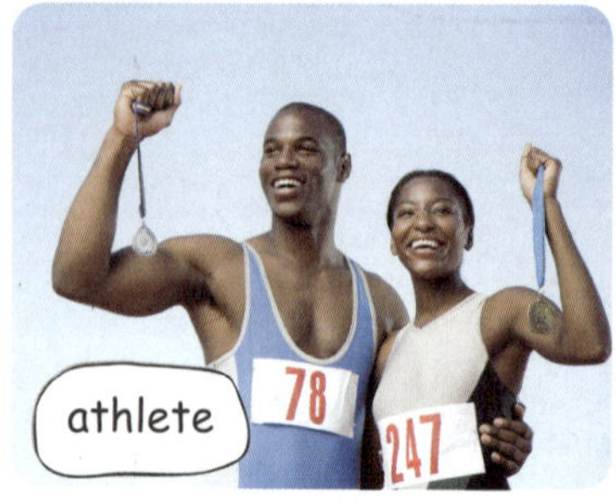

ⓐ 배드민턴   ⓑ 탁구

4.

ⓐ foul   ⓑ rule

5.

ⓐ 운동선수   ⓑ 유니폼

6.

ⓐ yoga   ⓑ stress

B. 우리말에 맞도록 주어진 알파벳으로 시작하는 단어를 써 보세요.

7. 나는 **배구**를 잘 한다.   I'm good at v____________.

8. 나는 **배드민턴**을 잘 친다.   I'm good at b____________.

9. 나는 **탁구**를 잘 친다.   I'm good at t________ t________.

10. 그녀의 **스파이크**는 강력해.   Her s________ is powerful.

11. 나는 **서브** 연습을 해.   I practice a s________.

12. 우리는 **스트레스**를 해소할 수 있어.   We can get rid of s________.

13. 너의 **라켓**을 가져와.   Bring your r__________.

C. 다음 우리말을 보고 알맞은 영어 단어의 철자를 써 보세요.

14. 규칙 | r | | | e |

15. 유니폼 | | | i | f | r | |

16. 농구 | b | a | | | | | | | |

17. 이기다 | w | | |

18. 지다 | | | s | e |

19. 운동선수 | a | | | l | | t | e |

20. 반칙 | | o | | l |

DAY 21~25 OVERALL TEST

 다음 우리말 뜻에 맞는 단어를 괄호 안에서 고르세요.

1. 얼마예요?   (How much / What) is it?

2. 나는 용돈을 받았어.   I got an (allowance / price).

3. 오늘은 졸업식이야.   Today is a graduation (ceremony / event).

4. 나는 크리스마스를 기다리고 있어.   I'm (waiting / celebrating) for Christmas.

5. 이것은 사실입니까?   Is it a (fact / share)?

6. 전자레인지는 우유를 데워준다.   The microwave (heat / control)s milk.

7. 나는 TV를 조종할 수 있어.   I can (control / blend) the TV.

8. 나는 서브 연습을 해.   I (lose / practice) a serve.

9. 우리는 스트레스를 해소할 수 있어.   We can get rid of (stress / rule).

B. 아래 영어 단어의 우리말 뜻을 쓰세요.

10. buy _______________

11. bill _______________

12. another _______________

13. wait _______________

14. memory _______________

15. event _______________

16. get _______________

17. e-mail _______________

18. volume _______________

19. cable _______________

20. win _______________

21. athlete _______________

C. 빈칸에 알맞은 단어를 찾아 줄로 연결하세요.

22. This is too _______.
    이건 너무 비싸.
    • another

23. Is there _______ one?
    다른 것 없나요?
    • expensive

24. I have a bad _______.
    난 기억력이 나빠.
    • prize

25. We got the _______.
    우리는 상을 탔어.
    • memory

26. We can buy it _______.
    우리는 그것을 온라인으로 살 수 있어.
    • on-line

27. No _______.
    신호 없음.
    • basketball

28. We are playing _______.
    우리는 농구를 하고 있어.
    • signal

D. 다음 우리말을 보고 알맞은 영어 단어를 써 보세요.

29. 팔다   s ___________
30. 가격   p ___________
31. 지불하다   p ___________
32. 굴뚝   c ___________
33. 초콜릿   c ___________
34. 축하하다   c ___________

35. 사실   f ___________
36. 보내다   s ___________
37. 꺼진   o ___________
38. 얼리다   f ___________
39. 라켓   r ___________
40. 요가   y ___________

DAY 26 Go! Go! My team!

 NAME :    DATE :   .   .   .   GOAL : 필수 9 / 추가 11

0501

field day

field day   f   f

[fi:ld dei] 운동회

0502

☆초등필수☆

team

team   t   t

[ti:m] 팀

0503

☆초등필수☆

go

go   g   g

[gou] 이겨라!(구호)

0504

shout

shout   s   s

[ʃaut] 소리치다

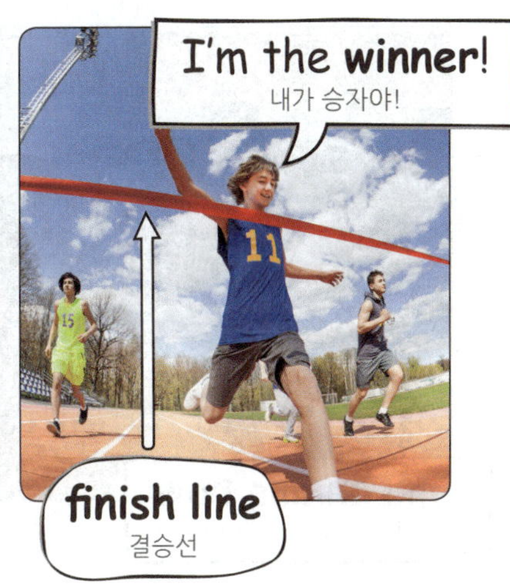

☆초등필수☆

0505 race

race r r

[reis] 경주

0506 get set

get set g g

[get set] 준비(하시오)

☆초등필수☆

0507 jump

jump j j

[dʒʌmp] 뛰다

0508 hurdle

hurdle h h

[hə́:rdl] 장애물, 허들

☆초등필수☆

0509 winner

winner w w

[wínər] 승자

0510 finish line

finish line f

[fíniʃ lain] 결승선

0511
relay
[ríːlèi] 계주

0512
support
[səpɔ́ːrt] 응원하다

☆초등필수☆
0513
run
[rʌn] 달리다

0514
sweat
[swet] 땀 흘리다

0515
thirst
[θəːrst] 갈증

0516
wave
[weiv] 펄럭이다

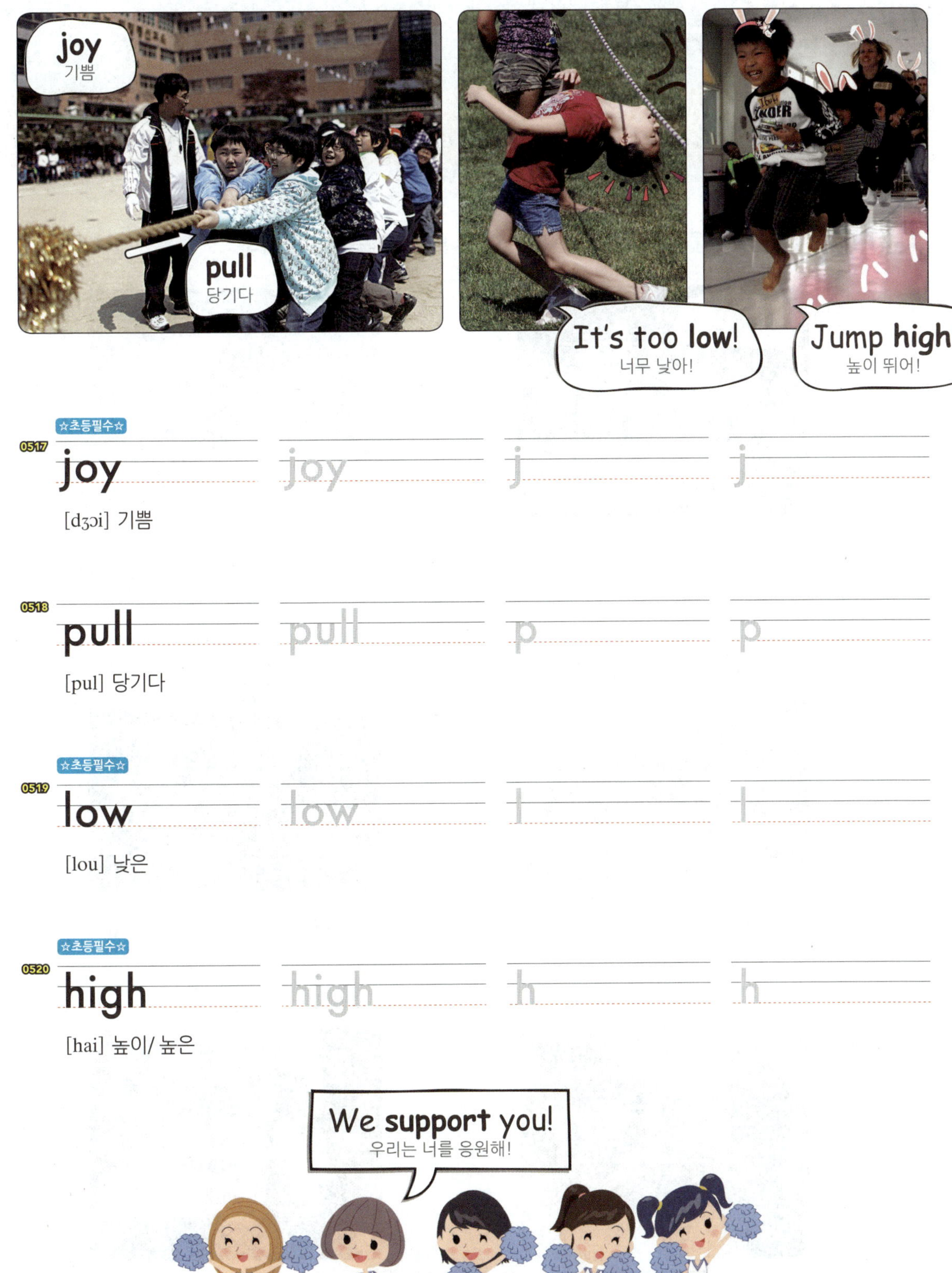

☆초등필수☆

0517 joy   joy   j   j

[dʒɔi] 기쁨

0518 pull   pull   p   p

[pul] 당기다

☆초등필수☆

0519 low   low   l   l

[lou] 낮은

☆초등필수☆

0520 high   high   h   h

[hai] 높이/ 높은

DAY 26 Activity

A. 다음 사진과 설명을 보고 연상되는 영어 단어나 우리말 뜻을 고르세요.

1.

ⓐ 운동회 ⓑ 갈증

2.

ⓐ 결승선 ⓑ 허들

3.

ⓐ race ⓑ jump

4.

ⓐ pulling ⓑ running

5.

ⓐ sweating ⓑ waving

6.

ⓐ get set ⓑ shout

B. 우리말에 맞도록 주어진 알파벳으로 시작하는 단어를 써 보세요.

7. **이겨라**! 우리 **팀**!　　　　G__________!My t__________!

8. 내가 **승자**야!　　　　I'm the w__________!

9. 오늘은 **운동회 날**이다.　　　　Today is the f__________ d__________.

10. 저 **장애물**은 높다.　　　　That h__________ is high.

11. 저 장애물은 **낮다**.　　　　That hurdle is l__________.

12. 그들은 **소리치고 있다**.　　　　They are s__________ing.

13. 저기 **결승선**이 있어!　　　　There is the f__________ l__________!

C. 다음 우리말을 보고 알맞은 영어 단어의 철자를 써 보세요.

14. 갈증　　　| | | i | | t |

15. 뛰다　　　| j | | m | |

16. 준비(하시오)　　　| g | | | | e | t |

17. 달리다　　　| | | n |

18. 땀 흘리다　　　| | | | a | t |

19. 당기다　　　| | | l | l |

20. 경주　　　| r | | | e |

DAY 27　It tastes bitter!

STEP 1 사진으로 단어/표현 학습하기　　**STEP 2** 음원을 듣고 영단어 따라 읽기　　**STEP 3** 손으로 줄에 맞춰 단어 쓰기

 NAME :　　　　　　 DATE :　　.　　.　　.　　　　 GOAL : 필수 15 / 추가 5

☆초등필수☆

0521
taste
[teist] ~한 맛이 나다

0522
bitter
[bítər] 쓴

☆초등필수☆

0523
smell
[smel] 냄새가 나다

☆초등필수☆

0524
sweet
[swiːt] 달콤한

☆초등필수☆

0525
sour
[sauər] 신

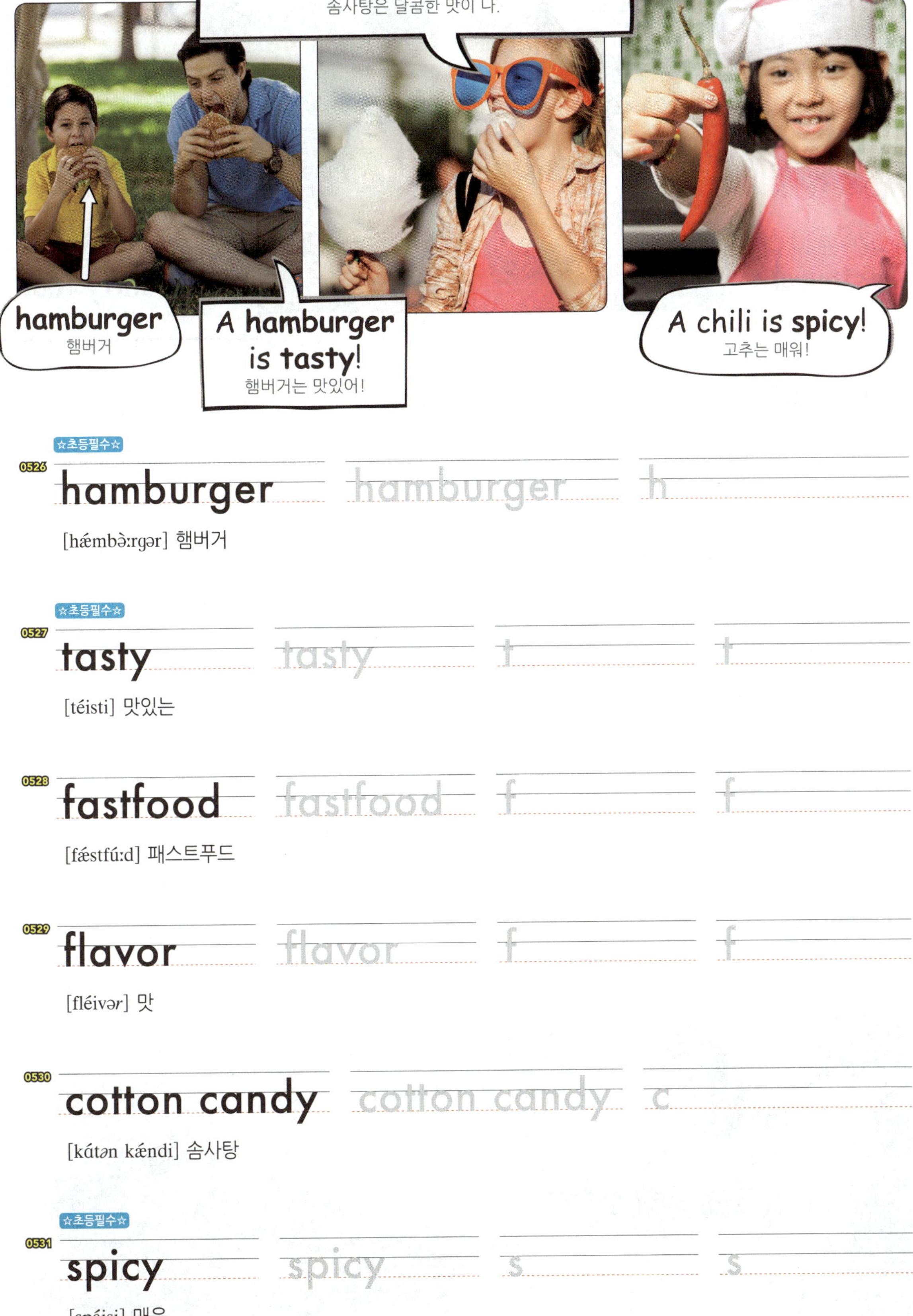

☆초등필수☆

0526

hamburger

[hǽmbə̀ːrgər] 햄버거

☆초등필수☆

0527

tasty

[téisti] 맛있는

0528

fastfood

[fǽstfúːd] 패스트푸드

0529

flavor

[fléivər] 맛

0530

cotton candy

[kátən kǽndi] 솜사탕

☆초등필수☆

0531

spicy

[spáisi] 매운

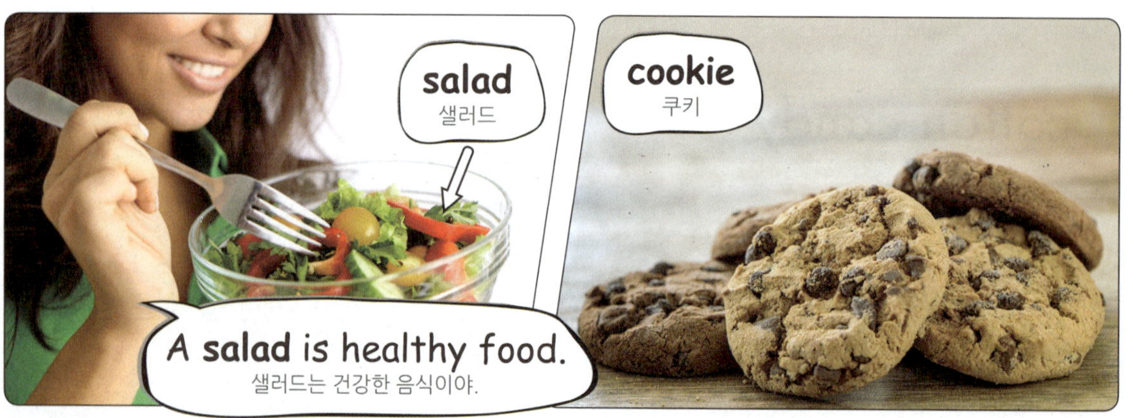

0532

dessert

dessert　　d　　　　d

[dizə́:rt] 디저트

☆초등필수☆

0533

delicious

delicious　　d　　　　d

[dilíʃəs] 맛있는

☆초등필수☆

0534

restaurant

restaurant　　r

[réstərənt] 식당

☆초등필수☆

0535

salty

salty　　s　　　　s

[sɔ́:lti] 짠

0536 salad

salad   s   s

[sǽləd] 샐러드

0537 cookie

cookie   c   c

[kúki] 쿠키

0538 snack

snack   s   s

[snæk] 간식

0539 steak

steak   s   s

[steik] 스테이크

0540 soup

soup   s   s

[suːp] 수프

DAY 27 Activity

A. 다음 사진과 설명을 보고 연상되는 영어 단어나 우리말 뜻을 고르세요.

1.

ⓐ bitter   ⓑ sour

2.

ⓐ salty   ⓑ sweet

3.

ⓐ smell   ⓑ taste

4.

ⓐ spicy   ⓑ sour

5.

ⓐ 짠   ⓑ 신

6.

ⓐ Salad   ⓑ Steak

B. 우리말에 맞도록 주어진 알파벳으로 시작하는 단어를 써 보세요.

7. 이 야채는 **쓰다**.　　　　　This vegetable tastes b____________.

8. 아이스크림은 **달콤하다**.　　Ice cream is s____________.

9. 레몬은 **시다**.　　　　　　Lemon is s____________.

10. 이 디저트는 **맛있어**.　　　This dessert is t____________.

11. 나는 **샐러드**가 좋아.　　　I like s____________.

12. **쿠키**로 주세요.　　　　　A c____________, please.

13. **스테이크**로 주세요.　　　S____________, please.

C. 다음 우리말을 보고 알맞은 영어 단어의 철자를 써 보세요.

14. 식당　　| r | e | | | | r | a | | t |

15. 햄버거　| | | | b | | | g | e | |

16. 매운　　| s | | | y |

17. 맛있는　| | | l | i | | | o | | |

18. 짠　　　| | a | | t | |

19. 간식　　| s | n | | |

20. 수프　　| | o | |

DAY 28 I did my homework all day long.

NAME :　　　　　DATE :　.　.　.　　　GOAL : 필수 11 / 추가 9

☆초등필수☆

0541 **ahead**　　ahead　　a

[əhéd] 앞서

☆초등필수☆

0542 **ago**　　ago　　a

[əɡóu] 전

0543 **all day**　　all day　　a

[ɔ:l dei] 하루 종일

☆초등필수☆

0544 **often**　　often　　o

[ɔ́:f(t)ən] 자주, 종종

☆초등필수☆

0545 **always**　　always　　a

[ɔ́:lweiz] 항상

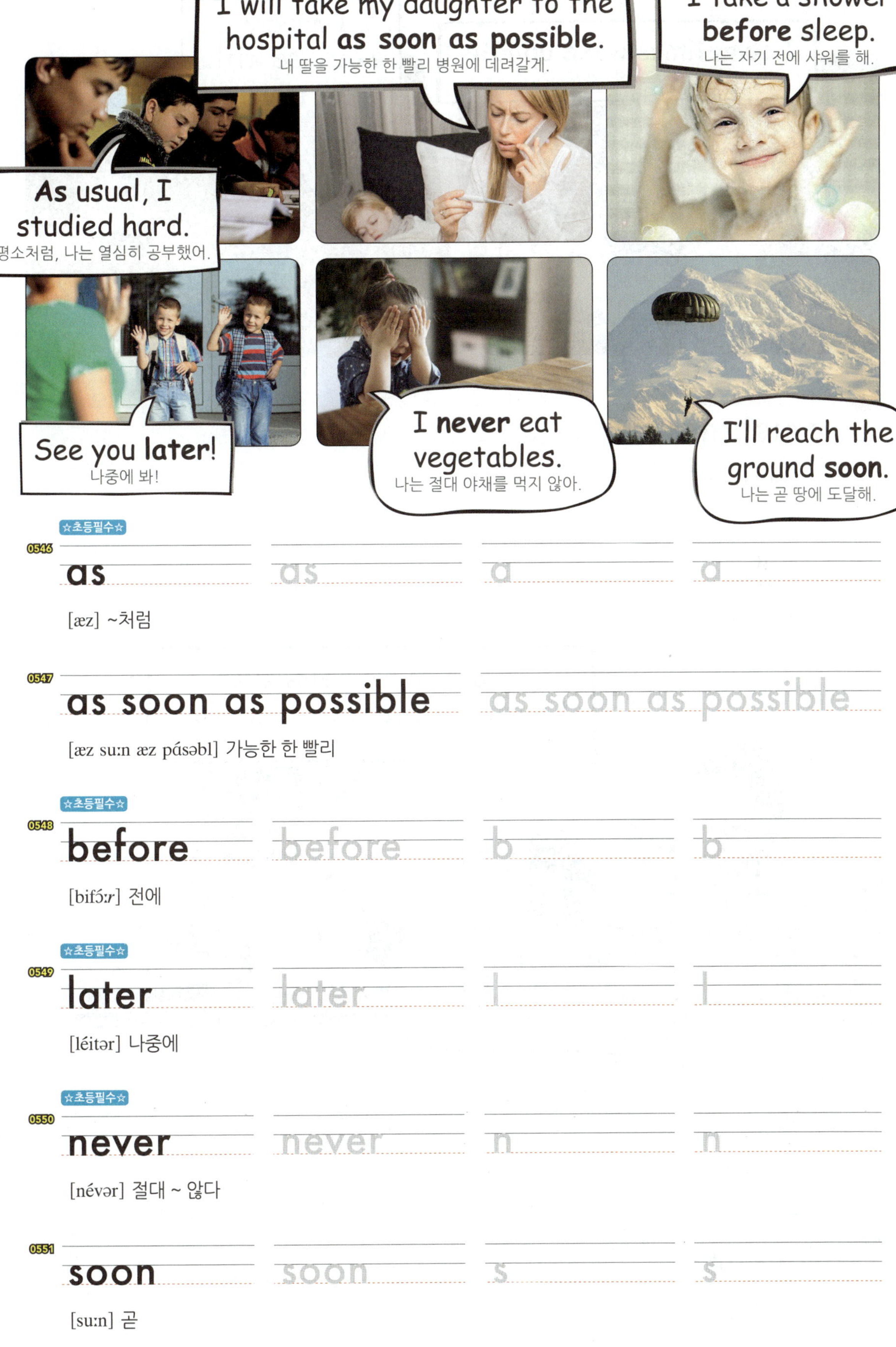

☆초등필수☆

0546
as
as   a   a

[æz] ~처럼

0547
as soon as possible
as soon as possible

[æz suːn æz pásəbl] 가능한 한 빨리

☆초등필수☆

0548
before
before   b   b

[bifɔ́ːr] 전에

☆초등필수☆

0549
later
later   l   l

[léitər] 나중에

☆초등필수☆

0550
never
never   n   n

[névər] 절대 ~ 않다

0551
soon
soon   s   s

[suːn] 곧

0552
sometimes

sometimes   s   s

[sʌmtàimz] 때때로

0553
rarely

rarely   r   r

[rɛ́ərli] 드물게

☆초등필수☆
0554
also

also   a   a

[ɔ́:lsou] 또한

☆초등필수☆
0555
however

however   h   h

[hauévər] 그러나

0556

by

[bai] ~까지

0557

until

[əntíl] ~까지

0558

then

[ðen] 그때에

0559

once

[wʌns] 한 번

0560

since

[sins] ~ 이후로

DAY 28 Activity

A. 다음 사진과 설명을 보고 연상되는 영어 단어나 우리말 뜻을 고르세요.

1.

ⓐ ahead   ⓑ ago

2.

ⓐ always   ⓑ often

3.

ⓐ 곧   ⓑ 나중에

4.

ⓐ 때때로   ⓑ 항상

5.

ⓐ Until   ⓑ Once

6.

ⓐ soon   ⓑ then

B. 우리말에 맞도록 주어진 알파벳으로 시작하는 단어를 써 보세요.

7. 난 **하루 종일** 숙제를 했어. I did my homework a______ d______ long.

8. 이 사진은 50년 **전에** 찍혔어. This picture was taken 50 years a______.

9. 그는 **항상** 늦어. He is a__________ late.

10. **가능한 한 빨리** a______ s______ a______ p__________

11. **나중에** 보자. See you l__________.

12. 나는 이번 **또한** 좋은 성적을 받았어. I a________ got a good grade this time.

13. 나는 내일**까지** 숙제가 있어. I have homework b________ tomorrow.

C. 다음 우리말을 보고 알맞은 영어 단어의 철자를 써 보세요.

14. 앞서

| a | h | | | |

15. 종종

| o | | | | n |

16. 절대 ~ 않다

| n | | | e | |

17. 곧

| | | o | |

18. 드물게

| | a | | l | |

19. ~까지

| | n | t | |

20. ~ 이후로

| s | | | e | |

STEP 1 사진으로 단어/표현 학습하기   **STEP 2** 음원을 듣고 영단어 따라 읽기   **STEP 3** 손으로 줄에 맞춰 단어 쓰기

 NAME :   DATE :   .   .   .   GOAL : 필수 10 / 추가 10

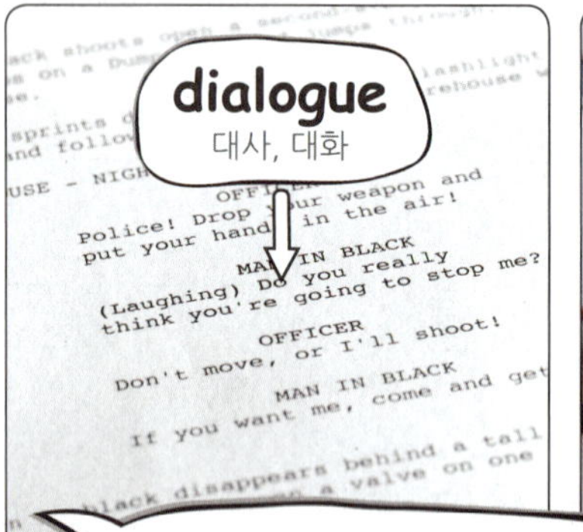

0561
memorize
memorize   m

[méməràiz] 암기하다

☆초등필수☆
0562
word
word   w   w

[wəːrd] 단어

☆초등필수☆
0563
dialogue
dialogue   d   d

[dáiəlɔ̀ːg] 대화

☆초등필수☆
0564
remember
remember   r   r

[rimémbər] 기억하다

☆초등필수☆
0565
basic
basic   b   b

[béisik] 기본적인

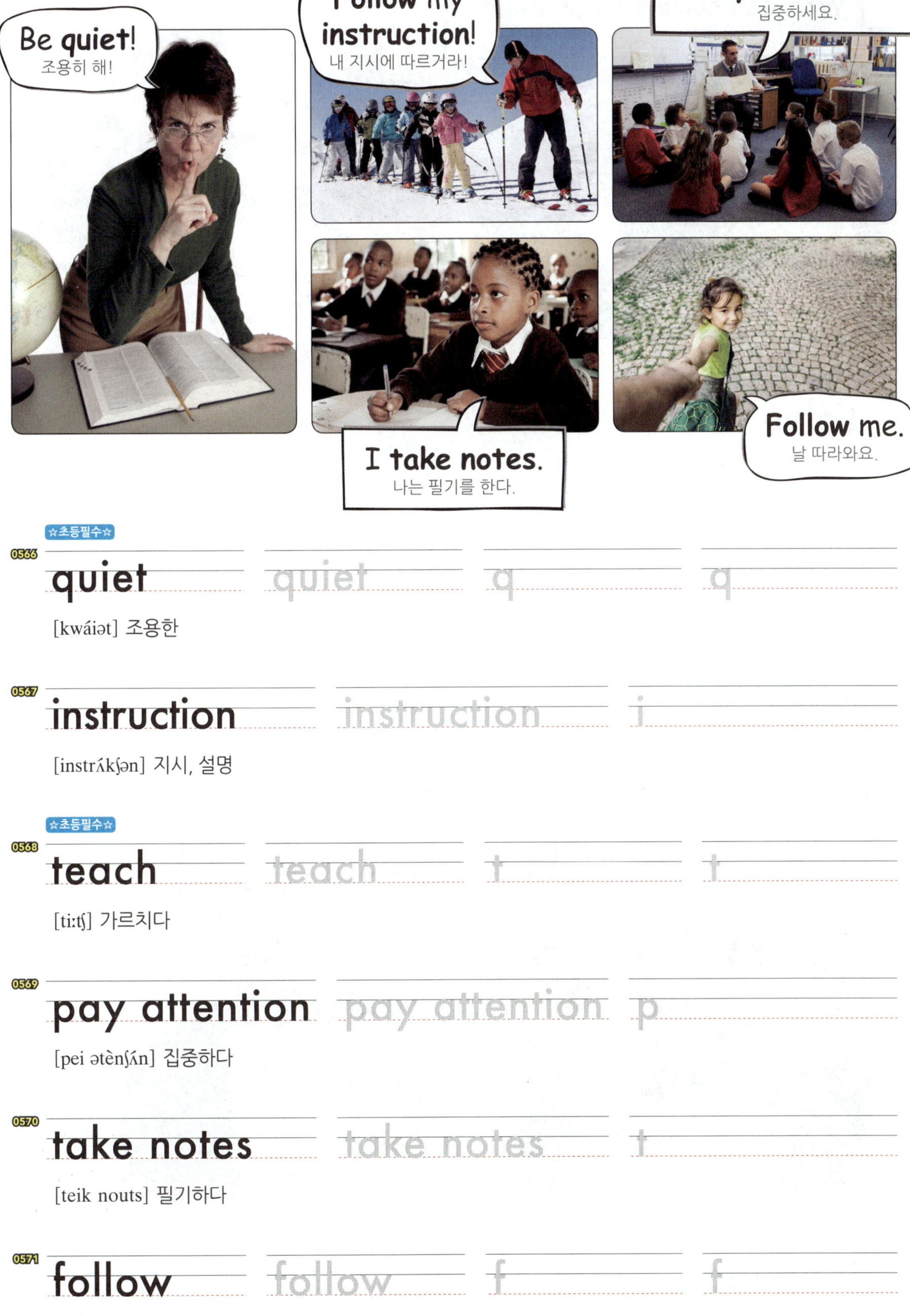

☆초등필수☆

0566 quiet
[kwáiət] 조용한

0567 instruction
[instrʌ́kʃən] 지시, 설명

☆초등필수☆

0568 teach
[ti:tʃ] 가르치다

0569 pay attention
[pei ətènʃʌ́n] 집중하다

0570 take notes
[teik nouts] 필기하다

0571 follow
[fálou] 따르다

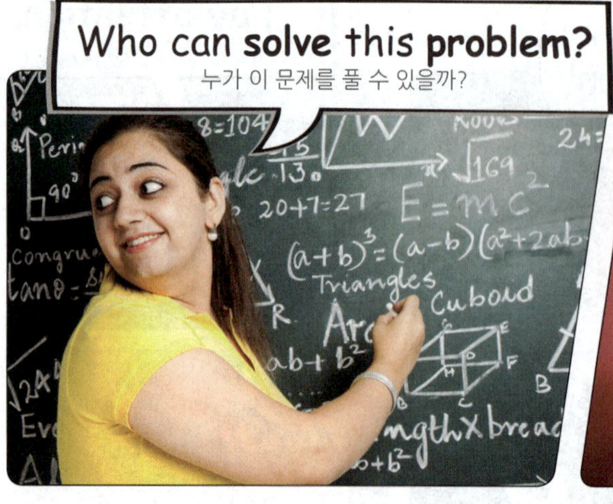

0572
solve
[salv] 풀다, 해결하다

☆초등필수☆

0573
problem
[prábləm] 문제

0574
raise
[reiz] 들어올리다

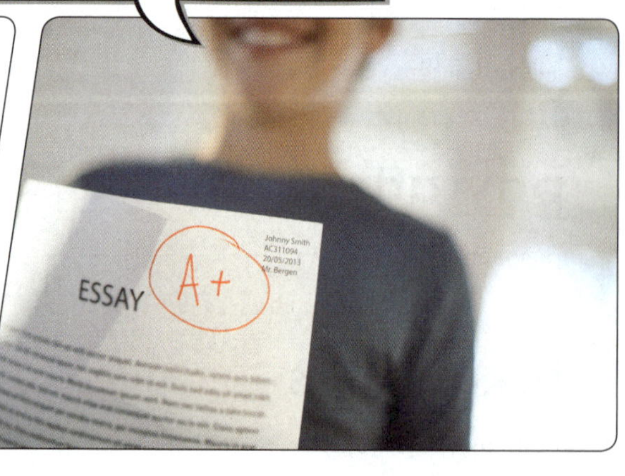

0575
language
[læŋgwidʒ] 언어

0576

essay

essay   e   e

[ései] 작문, 수필

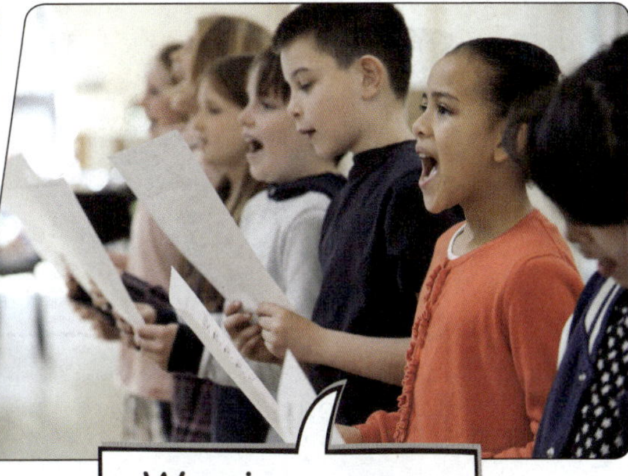

0577

P.E.

P.E.   P   P

[pi:í:] 체육시간

0578

song

song   s   s

[sɔ́:ŋ] 노래

0579

cheat

cheat   c   c

[tʃí:t] 부정행위를 하다

0580

class

class   c   c

[klǽs] 수업시간

DAY 29 Activity

A. 다음 사진과 설명을 보고 연상되는 영어 단어나 우리말 뜻을 고르세요.

1.

ⓐ memorize   ⓑ follow

2.

ⓐ Solve   ⓑ Raise

3.

ⓐ quiet   ⓑ basic

4.

ⓐ Pay attention ⓑ Take notes

5.

ⓐ dialogue   ⓑ problem

6.

ⓐ language   ⓑ P. E.

B. 우리말에 맞도록 주어진 알파벳으로 시작하는 단어를 써 보세요.

7. 이 단어들을 **암기하세요**.　　　M____________ these words.

8. **대화**를 들으세요.　　　Listen to the d____________.

9. **조용히** 하세요.　　　Be q____________.

10. 나를 **따라오세요**.　　　F____________ me.

11. **집중하세요**.　　　P________ a____________.

12. 손을 **드세요**.　　　R____________ your hand.

13. 우리는 음악 수업시간에 **노래**해.　　　We sing a s________ in music class.

C. 다음 우리말을 보고 알맞은 영어 단어의 철자를 써 보세요.

14. 기억하다　　　| r | | e | | | r |

15. 기본적인　　　| b | | | i | |

16. 가르치다　　　| t | | c | h |

17. 풀다, 해결하다　　　| | o | | | e |

18. 언어　　　| l | | n | | | g | |

19. 작문, 수필　　　| e | | | a | |

20. 부정행위를 하다　　　| | | | a | t |

DAY 30 Tulips bloom in spring.

NAME :　　　　　DATE :　　　.　　　.　　　GOAL : 필수 7 / 추가 13

☆초등필수☆

0581 spring
[spriŋ] 봄

0582 bloom
[blu:m] 꽃이 피다

0583 plant
[plænt] 심다

0584 allergy
[ǽlərdʒi] 알러지

0585 seashell
[sí:ʃel] 조개

0586

breeze

breeze   b   b

[briːz] 산들바람

☆초등필수☆

0587

flower

flower   f   f

[fláuər] 꽃

0588

tulip

tulip   t   t

[tjúːlip] 튤립

0589

mosquito

mosquito   m   m

[məskíːtou] 모기

☆초등필수☆

0590

summer

summer   s   s

[sámər] 여름

☆초등필수☆

0591

swimming pool

swimming pool

[swímiŋ puːl] 수영장

0592

sunflower

sunflower s

[sʌ́nflauə(r)] 해바라기

☆초등필수☆

0593

fall

fall f f

[fɔːl] 가을

0594

scarecrow

scarecrow s

[skérkrou] 허수아비

0595

harvest

harvest h h

[háːrvist] 수확하다

0596

find

find f f

[faind] 찾다

0597

snowman

snowman s

[snóumæn] 눈사람

0598

winter

winter w w

[wíntər] 겨울

0599

snowboarding

snowboarding

[snóubɔ̀:rdiŋ] 스노보드 타기

0600

mitten

mitten m m

[mítn] 벙어리장갑

A. 다음 사진과 설명을 보고 연상되는 영어 단어나 우리말 뜻을 고르세요.

1. 

ⓐ plant　　ⓑ harvest

2. 

ⓐ find　　ⓑ bloom

3. 

ⓐ mitten　　ⓑ breeze

4. 

ⓐ snowman　　ⓑ scarecrow

5. 

ⓐ harvesting　ⓑ finding

6. 

ⓐ snowboarding　ⓑ seashell

▶ 해답 63p

B. 우리말에 맞도록 주어진 알파벳으로 시작하는 단어를 써 보세요.

7. 우리는 나무를 **심고 있어**.　　We're p__________ing a tree.

8. **튤립**은 봄에 핀다.　　T__________ s bloom in spring.

9. **모기**가 많아.　　There are many m__________es.

10. 부드러운 **산들바람**이 분다.　　There is a gentle b__________.

11. **해바라기**는 가을에 핀다.　　S__________s bloom in autumn.

12. 저기 **허수아비**가 서 있다.　　There stands a s__________.

13. 나는 농작물을 **수확하고** 있어.　　I'm h__________ing the crops.

C. 다음 우리말을 보고 알맞은 영어 단어의 철자를 써 보세요.

14. 꽃이 피다　　b | | | | m |

15. 가을　　| | a | | l |

16. 꽃　　f | l | | | | |

17. 조개　　| | | a | s | | e | |

18. 찾다　　| | | n | |

19. 겨울　　| | i | n | | |

20. 벙어리장갑　　m | i | | | | |

A. 다음 우리말 뜻에 맞는 단어를 괄호 안에서 고르세요.

1. 나는 장애물을 뛰어넘고 있어.   I'm (jumping / running) over the hurdles.

2. 나는 땀 흘리고 있어.   I'm (sweat / pull)ing.

3. 아이스크림은 달콤해.   Ice cream is (sweet / sour).

4. 나는 스테이크를 먹고 싶어.   I want to eat (steak / snack).

5. 나는 학교에 항상 늦어.   I'm (always / never) late for school.

6. 나는 드물게 엄마와 운동한다.   I (rarely / once) exercise with my mom.

7. 나는 수확하고 있어.   I'm (bloom / harvest)ing.

8. 부드러운 산들바람이 불어.   There is a gentle (breeze / flower).

9. 우리는 나무를 심고 있어.   We're (plant / harvest)ing a tree.

B. 아래 영어 단어의 우리말 뜻을 쓰세요.

10.	low	______________	16.	by	______________
11.	run	______________	17.	since	______________
12.	race	______________	18.	follow	______________
13.	flavor	______________	19.	dialogue	______________
14.	salty	______________	20.	seashell	______________
15.	cookie	______________	21.	mitten	______________

C. 빈칸에 알맞은 단어를 찾아 줄로 연결하세요.

22. It's too ________.
너무 낮아.

• run

23. I'm ______(n)ing now.
나는 지금 달리고 있어.

• low

24. This is ________.
이것은 맛있어.

• once

25. I play tennis ________ a week.
나는 일주일에 한 번 테니스를 친다.

• delicious

26. I ________ eat vegetables.
나는 절대 야채를 먹지 않아.

• hamburger

27. I ________.
나는 필기를 한다.

• never

28. We're eating ________s.
우리는 햄버거를 먹고 있어.

• take notes

D. 다음 우리말을 보고 알맞은 영어 단어를 써 보세요.

29. 갈증   t ___________   35. 전에   b ___________

30. 달리다   r ___________   36. 나중에   l ___________

31. 소리치다   s ___________   37. 기억하다   r ___________

32. ~한 맛이 나다 t ___________   38. 조용한   q ___________

33. 햄버거   h ___________   39. 겨울   w ___________

34. 매운   s ___________   40. 허수아비   s ___________

Day 02

https://www.flickr.com/photos/makelessnoise/2480805397
https://pixabay.com/en/box-hedge-topiary-shears-gardener-869073/
https://pixabay.com/en/purple-grapes-vineyard-napa-valley-553462/
https://pixabay.com/en/personal-human-children-nature-hug-799521/
https://en.wikipedia.org/wiki/Giant_panda#/media/File:Giant_Panda_Tai_Shan.JPG
https://www.flickr.com/photos/bibbit/3995256464
https://pixabay.com/en/flower-violet-bee-close-1338479/
https://pixabay.com/en/maple-leaf-leaves-tree-red-orange-926249/
https://pixabay.com/en/window-ivy-climber-green-wall-1679344/
https://www.flickr.com/photos/61926883@N00/2350367677
https://pixabay.com/en/water-lilies-bud-pond-green-water-1388690/

Day 05

https://pixabay.com/en/baby-girl-sleep-child-toddler-1151351/
https://www.flickr.com/photos/23420145@N07/7237585532
https://pixabay.com/ko/B8-700117/

Day 06

https://pixabay.com/en/penguins-emperor-antarctic-life-429128/
https://www.pexels.com/photo/68704/
https://commons.wikimedia.org/wiki/Lava#/media/File:Pahoehoe_toe.jpg
https://commons.m.wikimedia.org/wiki/File:Kalbarri_NP_Inland.jpg
https://pixabay.com/ko/8C-200444/
https://pixabay.com/ko/9C-599259/

Day 07

https://commons.m.wikimedia.org/wiki/File:Sunburn_flickr_01.jpg
https://pixabay.com/en/dry-drought-field-summer-1020583/
https://www.flickr.com/photos/therichbrooks/2617763297
https://pixabay.com/en/life-beauty-scene-climb-hike-fog-863186/
https://pixabay.com/ko/B8-1245747/
https://pixabay.com/ko/B8-630878/

Day 08

https://pixabay.com/ko/84-705910/
https://www.gratisography.com
https://pixabay.com/en/traveling-speed-of-light-speed-164327/
https://pixabay.com/ko/A1-1149056/

Day 09

https://pixabay.com/ko/B1-462134/

Day 10

https://pixabay.com/ko/A4-457234/
https://pixabay.com/ko/98-803321/

Day 11

https://pixabay.com/ko/94-988992/
https://pixabay.com/ko/80-349687/

Day 12

https://pixabay.com/ko/B0-1050731/
https://pixabay.com/ko/9D-756624/

Day 13

http://www.publicdomainpictures.net/view-image.php?image=26419&picture=jungle
https://pixabay.com/ko/90-1110487/
http://www.freestockphotos.biz/stockphoto/10219
https://commons.wikimedia.org/wiki/File:Zebras,_Serengeti_savana_plains,_Tanzania.jpg
https://pixabay.com/en/dinosaur-bones-rex-toy-grass-1512269/

Day 14

https://pixabay.com/en/hand-finger-thumb-index-finger-66631/
https://pixabay.com/en/fist-bump-boy-outside-fist-gesture-933916/
https://pixabay.com/en/ring-groom-wedding-bride-love-1470678/
https://www.flickr.com/photos/wwarby/4859185569

Day 15

https://pixabay.com/ko/B0-254185/
https://www.flickr.com/photos/23616376@N03/2253052296
https://www.flickr.com/photos/wwworks/4614048392
https://pixabay.com/ko/80-389922/
https://pixabay.com/ko/A8-694269/

Day 16

https://pixabay.com/ko/BC-1570808/
https://pixabay.com/ko/90-alavesa-1137692/
https://pixabay.com/ko/80-80341/
https://www.flickr.com/photos/koreanet/15730976826
https://www.flickr.com/photos/howardlake/4825887233
https://en.wikipedia.org/wiki/Free_Hugs_Campaign

Day 19

https://commons.wikimedia.org/wiki/File:Consulate_General_USA_Hamburg.jpg

Day 20

https://www.pexels.com/photo/110055/
https://ja.wikipedia.org/wiki/%E9%BB%84%E7%A0%82
https://en.wikipedia.org/wiki/Sun_tanning
https://pixabay.com/ko/88-641879/
https://pixabay.com/ko/90-487119/
https://pixabay.com/ko/B8-1745453/
https://pixabay.com/en/painting-crayons-child-girl-art-884985/
http://www.publicdomainpictures.net/view-image.php?image=178339&picture=egg
https://pixabay.com/ko/B4-835373/
https://commons.m.wikimedia.org/wiki/File:PremiumSaltines.jpg
https://pixabay.com/ko/BC-879557/

Day 21

https://pixabay.com/ko/B5-414418/
https://www.flickr.com/photos/intergem_jewelry_show/8400228232
https://pixabay.com/ko/BC-15841/
https://www.flickr.com/photos/francisco_osorio/14085171476

Day 22

https://pixabay.com/ko/A0-1749912/
https://www.flickr.com/photos/dvids/5786377927

Day 23

https://pixabay.com/ko/AF-pantone-585262/
https://pixabay.com/ko/A0-820272/
https://pixabay.com/ko/B4-417030/

Day 24

https://www.flickr.com/photos/flashpro/4156535452
https://www.flickr.com/photos/paulcross/4333070249
https://pixabay.com/ko/A5-schuko-88304/
https://pixabay.com/ko/95-259725/
https://commons.wikimedia.org/wiki/File:GameCube_Composite_Cable.png

Day 25

https://pixabay.com/ko/B5-1617874/
https://pixabay.com/ko/B5-1493006/
https://www.pexels.com/photo/68468/
https://pixabay.com/ko/80-1179435/

Day 26

https://www.flickr.com/photos/phploveme/5694828107
https://www.flickr.com/photos/phploveme/4574537622
https://pixabay.com/en/bunting-sports-day-clear-skies-961586/
https://www.flickr.com/photos/cc_photoshare/10667635914
https://commons.wikimedia.org/wiki/File:Fairfax_County_School_sports_-_31.JPG
https://upload.wikimedia.org/wikipedia/commons/6/69/Jumprope_navy.jpg

Day 28

https://www.pexels.com/photo/9535/
https://www.pexels.com/photo/6413/
https://pixabay.com/ko/B8-15979/
https://commons.m.wikimedia.org/wiki/File:Afghan_students_study_English_in_a_school_outside_Mazar-e-Sharif_(4401268673).jpg
https://pixabay.com/ko/99-1583447/
https://pixabay.com/ko/B4-63045/
https://pixabay.com/ko/BD-889168/
https://www.flickr.com/photos/64000826@N08/19367655680

https://pixabay.com/ko/9C-498378/

Day 30

https://www.pexels.com/photo/10415/
https://en.wikipedia.org/wiki/Talk%3ASnowboarding
https://pixabay.com/ko/B7-1177211/

초등교과서 영단어 2400

초등 5학년

이미지로 학습하는 시각적 단어 암기장

받아쓰기
쪽지시험
해답

교육부 지정단어 ✚ 5종 교과서 ✚ 테마별 추가단어

부록책 구성 및 활용법

1. 받아쓰기 (p.1)

① 먼저 본문 학습을 마무리합니다.
② 해당하는 DAY의 받아쓰기 원어민 음원 파일을 본문의 QR코드 또는 부록으로 제공된 MP3CD 또는
　마더텅 홈페이지(www.toptutor.co.kr)에서 찾아서 재생합니다.
③ 원어민 선생님이 두 번씩 읽어주는 영단어를 잘 듣고 안내선에는 알맞은 철자를, 안내선 옆에 있는 빈칸에는
　우리말 뜻을 적습니다.
④ 받아쓰기 해답은 부록책 맨 마지막 장에 있습니다.

2. 쪽지시험 (p.31)

① 본문과 받아쓰기까지 학습을 마무리합니다.
② 해당하는 DAY에 수록된 단어들만 따로 쪽지시험으로 확인 할 수 있습니다.
③ 학원에서 평가용으로 활용할 수 있고, 스스로 확인하는 용도로 활용할 수도 있습니다.

3. ACTIVITY 해답 (p.46)

마더텅 초등교과서 영단어 2400은 초등학생들도 한 눈에 알아보기 쉬운 형태의 해답지를 제공합니다.

마더텅 학습 교재 이벤트에 참여해 주세요. 참여해 주신 모든 분께 선물을 드립니다.

이벤트 1 🎁 1분 간단 교재 사용 후기 이벤트

마더텅은 고객님의 소중한 의견을 반영하여 보다 좋은 책을 만들고자 합니다.
교재 구매 후, <교재 사용 후기 이벤트>에 참여해 주신 모든 분께는 감사의 마음을 담아
모바일 문화상품권 1천 원권 을 보내 드립니다. 지금 바로 QR 코드를 스캔해 소중한 의견을 보내 주세요!

이벤트 2 🎁 학습계획표 이벤트

STEP 1　책을 다 풀고 SNS 또는 수험생 커뮤니티에 작성한 학습계획표 사진을 업로드	STEP 2
필수 태그　#마더텅 #초등영어 #초등교과서영단어2400 #학습계획표 #공스타그램 SNS/수험생 커뮤니티　페이스북, 인스타그램, 블로그, 네이버/다음 카페 등	 왼쪽 QR 코드를 스캔하여 작성한 게시물의 URL 인증

참여해 주신 모든 분께는 감사의 마음을 담아 CU 모바일 편의점 상품권 1천 원권 및 B 북포인트 2천 점 을 드립니다.

이벤트 3 🎁 블로그/SNS 이벤트

STEP 1　자신의 블로그/SNS 중 하나에 마더텅 교재에 대한 사용 후기를 작성	STEP 2
필수 태그　#마더텅 #초등영어 #초등교과서영단어2400 #교재리뷰 #공스타그램 필수 내용　마더텅 교재 장점, 교재 사진	 왼쪽 QR 코드를 스캔하여 작성한 게시물의 URL 인증

참여해 주신 모든 분께는 감사의 마음을 담아 CU 모바일 편의점 상품권 2천 원권 및 B 북포인트 3천 점 을 드립니다.
매달 우수 후기자를 선정하여 모바일 문화상품권 2만 원권 과 B 북포인트 1만 점 을 드립니다.

B 북포인트란? 마더텅 인터넷 서점 http://book.toptutor.co.kr에서 교재 구매 시 현금처럼 사용할 수 있는 포인트입니다.

※자세한 사항은 해당 QR 코드를 스캔하거나 홈페이지 이벤트 공지글을 참고해 주세요.
※당사 사정에 따라 이벤트의 내용이나 상품이 변경될 수 있으며 변경 시 홈페이지에 공지합니다.　※만 14세 미만은 부모님께서 신청해 주셔야 합니다.
※상품은 이벤트 참여일로부터 2~3일(영업일 기준) 내에 발송됩니다.　※동일 교재로 세 가지 이벤트 모두 참여 가능합니다. (단, 같은 이벤트 중복 참여는 불가합니다.)
※이벤트 기간: 2023년 12월 31일까지 (*해당 이벤트는 당사 사정에 따라 조기 종료될 수 있습니다.)

마 더 텅

초2400_5_d1

NAME :　　　　　　　　DATE :　　.　　.　　　　　SCORE :

1. window 　창문

2.

3.

4.

5.

6.

7.

8.

9.

10.

11.

12.

13.

14.

15.

16.

17.

18.

19.

20.

틀린 단어만 모아서 다시 공부해 보세요!!

초2400_5_d2

NAME :　　　　　DATE :　　.　　.　　SCORE :

1. maple　단풍나무
2.
3.
4.
5.
6.
7.
8.
9.
10.

11.
12.
13.
14.
15.
16.
17.
18.
19.
20.

틀린 단어만 모아서 다시 공부해 보세요!!

초2400_5_d3

NAME :　　　　　DATE :　.　　.　　　　SCORE :

1. graduation　졸업식
2.
3.
4.
5.
6.
7.
8.
9.
10.
11.
12.
13.
14.
15.
16.
17.
18.
19.
20.

 틀린 단어만 모아서 다시 공부해 보세요!!

초2400_5_d4

NAME : DATE : . . SCORE :

1. sight 시력
2.
3.
4.
5.
6.
7.
8.
9.
10.
11.
12.
13.
14.
15.
16.
17.
18.
19.
20.

틀린 단어만 모아서 다시 공부해 보세요!!

초2400_5_d5

NAME :　　　　　DATE :　.　　.　　SCORE :

1. brush　솔질하다
2.
3.
4.
5.
6.
7.
8.
9.
10.
11.
12.
13.
14.
15.
16.
17.
18.
19.
20.

 틀린 단어만 모아서 다시 공부해 보세요!!

DAY 06 영단어 받아쓰기

NAME :　　　　　　DATE :　　.　　.　　SCORE :

1. desert　사막
2.
3.
4.
5.
6.
7.
8.
9.
10.
11.
12.
13.
14.
15.
16.
17.
18.
19.
20.

틀린 단어만 모아서 다시 공부해 보세요!!

초2400_5_d7

NAME :　　　　　DATE :　　.　　.　　SCORE :

1. snowstorm　눈보라
2.
3.
4.
5.
6.
7.
8.
9.
10.

11.
12.
13.
14.
15.
16.
17.
18.
19.
20.

 틀린 단어만 모아서 다시 공부해 보세요!!

초2400_5_d8

NAME :   DATE :   .   .   SCORE :

1. plane 비행기

2.

3.

4.

5.

6.

7.

8.

9.

10.

11.

12.

13.

14.

15.

16.

17.

18.

19.

20.

👉 틀린 단어만 모아서 다시 공부해 보세요!!

DAY 09 영단어 받아쓰기

NAME :　　　　　　DATE :　　.　　.　　SCORE :

1. century　　100년, 세기 |
2.
3.
4.
5.
6.
7.
8.
9.
10.

11.
12.
13.
14.
15.
16.
17.
18.
19.
20.

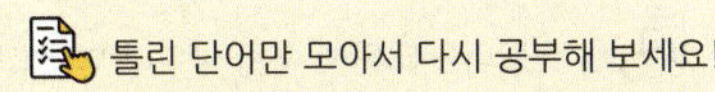 틀린 단어만 모아서 다시 공부해 보세요!!

초2400_5_d10

NAME :   DATE :   .   .   SCORE :

1. tall ｜ 키가 큰
2.
3.
4.
5.
6.
7.
8.
9.
10.

11.
12.
13.
14.
15.
16.
17.
18.
19.
20.

틀린 단어만 모아서 다시 공부해 보세요!!

초2400_5_d11

NAME :   DATE :   .   .   SCORE :

1. zipper   지퍼

2.

3.

4.

5.

6.

7.

8.

9.

10.

11.

12.

13.

14.

15.

16.

17.

18.

19.

20.

틀린 단어만 모아서 다시 공부해 보세요!!

초2400_5_d12

NAME :　　　　　DATE :　　　.　　　.　　　SCORE :

1. discuss　　논의하다

2.

3.

4.

5.

6.

7.

8.

9.

10.

11.

12.

13.

14.

15.

16.

17.

18.

19.

20.

틀린 단어만 모아서 다시 공부해 보세요!!

초2400_5_d13

NAME :   DATE :   .   .   SCORE :

1. habitat | 서식지
2.
3.
4.
5.
6.
7.
8.
9.
10.
11.
12.
13.
14.
15.
16.
17.
18.
19.
20.

 틀린 단어만 모아서 다시 공부해 보세요!!

NAME :　　　　　DATE :　.　.　　　SCORE :

1. eyelash　속눈썹

2.

3.

4.

5.

6.

7.

8.

9.

10.

11.

12.

13.

14.

15.

16.

17.

18.

19.

20.

틀린 단어만 모아서 다시 공부해 보세요!!

초2400_5_d15

NAME :　　　　DATE :　　.　　.　　SCORE :

1. mop 　대걸레

2.

3.

4.

5.

6.

7.

8.

9.

10.

11.

12.

13.

14.

15.

16.

17.

18.

19.

20.

📋 틀린 단어만 모아서 다시 공부해 보세요!!

초2400_5_d16

NAME :   DATE :   .   .   SCORE :

1. touch　만지다
2.
3.
4.
5.
6.
7.
8.
9.
10.
11.
12.
13.
14.
15.
16.
17.
18.
19.
20.

틀린 단어만 모아서 다시 공부해 보세요!!

초2400_5_d17

NAME :　　　　　DATE :　　.　　.　　SCORE :

1. fool — 바보
2.
3.
4.
5.
6.
7.
8.
9.
10.
11.
12.
13.
14.
15.
16.
17.
18.
19.
20.

 틀린 단어만 모아서 다시 공부해 보세요!!

초2400_5_d18

NAME :　　　　　　　DATE :　　.　　.　　　　SCORE :

1. focus　　집중하다
2.
3.
4.
5.
6.
7.
8.
9.
10.
11.
12.
13.
14.
15.
16.
17.
18.
19.
20.

📄 틀린 단어만 모아서 다시 공부해 보세요!!

초2400_5_d19

NAME :　　　　DATE :　.　.　　　SCORE :

1. safe — 안전한
2.
3.
4.
5.
6.
7.
8.
9.
10.
11.
12.
13.
14.
15.
16.
17.
18.
19.
20.

틀린 단어만 모아서 다시 공부해 보세요!!

DAY 20 영단어 받아쓰기

NAME :　　　　　DATE :　　.　　.　　SCORE :

1. heart　　하트 모양

2.

3.

4.

5.

6.

7.

8.

9.

10.

11.

12.

13.

14.

15.

16.

17.

18.

19.

20.

틀린 단어만 모아서 다시 공부해 보세요!!

초2400_5_d21

NAME :　　　　　　DATE :　　.　　.　　SCORE :

1. shop　｜쇼핑하다｜
2.
3.
4.
5.
6.
7.
8.
9.
10.

11.
12.
13.
14.
15.
16.
17.
18.
19.
20.

틀린 단어만 모아서 다시 공부해 보세요!!

초2400_5_d22

NAME :　　　　　　　DATE :　　.　　.　　SCORE :

1. Santa Claus 　산타클로스
2.
3.
4.
5.
6.
7.
8.
9.
10.

11.
12.
13.
14.
15.
16.
17.
18.
19.
20.

틀린 단어만 모아서 다시 공부해 보세요!!

초2400_5_d23

NAME :　　　　　DATE :　.　　.　　SCORE :

1. get　　　얻다

2.

3.

4.

5.

6.

7.

8.

9.

10.

11.

12.

13.

14.

15.

16.

17.

18.

19.

20.

📋 틀린 단어만 모아서 다시 공부해 보세요!!

DAY 24 영단어 받아쓰기

초2400_5_d24

NAME :　　　　　　DATE :　　.　　.　　　SCORE :

1. socket 〔콘센트〕
2.
3.
4.
5.
6.
7.
8.
9.
10.
11.
12.
13.
14.
15.
16.
17.
18.
19.
20.

틀린 단어만 모아서 다시 공부해 보세요!!

초2400_5_d25

NAME :   DATE :   .   .   SCORE :

1. win 이기다
2.
3.
4.
5.
6.
7.
8.
9.
10.
11.
12.
13.
14.
15.
16.
17.
18.
19.
20.

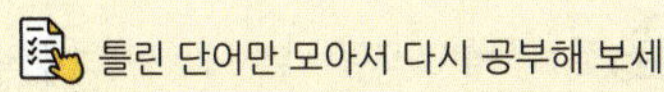
틀린 단어만 모아서 다시 공부해 보세요!!

초2400_5_d26

NAME : DATE :   .   .   SCORE :

1. wave | 떨럭이다
2.
3.
4.
5.
6.
7.
8.
9.
10.

11.
12.
13.
14.
15.
16.
17.
18.
19.
20.

틀린 단어만 모아서 다시 공부해 보세요!!

DAY 27 영단어 받아쓰기

초2400_5_d27

NAME :　　　　　DATE :　.　.　　　　　SCORE :

1. salad　샐러드
2.
3.
4.
5.
6.
7.
8.
9.
10.
11.
12.
13.
14.
15.
16.
17.
18.
19.
20.

 틀린 단어만 모아서 다시 공부해 보세요!!

NAME :　　　　　DATE :　　　.　　　.　　　SCORE :

1. by　　　　　~까지
2.
3.
4.
5.
6.
7.
8.
9.
10.
11.
12.
13.
14.
15.
16.
17.
18.
19.
20.

틀린 단어만 모아서 다시 공부해 보세요!!

초2400_5_d29

NAME :　　　　　DATE :　　.　　.　　SCORE :

1. essay 작문, 수필
2.
3.
4.
5.
6.
7.
8.
9.
10.
11.
12.
13.
14.
15.
16.
17.
18.
19.
20.

틀린 단어만 모아서 다시 공부해 보세요!!

NAME :　　　　　DATE :　　.　　.　　SCORE :

1. find　찾다

2.

3.

4.

5.

6.

7.

8.

9.

10.

11.

12.

13.

14.

15.

16.

17.

18.

19.

20.

틀린 단어만 모아서 다시 공부해 보세요!!

 # DAY 01 영단어 쪽지시험

※ 문제당 5점입니다.

| DATE | | NAME | | SCORE | 점 |

1. kitchen ___________
2. resident ___________
3. room ___________
4. fix ___________
5. build ___________
6. garage ___________
7. aisle ___________
8. bed ___________
9. family ___________
10. furniture ___________

11. 문 ___________
12. 이사하다 ___________
13. 오두막 ___________
14. 살다 ___________
15. 벽 ___________
16. 현관 ___________
17. 거실 ___________
18. 욕실 ___________
19. 창문 ___________
20. 침실 ___________

 # DAY 02 영단어 쪽지시험

※ 문제당 5점입니다.

| DATE | | NAME | | SCORE | 점 |

1. lotus ___________
2. root ___________
3. maple ___________
4. bud ___________
5. nectar ___________
6. bamboo ___________
7. thorn ___________
8. vine ___________
9. trim ___________
10. gardener ___________

11. 덤불 ___________
12. 나무의 몸통 ___________
13. 목재 ___________
14. 오크 (나무) ___________
15. 물을 주다 ___________
16. 담쟁이덩굴 ___________
17. 나무 ___________
18. 가지 ___________
19. 제비꽃 ___________
20. 줄기 ___________

 # DAY 03 영단어 쪽지시험

※ 문제당 5점입니다.

| DATE | | NAME | | SCORE | 점 |

1. blackboard _______
2. education _______
3. high _______
4. classroom _______
5. exam _______
6. grade _______
7. book _______
8. graduation _______
9. graduate _______
10. elementary school _______

11. 사물함 _______
12. 중학교 _______
13. 유치원 _______
14. 신입생 _______
15. 초등의 _______
16. 고등학교 _______
17. 책상 _______
18. 의자 _______
19. 영리한 _______
20. 중등의 _______

 # DAY 04 영단어 쪽지시험

※ 문제당 5점입니다.

| DATE | | NAME | | SCORE | 점 |

1. disease _______
2. pill _______
3. asthma _______
4. nosebleed _______
5. stuffy nose _______
6. sneeze _______
7. recover _______
8. sore _______
9. flu _______
10. bleed _______

11. 건강 _______
12. 고통 _______
13. 콧물 _______
14. 아픔 _______
15. 치통 _______
16. 기침/ 기침하다 _______
17. 열 _______
18. 진찰하다 _______
19. 시력 _______
20. 흉터 _______

DAY 05 영단어 쪽지시험

※ 문제당 5점입니다.

DATE		NAME		SCORE	점

1. sound ______________
2. nap ______________
3. sound sleep ______________
4. daily task ______________
5. usually ______________
6. comb ______________
7. shave ______________
8. task ______________
9. teeth ______________
10. life ______________

11. 매일 하는 ______________
12. 산책하다 ______________
13. 여분의 ______________
14. 기지개/ (팔, 다리를) 뻗다 ______________
15. 종 ______________
16. 옷을 입다 ______________
17. 남는 시간 ______________
18. 솔질하다 ______________
19. 매일 ______________
20. 일과, 반복되는 일 ______________

DAY 06 영단어 쪽지시험

※ 문제당 5점입니다.

DATE		NAME		SCORE	점

1. blue ______________
2. animal ______________
3. sky ______________
4. field ______________
5. lake ______________
6. island ______________
7. mirror ______________
8. stand ______________
9. green ______________
10. sea ______________

11. 강 ______________
12. 땅, 육지 ______________
13. 산 ______________
14. 사막 ______________
15. 매끄러운, 부드러운 ______________
16. 곳, 장소 ______________
17. 흐르다 ______________
18. 숲 ______________
19. 깊은 ______________
20. 야생의, 거친 ______________

DAY 07 영단어 쪽지시험

| DATE | | NAME | | SCORE | 점 |

1. dry ___________
2. temperature ___________
3. sunny ___________
4. hot ___________
5. rainy ___________
6. fine dust ___________
7. above ___________
8. degree ___________
9. icicle ___________
10. freezing ___________

11. 눈보라 ___________
12. 스모그 ___________
13. 날씨 ___________
14. 햇볕에 탐 ___________
15. 폭풍우 ___________
16. 눈송이 ___________
17. 흐린, 탁한 ___________
18. 기상캐스터 ___________
19. 빗방울 ___________
20. 가뭄 ___________

DAY 08 영단어 쪽지시험

| DATE | | NAME | | SCORE | 점 |

1. aboard ___________
2. express train ___________
3. driver's license ___________
4. sidewalk ___________
5. traffic jam ___________
6. than ___________
7. license ___________
8. faster ___________
9. plane ___________
10. harbor ___________

11. (얼마의 시간이) 걸리다 ___________
12. 자동차 ___________
13. 방향 ___________
14. 자전거 ___________
15. 비행기 ___________
16. 횡단보도 ___________
17. 더 ___________
18. 신속한 ___________
19. 더 느린 ___________
20. 고속도로 ___________

 # DAY 09 영단어 쪽지시험

※ 문제당 5점입니다.

| DATE | NAME | SCORE | 점 |

1. past __________
2. every year __________
3. time __________
4. weekend __________
5. again __________
6. week __________
7. weekly __________
8. monthly __________
9. moment __________
10. day __________

11. 100년, 세기 __________
12. 모든 __________
13. 10년 __________
14. 미래 __________
15. 1년 __________
16. 연례의(1년에 한 번) __________
17. 영원히 __________
18. 이번 주 __________
19. 지난주 __________
20. 현재 __________

 # DAY 10 영단어 쪽지시험

※ 문제당 5점입니다.

| DATE | NAME | SCORE | 점 |

1. thin __________
2. lovely __________
3. bald __________
4. adorable __________
5. heavy __________
6. slim __________
7. cute __________
8. beautiful __________
9. beard __________
10. dark __________

11. 다른 __________
12. 곱슬곱슬한 __________
13. 키가 큰 __________
14. 금발인 __________
15. 키가 작은 __________
16. 외모 __________
17. 뚱뚱한 __________
18. 비슷한, 닮은 __________
19. 매력적인 __________
20. 직선의 __________

 # DAY 11 영단어 쪽지시험

DATE		NAME		SCORE	점

1. sneakers ___________
2. glasses ___________
3. well-dressed ___________
4. loose ___________
5. sweater ___________
6. jacket ___________
7. comfortable ___________
8. bracelet ___________
9. necklace ___________
10. pants ___________

11. 교환하다 ___________
12. 의상 ___________
13. 블라우스 ___________
14. 치마 ___________
15. 티셔츠 ___________
16. 지퍼 ___________
17. 꽉 끼는 ___________
18. 선글라스 ___________
19. 소매 ___________
20. 벌거벗은 ___________

 # DAY 12 영단어 쪽지시험

DATE		NAME		SCORE	점

1. review ___________
2. student ___________
3. art ___________
4. history ___________
5. answer ___________
6. geography ___________
7. question ___________
8. discuss ___________
9. ask ___________
10. prepare ___________

11. 과목 ___________
12. 수학 ___________
13. 어려운 ___________
14. 예제, 본보기 ___________
15. 음악 ___________
16. 한국어 ___________
17. 영어 ___________
18. 수업 ___________
19. 과학 ___________
20. 가장 좋아하는 ___________

 # DAY 13 영단어 쪽지시험

※ 문제당 5점입니다.

| DATE | | NAME | | SCORE | 점 |

1. jungle ________
2. ban ________
3. fur ________
4. protect ________
5. tail ________
6. wild animal ________
7. turtle ________
8. elephant ________
9. legal ________
10. hunting ________

11. 오염시키다 ________
12. 멸종 위기에 처한 ________
13. 약 ________
14. 판다, 흑백곰 ________
15. 불법의 ________
16. 바다의 ________
17. 환경 ________
18. 바다 ________
19. 서식지 ________
20. 구하다 ________

 # DAY 14 영단어 쪽지시험

※ 문제당 5점입니다.

| DATE | | NAME | | SCORE | 점 |

1. index finger ________
2. around ________
3. palm ________
4. tummy ________
5. strong ________
6. thumb ________
7. wrinkle ________
8. eye ________
9. big toe ________
10. nail ________

11. 주먹 ________
12. 발톱 ________
13. 속눈썹 ________
14. 긴 ________
15. 위 ________
16. 중지 ________
17. 가슴 ________
18. 눈동자 ________
19. 뒤꿈치 ________
20. 약지 ________

 # DAY 15 영단어 쪽지시험

DATE	NAME	SCORE	점

1. cloth
2. iron
3. fold
4. wipe
5. hang
6. sweep
7. chore
8. restroom
9. rub
10. messy

11. (광이 나도록) 닦다
12. 세탁물
13. 쓰레기
14. 잔디를 깎다
15. 청소하다
16. 왁스
17. 굽다, 튀기다
18. 대걸레
19. 음식
20. 깨끗한

 # DAY 16 영단어 쪽지시험

※ 문제당 5점입니다.

DATE	NAME	SCORE	점

1. fossil
2. admission
3. part
4. explain
5. about
6. touch
7. exhibit
8. museum
9. charge
10. inside voice

11. 큐레이터
12. (물감으로 그린) 그림
13. ~을 끄다
14. 가지고 다니다
15. 조각품
16. 작품
17. 무료의
18. 방문객
19. 전시회
20. 사용하다

 # DAY 17 영단어 쪽지시험

DATE		NAME		SCORE	점

1. lively   _______________

2. shy   _______________

3. brave   _______________

4. rude   _______________

5. lazy   _______________

6. stupid   _______________

7. boring   _______________

8. cheerful   _______________

9. wise   _______________

10. humor   _______________

11. 외향적인   _______________

12. 똑똑한   _______________

13. 심각한   _______________

14. 친절한   _______________

15. 부지런한   _______________

16. 바보   _______________

17. 용기   _______________

18. 다정한   _______________

19. 따분한   _______________

20. 활발한   _______________

 # DAY 18 영단어 쪽지시험

DATE		NAME		SCORE	점

1. in advance   _______________

2. observation   _______________

3. activity   _______________

4. focus   _______________

5. book report   _______________

6. during   _______________

7. leisure   _______________

8. recreation   _______________

9. contest   _______________

10. keep   _______________

11. 일기   _______________

12. 참여하다   _______________

13. 자원봉사자   _______________

14. 방학   _______________

15. 밴드   _______________

16. 계획   _______________

17. 계획표   _______________

18. 여행   _______________

19. ~을 할 것이다   _______________

20. 숙제   _______________

 # DAY 19 영단어 쪽지시험

※ 문제당 5점입니다.

| DATE | | NAME | | SCORE | 점 |

1. holiday ___________
2. business trip ___________
3. voyage ___________
4. travel ___________
5. luggage ___________
6. travel agency ___________
7. check in ___________
8. sail ___________
9. credit card ___________
10. postcard ___________

11. 승객 ___________
12. 탑승권 ___________
13. 수화물 ___________
14. 중요한 ___________
15. 탑승하다 ___________
16. 훌륭한 ___________
17. 여행 가방 ___________
18. 안전한 ___________
19. 지연시키다 ___________
20. 여행 ___________

 # DAY 20 영단어 쪽지시험

※ 문제당 5점입니다.

| DATE | | NAME | | SCORE | 점 |

1. bright ___________
2. light ___________
3. brown ___________
4. square ___________
5. triangle ___________
6. circle ___________
7. diamond ___________
8. cube ___________
9. blue ___________
10. beige ___________

11. 하트 모양 ___________
12. 진한 ___________
13. 타원형 ___________
14. 상아, 상아색 ___________
15. 색, 빛깔 ___________
16. 둥근 ___________
17. 칠하다 ___________
18. 원뿔 ___________
19. 직사각형 ___________
20. 모양 ___________

 # DAY 21 영단어 쪽지시험

DATE		NAME		SCORE	점

1. another ___________________
2. shopping ___________________
3. buy ___________________
4. sell ___________________
5. price ___________________
6. cost ___________________
7. bill ___________________
8. How much is it? ___________________
9. cart ___________________
10. money ___________________

11. 지갑 ___________________
12. 달러 ___________________
13. 지불하다 ___________________
14. 현금 ___________________
15. 비싼 ___________________
16. 잔돈 ___________________
17. 동전 ___________________
18. 싼 ___________________
19. 용돈 ___________________
20. 쇼핑하다 ___________________

 # DAY 22 영단어 쪽지시험

※ 문제당 5점입니다.

DATE		NAME		SCORE	점

1. celebrate ___________________
2. anniversary ___________________
3. Children's Day ___________________
4. Valentine's Day ___________________
5. Santa Claus ___________________
6. chimney ___________________
7. memory ___________________
8. Parents' Day ___________________
9. chocolate ___________________
10. wedding anniversary ___________________

11. 전날 ___________________
12. 전쟁 ___________________
13. 특별한 ___________________
14. 상 ___________________
15. 의식, 식 ___________________
16. 기다리다 ___________________
17. 축하하다 ___________________
18. 이벤트 ___________________
19. 캐럴 ___________________
20. 현충일 ___________________

 # DAY 23 영단어 쪽지시험

※ 문제당 5점입니다.

DATE		NAME		SCORE	점

1.	copy	11.	이야기하다
2.	quickly	12.	오류
3.	share	13.	보내다
4.	enter	14.	다운로드하다
5.	fact	15.	이메일
6.	computer	16.	~할 수 있다
7.	top	17.	인쇄하다
8.	information	18.	클릭하다
9.	double	19.	얻다
10.	on-line	20.	인터넷

 # DAY 24 영단어 쪽지시험

※ 문제당 5점입니다.

DATE		NAME		SCORE	점

1.	blender	11.	최대
2.	washing machine	12.	전등
3.	heat	13.	전자레인지
4.	off	14.	냉동실
5.	control	15.	스위치
6.	blend	16.	켜다
7.	volume	17.	전선
8.	remote	18.	플러그
9.	signal	19.	최소
10.	socket	20.	얼리다

DAY 25 영단어 쪽지시험

| DATE | | NAME | | SCORE | 점 |

1. practice _______________
2. volleyball _______________
3. badminton _______________
4. rule _______________
5. serve _______________
6. racket _______________
7. yoga _______________
8. win _______________
9. spike _______________
10. lose _______________

11. 농구 _______________
12. 셔틀콕 _______________
13. 탁구 _______________
14. 네트, 그물 _______________
15. 유니폼 _______________
16. 운동선수 _______________
17. 명상 _______________
18. 스트레스 _______________
19. 반칙 _______________
20. 막다 _______________

DAY 26 영단어 쪽지시험

| DATE | | NAME | | SCORE | 점 |

1. team _______________
2. winner _______________
3. field day _______________
4. relay _______________
5. shout _______________
6. joy _______________
7. high _______________
8. pull _______________
9. run _______________
10. hurdle _______________

11. 뛰다 _______________
12. 응원하다 _______________
13. 결승선 _______________
14. 이겨라! (구호) _______________
15. 갈증 _______________
16. 펄럭이다 _______________
17. 준비(하시오) _______________
18. 낮은 _______________
19. 경주 _______________
20. 땀 흘리다 _______________

DAY 27 영단어 쪽지시험

DATE		NAME		SCORE		점

1. flavor	_________	11. 솜사탕	_________
2. smell	_________	12. 스테이크	_________
3. sour	_________	13. ~한 맛이 나다	_________
4. soup	_________	14. 햄버거	_________
5. restaurant	_________	15. 샐러드	_________
6. salty	_________	16. 달콤한	_________
7. dessert	_________	17. 맛있는	_________
8. snack	_________	18. 쿠키	_________
9. bitter	_________	19. 패스트푸드	_________
10. tasty	_________	20. 매운	_________

DAY 28 영단어 쪽지시험

DATE		NAME		SCORE		점

1. as	_________	11. 때때로	_________
2. however	_________	12. 곧	_________
3. ahead	_________	13. 하루 종일	_________
4. by	_________	14. 자주, 종종	_________
5. until	_________	15. 드물게	_________
6. before	_________	16. ~ 이후로	_________
7. once	_________	17. 나중에	_________
8. never	_________	18. 가능한 한 빨리	_________
9. also	_________	19. 그때에	_________
10. always	_________	20. 전	_________

 # DAY 29 영단어 쪽지시험

※ 문제당 5점입니다.

| DATE | | NAME | | SCORE | 점 |

1. memorize __________
2. basic __________
3. solve __________
4. P.E. __________
5. dialogue __________
6. teach __________
7. word __________
8. essay __________
9. quiet __________
10. language __________

11. 필기하다 __________
12. 수업시간 __________
13. 집중하다 __________
14. 노래 __________
15. 부정행위를 하다 __________
16. 따르다 __________
17. 들어올리다 __________
18. 지시, 설명 __________
19. 기억하다 __________
20. 문제 __________

 # DAY 30 영단어 쪽지시험

※ 문제당 5점입니다.

| DATE | | NAME | | SCORE | 점 |

1. breeze __________
2. harvest __________
3. sunflower __________
4. mitten __________
5. plant __________
6. tulip __________
7. seashell __________
8. summer __________
9. bloom __________
10. snowman __________

11. 가을 __________
12. 허수아비 __________
13. 스노보드 타기 __________
14. 겨울 __________
15. 수영장 __________
16. 모기 __________
17. 꽃 __________
18. 찾다 __________
19. 봄 __________
20. 알려지 __________

A. 다음 사진과 설명을 보고 연상되는 영어 단어나 우리말 뜻을 고르세요.

1.
   ⓐ family　✔ⓑ resident

2.
   ✔ⓐ fix　ⓑ move

3.
   ✔ⓐ 침실　ⓑ 주방

4.
   ✔ⓐ window　ⓑ aisle

5.
   ✔ⓐ furniture　ⓑ porch

6.
   ✔ⓐ wall　ⓑ hut

B. 우리말에 맞도록 주어진 알파벳으로 시작하는 단어를 써 보세요.

7. 나는 여기 **거주자**야.   I am a r<u>esident</u> here.
8. 우리는 집을 **지어**.   We b<u>uild</u> houses.
9. 그들은 새로운 집으로 **이사했어**.   They m<u>ove</u>d to a new house.
10. 나는 이 **침대**가 좋아.   I like this b<u>ed</u>.
11. 나는 **문**을 두드리고 있어.   I am knocking on the d<u>oor</u>.
12. 이 **가구**는 비싸.   This f<u>urniture</u> is expensive.
13. 나는 자전거를 **고쳐**야 해.   I have to f<u>ix</u> my bicycle.

C. 다음 우리말을 보고 알맞은 영어 단어의 철자를 써 보세요.

14. 살다 — l i v e
15. 방 — r o o m
16. 차고 — g a r a g e
17. 가구 — f u r n i t u r e
18. 침실 — b e d r o o m
19. 창문 — w i n d o w
20. 복도 — a i s l e

A. 다음 사진과 설명을 보고 연상되는 영어 단어나 우리말 뜻을 고르세요.

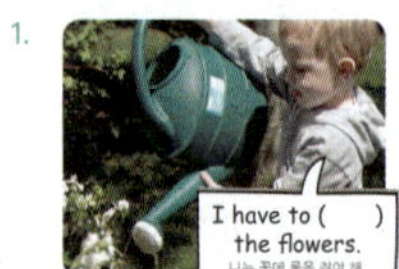

1.
   ✔ⓐ water　ⓑ trim

2.
   ✔ⓐ 정원사　ⓑ 집배원

3.
   ✔ⓐ trunk　ⓑ root

4.
   ✔ⓐ 대나무　ⓑ 오크나무

5. 

   ⓐ bud　✔ⓑ wood

6.
   ✔ⓐ stem　ⓑ thorn

B. 우리말에 맞도록 주어진 알파벳으로 시작하는 단어를 써 보세요.

7. 나는 꽃에 **물을 줘**.   I w<u>ater</u> the flowers.
8. 나는 덤불을 **다듬어**.   I t<u>rim</u> the bush.
9. 나는 **정원사**야.   I am a g<u>ardener</u>.
10. 이건 나무의 **몸통**이야.   This is the t<u>runk</u> of a tree.
11. 이건 나무의 **가지**야.   This is the b<u>ranch</u> of a tree.
12. 이건 꽃의 **줄기**야.   This is the s<u>tem</u> of a flower.
13. **꽃봉오리**는 꽃이 될 거야.   A b<u>ud</u> will be a flower.

C. 다음 우리말을 보고 알맞은 영어 단어의 철자를 써 보세요.

14. 포도나무 — v i n e
15. 뿌리 — r o o t
16. 대나무 — b a m b o o
17. 연꽃 — l o t u s
18. 제비꽃 — v i o l e t
19. 꿀 — n e c t a r
20. 가시 — t h o r n

DAY 03 I am an elementary school student. p. 18

A. 다음 사진과 설명을 보고 연상되는 영어 단어나 우리말 뜻을 고르세요.

1.

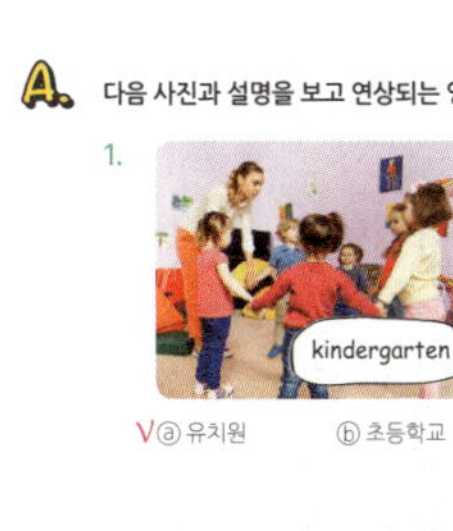

V ⓐ 유치원　ⓑ 초등학교

2.

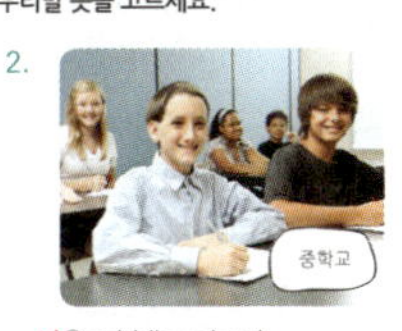

V ⓐ middle school
ⓑ elementary school

3.

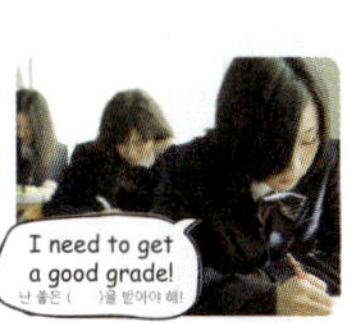

ⓐ 교육　V ⓑ 성적

4.

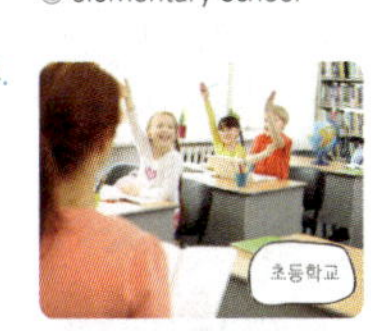

V ⓐ elementary school
ⓑ high school

5.

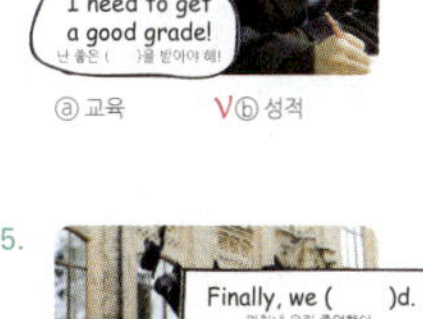

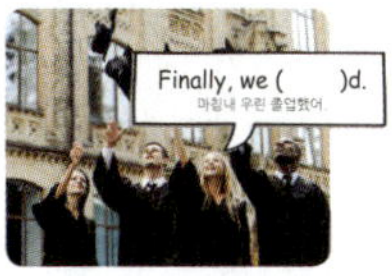

V ⓐ graduate　ⓑ clever

6.

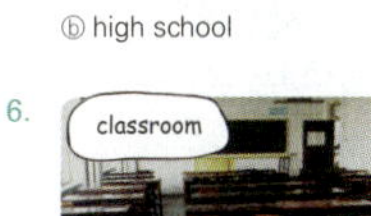

ⓐ 책상　V ⓑ 교실

B. 우리말에 맞도록 주어진 알파벳으로 시작하는 단어를 써 보세요.

7. 나는 **중학생**이야. I am a middle school student.
8. 우리 언니는 **고등학생**이야. My sister is a high school student.
9. 내 남동생은 **초등학생**이야. My brother is an elementary school student.
10. 이것은 나의 **책상**이야. This is my desk.
11. 이것은 나의 **의자**야. This is my chair.
12. 나는 고등학교를 **졸업했어**. I graduated from high school.
13. **칠판**을 보세요. Look at the blackboard.

C. 다음 우리말을 보고 알맞은 영어 단어의 철자를 써 보세요.

14. 유치원 kindergarten
15. 교육 education
16. 시험 exam
17. 성적 grade
18. 신입생 freshman
19. 책 book
20. 사물함 locker

DAY 04 I have a toothache. p. 24

A. 다음 사진과 설명을 보고 연상되는 영어 단어나 우리말 뜻을 고르세요.

1.

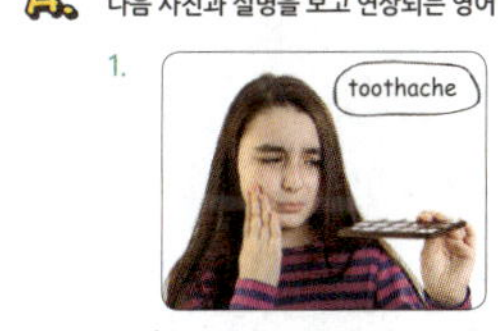

V ⓐ 치통　ⓑ 흉터

2.

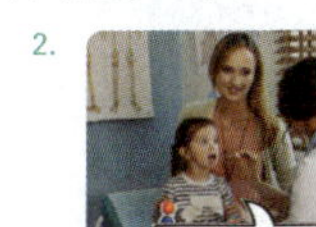

ⓐ dizzy　V ⓑ sore

3.

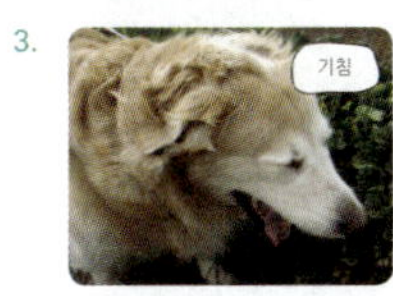

V ⓐ cough　ⓑ sight

4.

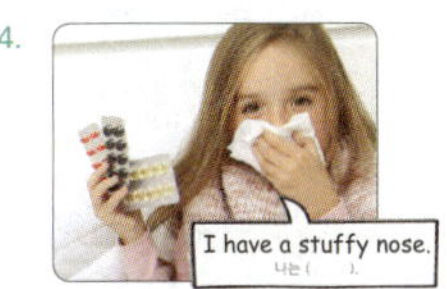

ⓐ 코피가 나　V ⓑ 코가 막혔어

5.

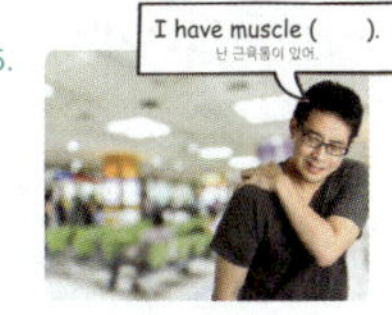

ⓐ disease　V ⓑ pain

6.

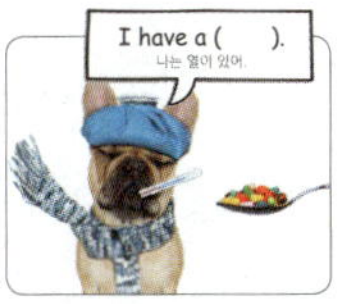

V ⓐ fever　ⓑ disease

B. 우리말에 맞도록 주어진 알파벳으로 시작하는 단어를 써 보세요.

7. 그는 **치통**이 있어. He has a toothache.
8. 그 소년은 **기침하고 있어**. The boy is coughing.
9. 나는 **알약**이 필요해요. I need a pill.
10. 나는 **콧물이 나**. I have a runny nose.
11. 나는 **시력**이 나빠. I have bad sight.
12. 나는 **병**이 있어. I have a disease.
13. 그는 얼굴에 **흉터**가 있어. He has a scar on his face.

C. 다음 우리말을 보고 알맞은 영어 단어의 철자를 써 보세요.

14. 피 흘리다 bleed
15. 건강 health
16. 열 fever
17. 재채기하다 sneeze
18. 회복하다 recover
19. 진찰하다 examine
20. 독감 flu

A. 다음 사진과 설명을 보고 연상되는 영어 단어나 우리말 뜻을 고르세요.

1.
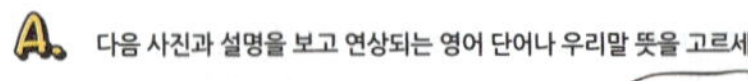

✓ⓐ 생활   ⓑ 산책

2.

ⓐ sound sleep ✓ⓑ daily task

3.

✓ⓐ stretch   ⓑ shave

4.

✓ⓐ 남는 시간   ⓑ 일과

5.

ⓐ stretch   ✓ⓑ shave

6.

✓ⓐ comb   ⓑ walk

B. 우리말에 맞도록 주어진 알파벳으로 시작하는 단어를 써 보세요.

7. 행복한 가정 **생활** — Happy family l**ife**

8. 나는 할아버지와 **산책**을 한다. — I take a w**alk** with my grandpa.

9. 이것은 나의 **일과**이다. — This is my d**aily** t**ask**.

10. 그녀는 **잠을 잘 잤어**. — She had a s**ound** s**leep**.

11. 나는 **낮잠**을 잔다. — I take a n**ap**.

12. 나는 **면도**를 한다. — I s**have** myself.

13. 나는 **양치질**을 한다. — I b**rush** my teeth.

C. 다음 우리말을 보고 알맞은 영어 단어의 철자를 써 보세요.

14. (잠이) 깊은 — s **o** **u** n **d**

15. 보통 — u **s** **u** a l l **y**

16. 기지개 (팔, 다리를) 뻗다 — s **t** **r** e t c **h**

17. 일과, 반복되는 일 — r **o** **u** t i n **e**

18. 여분의 — s **p** a r **e**

19. 매일 — e **v** e r **y** d **a** y

20. 옷을 입다 — g **e** t d r e s s e d

A. 다음 우리말 뜻에 맞는 단어를 괄호 안에서 고르세요.

1. 나는 이 집의 거주자야. I am a (**resident** / family) here.

2. 우리는 집을 지어. We (**build** / fix) a house.

3. 나는 꽃에 물을 줘야 해. I have to (**water** / trim) the flowers.

4. 나는 대나무가 좋아. I like (**bamboo** / root).

5. 나는 영리해. I'm (happy / **clever**).

6. 나는 콧물이 나. I have a (stuffy / **runny**) nose.

7. 그녀는 열이 있어. She has a (**fever** / pain).

8. 난 면도를 해. I (brush / **shave**) myself.

9. 나는 매일 산책을 해. I take a (nap / **walk**) every day.

B. 아래 영어 단어의 우리말 뜻을 쓰세요.

10. window — 창문
11. bathroom — 욕실
12. root — 뿌리
13. tree — 나무
14. exam — 시험
15. graduate — 졸업하다
16. locker — 사물함
17. sneeze — 재채기하다
18. pain — 고통, 통증
19. fever — 열
20. take a walk — 산책하다
21. every day — 매일

C. 빈칸에 알맞은 단어를 찾아 줄로 연결하세요.

22. We ______d to a new house. 우리는 새로운 집으로 이사했다. — move
23. What a big oak ______! 얼마나 큰 오크 나무인가! — tree
24. I need to get a good ______. 나는 좋은 성적을 받아야 해. — grade
25. This is my ______. 이것은 나의 책상이야. — desk
26. I have bad ______. 나는 시력이 나빠. — sight
27. I have a ______. 나는 치통이 있어. — toothache
28. Do you have a ______ tire? 여분의 타이어를 가지고 있니? — spare

D. 다음 우리말을 보고 알맞은 영어 단어를 써 보세요.

29. 살다 — l**ive**
30. 가지 — b**ranch**
31. 줄기 — s**tem**
32. 교육 — e**ducation**
33. 성적 — g**rade**
34. 책 — b**ook**
35. 가구 — f**urniture**
36. 벽 — w**all**
37. 단풍나무 — m**aple**
38. 재채기하다 — s**neeze**
39. 보통 — u**sually**
40. 옷을 입다 — g**et dressed**

A. 다음 사진과 설명을 보고 연상되는 영어 단어나 우리말 뜻을 고르세요.

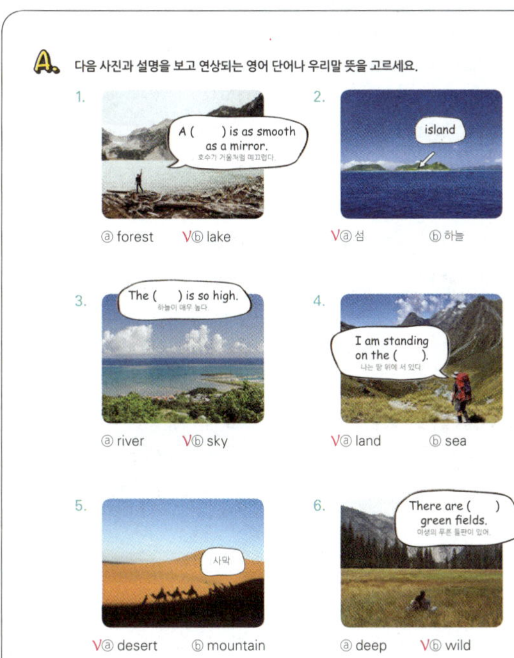

1. ⓐ forest   ✓ⓑ lake
2. ✓ⓐ 섬   ⓑ 하늘
3. ⓐ river   ✓ⓑ sky
4. ✓ⓐ land   ⓑ sea
5. ✓ⓐ desert   ⓑ mountain
6. ⓐ deep   ✓ⓑ wild

B. 우리말에 맞도록 주어진 알파벳으로 시작하는 단어를 써 보세요.

7. 섬이 바다로 둘러싸여 있다.   An i**sland** is surrounded by the sea.
8. 바다는 매우 **깊고** 파랗다.   The sea is very d**eep** and blue.
9. 많은 **동물**들이 숲에 산다.   Many a**nimal**s live in a forest.
10. 우리는 땅 위에 **서** 있어.   We are s**tand**ing on the land.
11. 사막은 건조한 **곳**이다.   A desert is a dry p**lace**.
12. 난 **바다**에서 수영을 즐긴다.   I enjoy swimming in the s**ea**.
13. 야생의 푸른 **들판**이 있어.   There are wild green f**ield**s.

C. 다음 우리말을 보고 알맞은 영어 단어의 철자를 써 보세요.

14. 흐르다   f l o w
15. 산   m o u n t a i n
16. 사막   d e s e r t
17. 거울   m i r r o r
18. 파란, 파란색의   b l u e
19. 강   r i v e r
20. 매끄러운   s m o o t h

A. 다음 사진과 설명을 보고 연상되는 영어 단어나 우리말 뜻을 고르세요.

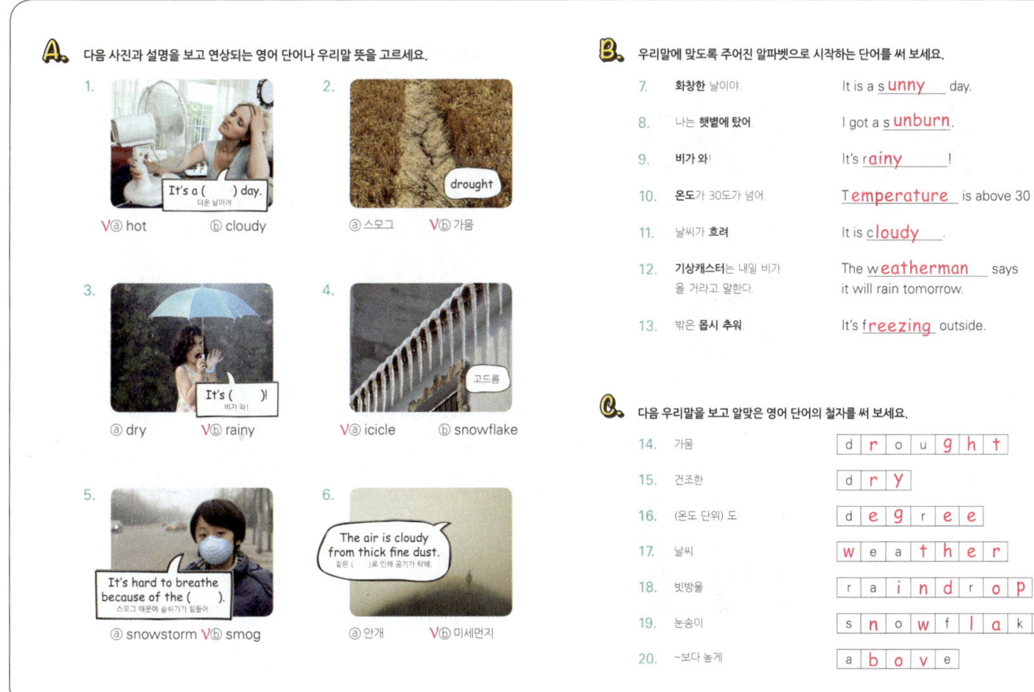

1. ✓ⓐ hot   ⓑ cloudy
2. ⓐ 스모그   ✓ⓑ 가뭄
3. ⓐ dry   ✓ⓑ rainy
4. ✓ⓐ icicle   ⓑ snowflake
5. ⓐ snowstorm   ✓ⓑ smog
6. ⓐ 안개   ✓ⓑ 미세먼지

B. 우리말에 맞도록 주어진 알파벳으로 시작하는 단어를 써 보세요.

7. **화창한** 날이야.   It is a s**unny** day.
8. 나는 **햇볕에 탔어.**   I got a s**unburn**.
9. **비가 와!**   It's r**ainy**!
10. **온도**가 30도가 넘어.   T**emperature** is above 30 degrees.
11. 날씨가 **흐려.**   It is c**loudy**.
12. **기상캐스터**는 내일 비가 올 거라고 말한다.   The w**eatherman** says it will rain tomorrow.
13. 밖은 **몹시 추워.**   It's f**reezing** outside.

C. 다음 우리말을 보고 알맞은 영어 단어의 철자를 써 보세요.

14. 가뭄   d r o u g h t
15. 건조한   d r y
16. (온도 단위) 도   d e g r e e
17. 날씨   w e a t h e r
18. 빗방울   r a i n d r o p
19. 눈송이   s n o w f l a k e
20. ~보다 높게   a b o v e

A. 다음 사진과 설명을 보고 연상되는 영어 단어나 우리말 뜻을 고르세요.

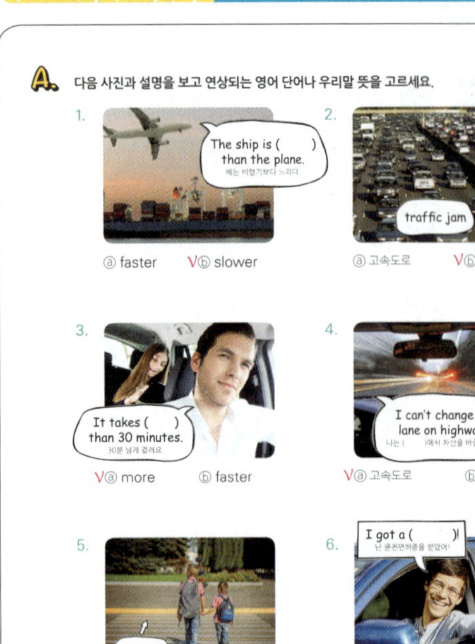

1. ⓐ faster V ⓑ slower
2. 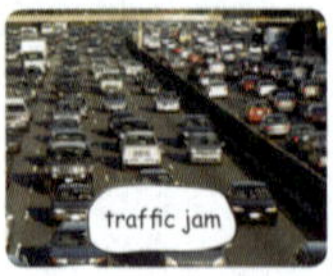 ⓐ 고속도로 V ⓑ 교통체증

3.

V ⓐ more ⓑ faster

4.

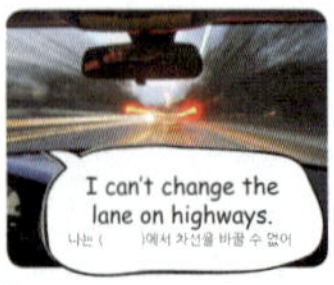

V ⓐ 고속도로 ⓑ 횡단보도

5.

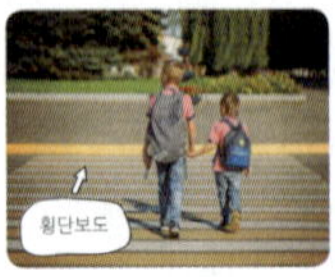

ⓐ sidewalk V ⓑ crosswalk

6.

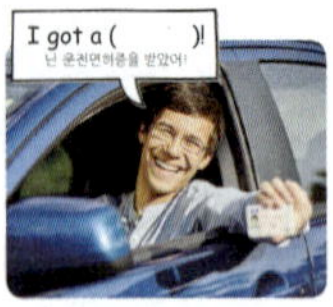

ⓐ express train V ⓑ driver's license

B. 우리말에 맞도록 주어진 알파벳으로 시작하는 단어를 써 보세요.

7. 나는 너보다 빨라. I am f **aster** than you.
8. 우리 교통체증에 갇혀 있어. We are stuck in a t **raffic jam**.
9. 30분 넘게 걸려요. It **take** s more than 30 minutes.
10. 횡단보도에서 길을 건너세요. Cross at the c **rosswalk**.
11. 우리 비행기에 탑승한 것을 환영합니다. Welcome a **board** our flight.
12. 급행열차를 타세요. Take an e **xpress train**.
13. 나는 운전면허증을 받았어. I got a d **river's license**.

C. 다음 우리말을 보고 알맞은 영어 단어의 철자를 써 보세요.

14. 자전거 b i c y c l e
15. 방향 d i r e c t i o n
16. 더 m o r e
17. 고속도로 h i g h w a y
18. 보도, 인도 s i d e w a l k
19. 비행기 f l i g h t
20. 항구 h a r b o r

A. 다음 사진과 설명을 보고 연상되는 영어 단어나 우리말 뜻을 고르세요.

1.

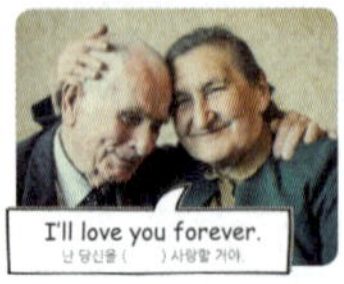

V ⓐ 영원히 ⓑ 다시

2.

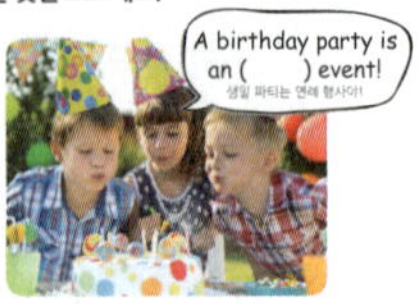

ⓐ monthly V ⓑ annual

3.

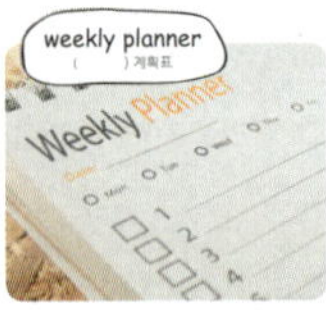

ⓐ 월간 V ⓑ 주간

4.

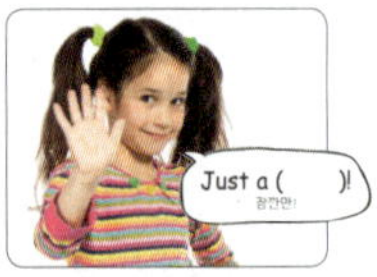

V ⓐ moment ⓑ decade

5.

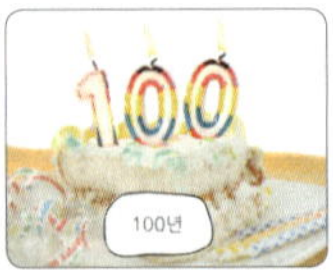

V ⓐ century ⓑ decade

6.

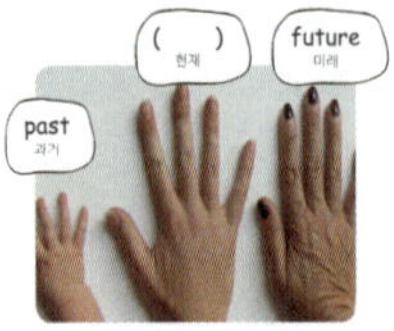

V ⓐ present ⓑ time

B. 우리말에 맞도록 주어진 알파벳으로 시작하는 단어를 써 보세요.

7. 난 당신을 영원히 사랑할 거야. I'll love you **forever**.
8. 나는 매년 미국에 간다. I go to the US e **very** y **ear**.
9. 나는 지난주에 캠핑을 갔어. I went camping **last week**.
10. 월간 계획표 **monthly** planner
11. 주간 계획표 **weekly** planner
12. 잠깐만! Just a m **oment**!
13. 또 만나자! See you a **gain**!

C. 다음 우리말을 보고 알맞은 영어 단어의 철자를 써 보세요.

14. 하루, 날 d a y
15. 연례의 a n n u a l
16. 주말 w e e k e n d
17. 모든 a l l
18. 10년 d e c a d e
19. 100년, 세기 c e n t u r y
20. 과거 p a s t

A. 다음 사진과 설명을 보고 연상되는 영어 단어나 우리말 뜻을 고르세요.

1. 

✓ⓐ curly   ⓑ similar

2. 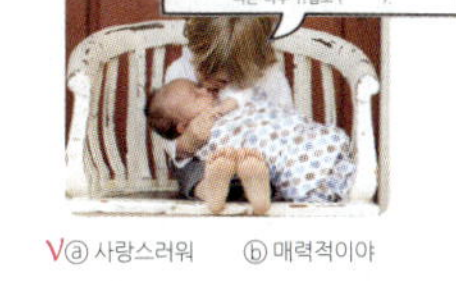

✓ⓐ 사랑스러워   ⓑ 매력적이야

3.

✓ⓐ beard   ⓑ bald

4. 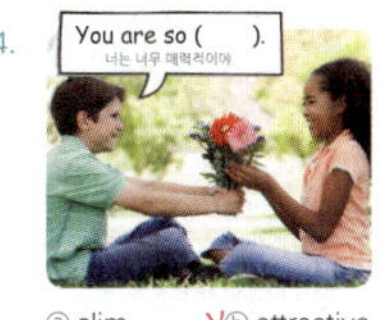

ⓐ slim   ✓ⓑ attractive

5.

✓ⓐ 작아   ⓑ 커

6. 

✓ⓐ slim   ⓑ different

B. 우리말에 맞도록 주어진 알파벳으로 시작하는 단어를 써 보세요.

7. 그녀는 곱슬머리야.   She has c**urly** hair.
8. 그녀는 생머리야.   She has s**traight** hair.
9. 그 소년은 사랑스러워   The boy is a**dorable**.
10. 그 개는 뚱뚱해   The dog is f**at**.
11. 우리는 닮았어   We are s**imilar** to each other.
12. 그는 키가 커   He is t**all**.
13. 그녀는 날씬해   She is s**lim**.

C. 다음 우리말을 보고 알맞은 영어 단어의 철자를 써 보세요.

14. 귀여운   c u t e
15. 무거운   h e a v y
16. 다른   d i f f e r e n t
17. 매력적인   a t t r a c t i v e
18. 외모   a p p e a r a n c e
19. 키가 작은   s h o r t
20. 마른   t h i n

A. 다음 우리말 뜻에 맞는 단어를 괄호 안에서 고르세요.

1. 하늘이 매우 높다. The (sky / mountain) is so high.
2. 강은 바다로 흐른다. A river flows into the (lake / sea).
3. 난 햇볕에 탔어. I got a (fine dust / sunburn).
4. 밖은 몹시 추워. It's (rainy / freezing) outside.
5. 난 너보다 빨라. I am (faster / slower) than you.
6. 지금 고속도로 위에 있어. I'm on the (highway / crosswalk).
7. 월간 계획표 (daily / monthly) planner
8. 그는 곱슬머리야. He has (curly / straight) hair.
9. 그 소년은 사랑스러워. The boy is (adorable / attractive).

B. 아래 영어 단어의 우리말 뜻을 쓰세요.

10. mountain   산
11. mirror   거울
12. forest   숲
13. different   다른
14. weekend   주말
15. heavy   무거운
16. desert   사막
17. sunny   화창한
18. plane   비행기
19. again   다시
20. appearance   외모
21. tall   키가 큰

C. 빈칸에 알맞은 단어를 찾아 줄로 연결하세요.

22. The sea is very ______. 바다는 매우 깊다. — deep
23. I am ______ing on the land. 나는 땅 위에 서 있다. — stand
24. It's ______. 비가 온다. — rainy
25. Take an ______ train. 급행열차를 타세요. — express
26. We love ______. 우리는 영원히 사랑합니다. — forever
27. Just a ______! 잠깐만! — moment
28. We are ______ from each other. 우리는 서로 다르다. — different

D. 다음 우리말을 보고 알맞은 영어 단어를 써 보세요.

29. 귀여운   c**ute**
30. 가뭄   d**rought**
31. 눈송이   s**nowflake**
32. 방향   d**irection**
33. 현재   p**resent**
34. 매력적인   a**ttractive**
35. 섬   i**sland**
36. 온도   t**emperature**
37. 더   m**ore**
38. 10년   d**ecade**
39. 시간   t**ime**
40. 마른   t**hin**

A. 다음 사진과 설명을 보고 연상되는 영어 단어나 우리말 뜻을 고르세요.

1. 

ⓐ glasses　✔ⓑ necklaces

2. 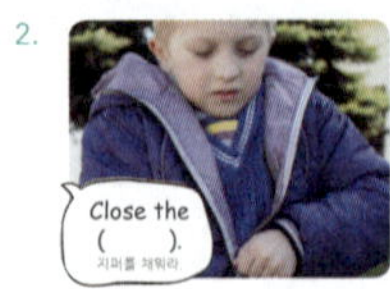

✔ⓐ zipper　ⓑ sleeve

3. 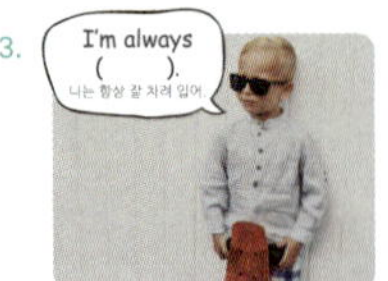

ⓐ comfortable　✔ⓑ well-dressed

4. 

✔ⓐ 소매　ⓑ 치마

5. 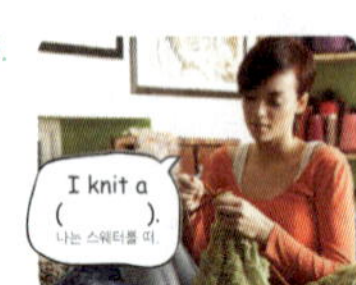

✔ⓐ sweater　ⓑ skirt

6. 

✔ⓐ 의상　ⓑ 안경

B. 우리말에 맞도록 주어진 알파벳으로 시작하는 단어를 써 보세요.

7. 나는 선글라스를 껴.　　I put on s<u>unglasses</u>.
8. 소매가 너무 길어.　　This s<u>leeve</u> is too long.
9. 나는 스웨터를 떠.　　I knit a s<u>weater</u>.
10. 이 옷은 너무 꽉 껴.　　These clothes are too t<u>ight</u>.
11. 지퍼를 채워라.　　Close the z<u>ipper</u>.
12. 이 티셔츠는 편해.　　This T-shirt is c<u>omfortable</u>.
13. 교환해 드릴게요.　　I will e<u>xchange</u> it.

C. 다음 우리말을 보고 알맞은 영어 단어의 철자를 써 보세요.

14. 헐렁한　　l o o s e
15. 의상　　c o s t u m e
16. 벌거벗은　　n a k e d
17. 팔찌　　b r a c e l e t
18. 치마　　s k i r t
19. 운동화　　s n e a k e r s
20. 블라우스　　b l o u s e

A. 다음 사진과 설명을 보고 연상되는 영어 단어나 우리말 뜻을 고르세요.

1. 

✔ⓐ 미술　ⓑ 수학

2. 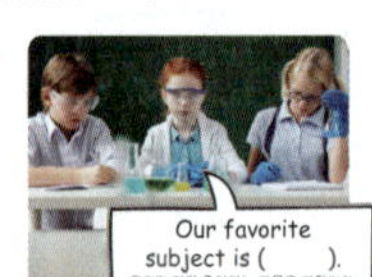

ⓐ Korean　✔ⓑ science

3.

✔ⓐ class　ⓑ question

4.

ⓐ 음악　✔ⓑ 수학

5.

✔ⓐ discuss　ⓑ prepare

6.

ⓐ history　✔ⓑ geography

B. 우리말에 맞도록 주어진 알파벳으로 시작하는 단어를 써 보세요.

7. 나는 영어를 공부해.　　I study E<u>nglish</u>
8. 나는 한국어를 좋아해.　　I like K<u>orean</u>.
9. 나는 과학을 공부해.　　I study s<u>cience</u>.
10. 나는 지리를 공부해.　　I study g<u>eography</u>.
11. 나는 역사를 좋아해.　　I like h<u>istory</u>.
12. 나는 음악을 좋아해.　　I like m<u>usic</u>.
13. 나는 수학을 공부해.　　I study m<u>ath</u>.

C. 다음 우리말을 보고 알맞은 영어 단어의 철자를 써 보세요.

14. 대답　　a n s w e r
15. 과목　　s u b j e c t
16. 가장 좋아하는　　f a v o r i t e
17. 질문　　q u e s t i o n
18. 준비하다　　p r e p a r e
19. 예제, 본보기　　e x a m p l e
20. 학생　　s t u d e n t

A. 다음 사진과 설명을 보고 연상되는 영어 단어나 우리말 뜻을 고르세요.

1.
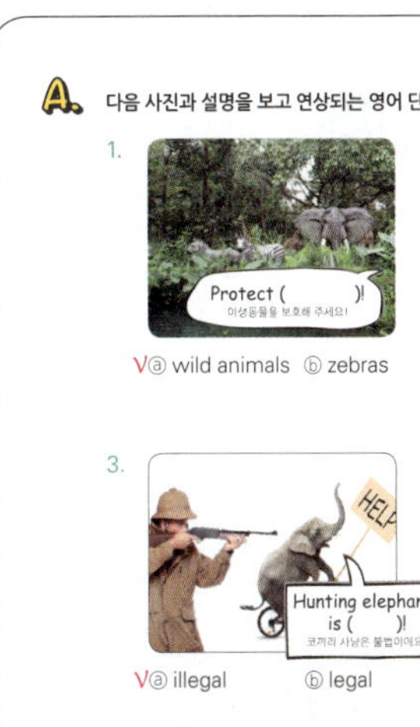

✓ⓐ wild animals　ⓑ zebras

2.

✓ⓐ 멸종 위기에 처해 있다
ⓑ 인기가 있다

3.

✓ⓐ illegal　ⓑ legal

4.

✓ⓐ ocean　ⓑ panda

5.

✓ⓐ jungle　ⓑ ocean

6.

✓ⓐ 사냥 금지　ⓑ 촬영 금지

B. 우리말에 맞도록 주어진 알파벳으로 시작하는 단어를 써 보세요.

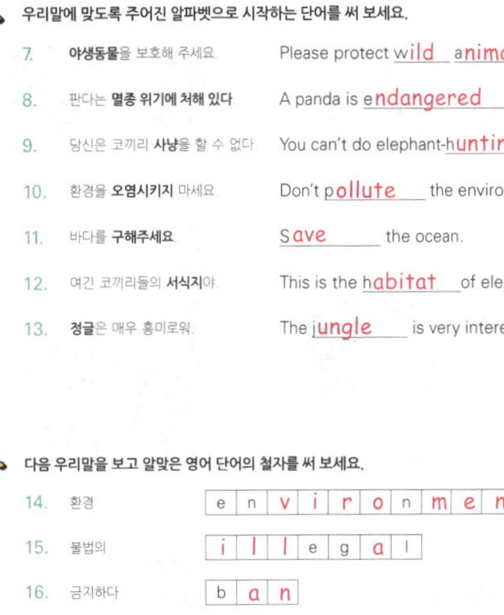

7. 야생동물을 보호해 주세요. — Please protect wild animal s.
8. 판다는 멸종 위기에 처해 있다. — A panda is endangered .
9. 당신은 코끼리 사냥을 할 수 없다. — You can't do elephant-hunting .
10. 환경을 오염시키지 마세요. — Don't pollute the environment.
11. 바다를 구해주세요. — Save the ocean.
12. 여긴 코끼리들의 서식지야. — This is the habitat of elephants.
13. 정글은 매우 흥미로워. — The jungle is very interesting.

C. 다음 우리말을 보고 알맞은 영어 단어의 철자를 써 보세요.

14. 환경 — e n v i r o n m e n t
15. 불법의 — i l l e g a l
16. 금지하다 — b a n
17. 코끼리 — e l e p h a n t
18. 털 — f u r
19. 바다의 — m a r i n e
20. 보호하다 — p r o t e c t

A. 다음 사진과 설명을 보고 연상되는 영어 단어나 우리말 뜻을 고르세요.

1.
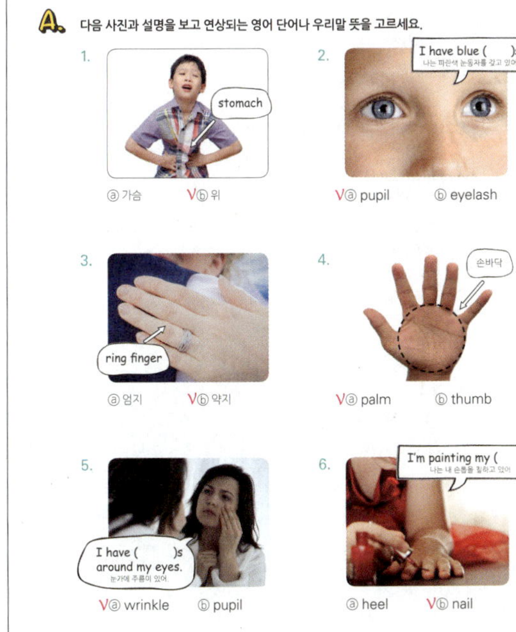

ⓐ 가슴　✓ⓑ 위

2.

✓ⓐ pupil　ⓑ eyelash

3.

ⓐ 엄지　✓ⓑ 약지

4.

✓ⓐ palm　ⓑ thumb

5.

✓ⓐ wrinkle　ⓑ pupil

6.
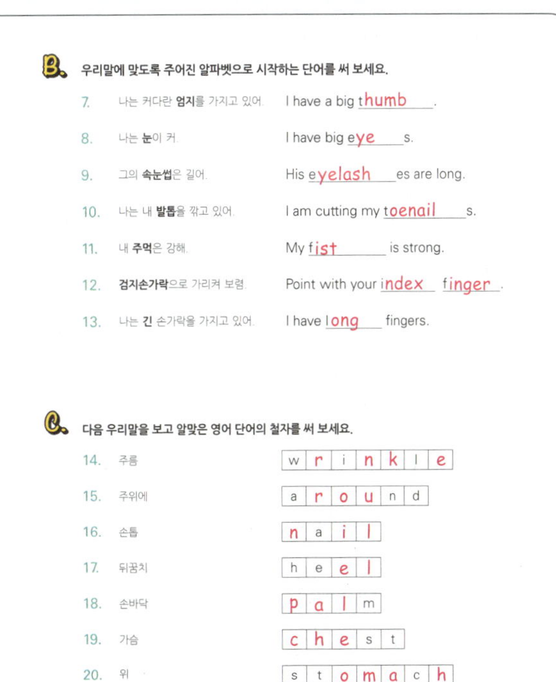

ⓐ heel　✓ⓑ nail

B. 우리말에 맞도록 주어진 알파벳으로 시작하는 단어를 써 보세요.

7. 나는 커다란 엄지를 가지고 있어. — I have a big thumb .
8. 나는 눈이 커. — I have big eye s.
9. 그의 속눈썹은 길어. — His eyelash es are long.
10. 나는 내 발톱을 깎고 있어. — I am cutting my toenail s.
11. 내 주먹은 강해. — My fist is strong.
12. 검지손가락으로 가리켜 보렴. — Point with your index finger .
13. 나는 긴 손가락을 가지고 있어. — I have long fingers.

C. 다음 우리말을 보고 알맞은 영어 단어의 철자를 써 보세요.

14. 주름 — w r i n k l e
15. 주위에 — a r o u n d
16. 손톱 — n a i l
17. 뒤꿈치 — h e e l
18. 손바닥 — p a l m
19. 가슴 — c h e s t
20. 위 — s t o m a c h

A. 다음 사진과 설명을 보고 연상되는 영어 단어나 우리 뜻을 고르세요.

1. 

ⓐ Rub ✓ⓑ Clean

2.

✓ⓐ 지저분한 ⓑ 깨끗한

3. 

✓ⓐ rub ⓑ mow

4. 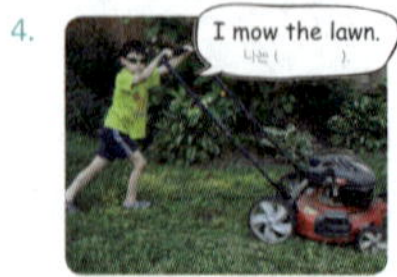

✓ⓐ 잔디를 깎아 ⓑ 바닥을 닦아

5. 

ⓐ hang ✓ⓑ fold

6. 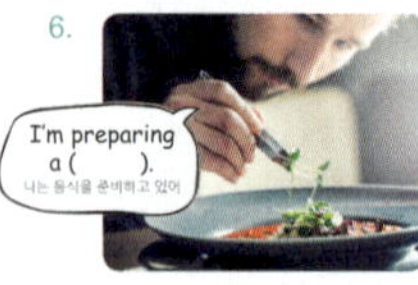

ⓐ mop ✓ⓑ dish

B. 우리말에 맞도록 주어진 알파벳으로 시작하는 단어를 써 보세요.

7. 쓰레기를 쓸어 — Sweep the rubbish.
8. 방이 매우 **더럽구나** — Your room is very messy
9. 방이 매우 **깨끗하구나** — Your room is very tidy
10. 나는 신발을 **닦아** — I polish my shoes.
11. 나는 계란을 **구워** — I fry eggs.
12. 나는 **세탁물**을 널고 있어. — I'm hanging the laundry
13. 난 바닥을 **닦는다** — I wipe the floor.

C. 다음 우리말을 보고 알맞은 영어 단어의 철자를 써 보세요.

14. 쓰레기 — r u b b i s h
15. 왁스 — w a x
16. 걸다 — h a n g
17. 천 — c l o t h
18. 대걸레 — m o p
19. 다리미질하다 — i r o n
20. (가정의) 잡일 — c h o r e

A. 다음 우리말 뜻에 맞는 단어를 괄호 안에서 고르세요.

1. 그는 항상 잘 차려입어. He is always (well-dressed / comfortable).
2. 내 팔찌를 봐. Look at my (bracelet / necklace).
3. 난 역사를 공부해. I study (history / math).
4. 나는 과학을 좋아해. I like (music / science).
5. 원숭이는 정글에 산다. Monkeys live in the (jungle / ocean).
6. 야생동물을 보호해 주세요. (Clean / Protect) wild animals.
7. 나는 큰 눈을 가지고 있어. I have big (eyelashes / eyes).
8. 나는 왁스로 신발을 닦아. I (polish / rub) my shoes with wax.
9. 나는 잔디를 깎아. I (mow / fry) the lawn.

B. 아래 영어 단어의 우리말 뜻을 쓰세요.

10. sleeve — 소매
11. jacket — 재킷
12. difficult — 어려운
13. pollute — 오염시키다
14. palm — 손바닥
15. sweep — 쓸다
16. chest — 가슴
17. favorite — 가장 좋아하는
18. prepare — 준비하다
19. hunting — 사냥
20. strong — 강한
21. restroom — 화장실

C. 빈칸에 알맞은 단어를 찾아 줄로 연결하세요.

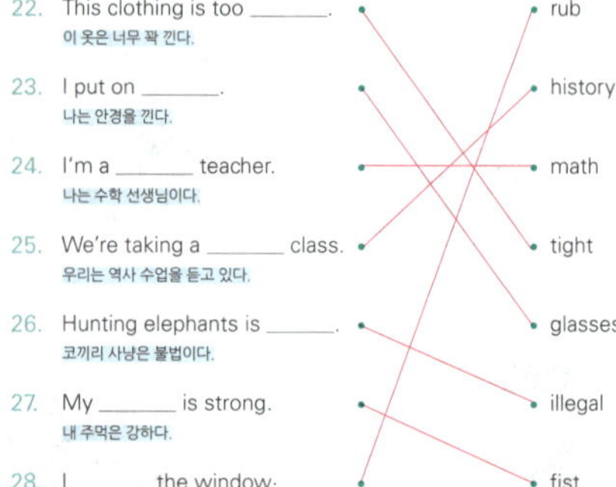

22. This clothing is too ______. 이 옷은 너무 꽉 낀다. — tight
23. I put on ______. 나는 안경을 낀다. — glasses
24. I'm a ______ teacher. 나는 수학 선생님이다. — math
25. We're taking a ______ class. 우리는 역사 수업을 듣고 있다. — history
26. Hunting elephants is ______. 코끼리 사냥은 불법이다. — illegal
27. My ______ is strong. 내 주먹은 강하다. — fist
28. I ______ the window. 나는 유리창을 문질러. — rub

D. 다음 우리말을 보고 알맞은 영어 단어를 써 보세요.

29. 벌거벗은 — naked
30. 운동화 — sneakers
31. 수학 — math
32. 야생동물 — wild animal
33. 엄지 — thumb
34. 세탁물 — laundry
35. 헐렁한 — loose
36. 수업 — class
37. 사냥 — hunting
38. 서식지 — habitat
39. 주름 — wrinkle
40. 다리미질하다 — iron

A. 다음 사진과 설명을 보고 연상되는 영어 단어나 우리말 뜻을 고르세요.

1. ✔ⓐ 큐레이터　ⓑ 방문객
2. ⓐ painting　✔ⓑ fossil
3. ⓐ exhibit　✔ⓑ carry
4. ✔ⓐ painting　ⓑ sculpture
5. ⓐ 전시회　✔ⓑ 입장료 무료
6. ⓐ Touch　✔ⓑ Use

B. 우리말에 맞도록 주어진 알파벳으로 시작하는 단어를 써 보세요.

7. 이 **전시회**는 훌륭해.　This e<u>xhibition</u> is great.
8. 난 박물관을 **책임**지고 있어.　I'm in c<u>harge</u> of the museum.
9. 이 화석에 대하여 **설명해드릴게요.**　I'll e<u>xplain</u> about this fossil.
10. 휴대폰을 **끄세요.**　Turn <u>off</u> cell phones.
11. **무료**로 너를 안아줄게.　I'll give you a f<u>ree</u> hug.
12. **목소리를 낮추세요.**　Use your <u>inside</u> v<u>oice</u>s.
13. 누가 이 **작품**을 만들었을까?　Who created this w<u>ork</u>?

C. 다음 우리말을 보고 알맞은 영어 단어의 철자를 써 보세요.

14. 박물관　m u s e u m
15. 전시하다　e x h i b i t
16. 방문객　v i s i t o r
17. 큐레이터　c u r a t o r
18. 화석　f o s s i l
19. 가지고 다니다　c a r r y
20. 입장료　a d m i s s i o n

A. 다음 사진과 설명을 보고 연상되는 영어 단어나 우리말 뜻을 고르세요.

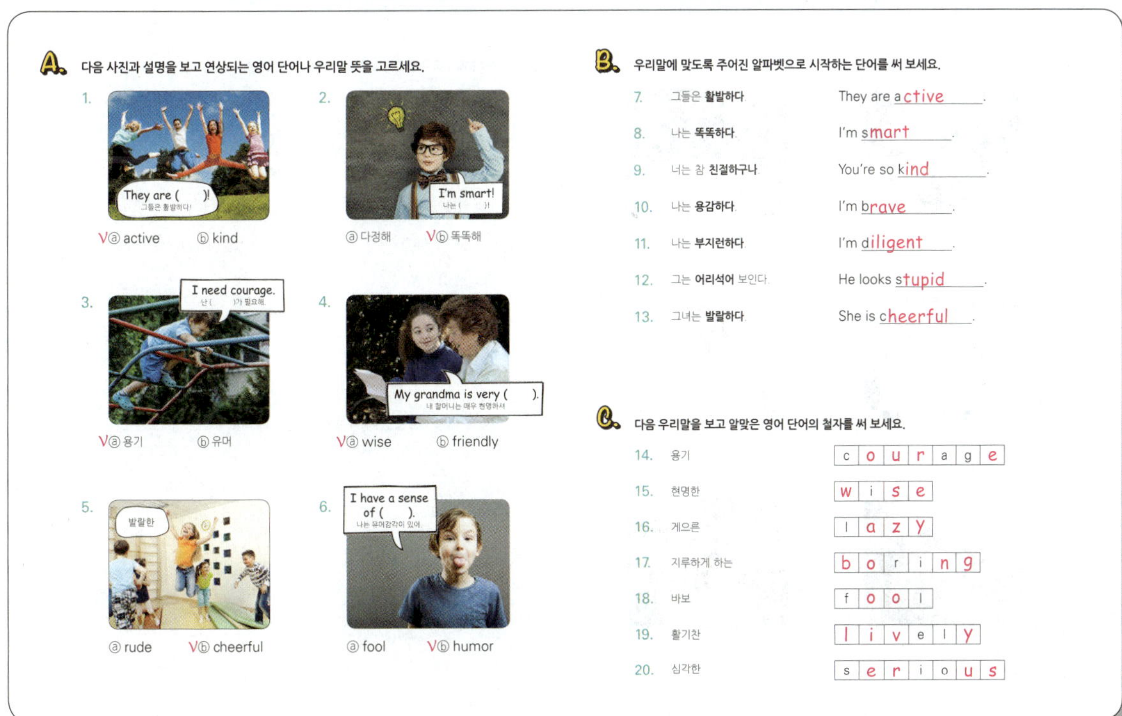

1. ✔ⓐ active　ⓑ kind
2. ⓐ 다정해　✔ⓑ 똑똑해
3. ✔ⓐ 용기　ⓑ 유머
4. ✔ⓐ wise　ⓑ friendly
5. ⓐ rude　✔ⓑ cheerful
6. ⓐ fool　✔ⓑ humor

B. 우리말에 맞도록 주어진 알파벳으로 시작하는 단어를 써 보세요.

7. 그들은 **활발하다.**　They are a<u>ctive</u>
8. 나는 **똑똑하다.**　I'm s<u>mart</u>
9. 너는 참 **친절하구나.**　You're so k<u>ind</u>
10. 나는 **용감하다.**　I'm b<u>rave</u>
11. 나는 **부지런하다.**　I'm d<u>iligent</u>
12. 그는 **어리석어** 보인다.　He looks s<u>tupid</u>
13. 그녀는 **발랄하다.**　She is c<u>heerful</u>

C. 다음 우리말을 보고 알맞은 영어 단어의 철자를 써 보세요.

14. 용기　c o u r a g e
15. 현명한　w i s e
16. 게으른　l a z y
17. 지루하게 하는　b o r i n g
18. 바보　f o o l
19. 활기찬　l i v e l y
20. 심각한　s e r i o u s

A. 다음 사진과 설명을 보고 연상되는 영어 단어나 우리말 뜻을 고르세요.

1. 

V ⓐ 대회   ⓑ 밴드

2. 

V ⓐ volunteer   ⓑ leisure

3. 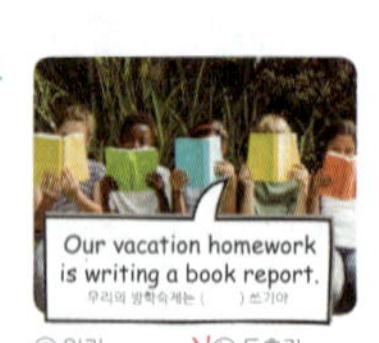

V ⓐ activities   ⓑ journals

4. 

ⓐ 일기   V ⓑ 독후감

5.

ⓐ plan   V ⓑ focus

6. 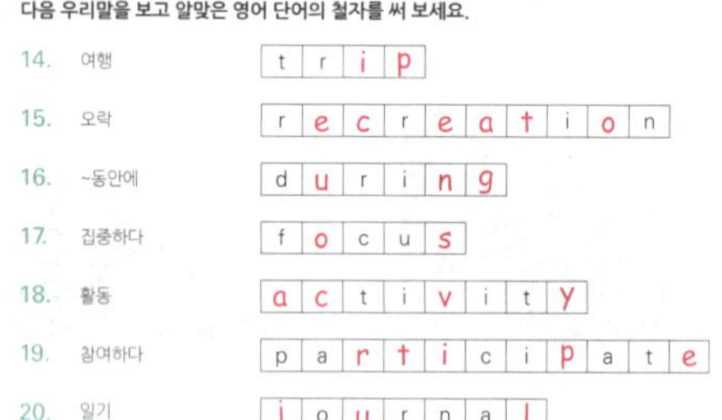

V ⓐ recreation   ⓑ observation

B. 우리말에 맞도록 주어진 알파벳으로 시작하는 단어를 써 보세요.

7. 우리는 **대회**에 참가할 거야.   We'll enter the <u>contest</u>.

8. 이건 내 **계획**이야.   This is my <u>plan</u>.

9. 나는 **봉사활동**을 할 예정이야.   I will do a <u>volunteer</u> activity.

10. 나는 **여가활동**을 할 예정이야.   I will do a <u>leisure</u> activity.

11. 난 **독후감**을 써야 해.   I have to write a <u>book</u> <u>report</u>.

12. 난 **관찰**일기를 써야 해.   I have to keep an <u>observation</u> journal.

13. 숙제를 **미리** 하렴.   Do your homework <u>in</u> <u>advance</u>.

C. 다음 우리말을 보고 알맞은 영어 단어의 철자를 써 보세요.

14. 여행   t r i p
15. 오락   r e c r e a t i o n
16. ~동안에   d u r i n g
17. 집중하다   f o c u s
18. 활동   a c t i v i t y
19. 참여하다   p a r t i c i p a t e
20. 일기   j o u r n a l

A. 다음 사진과 설명을 보고 연상되는 영어 단어나 우리말 뜻을 고르세요.

1. 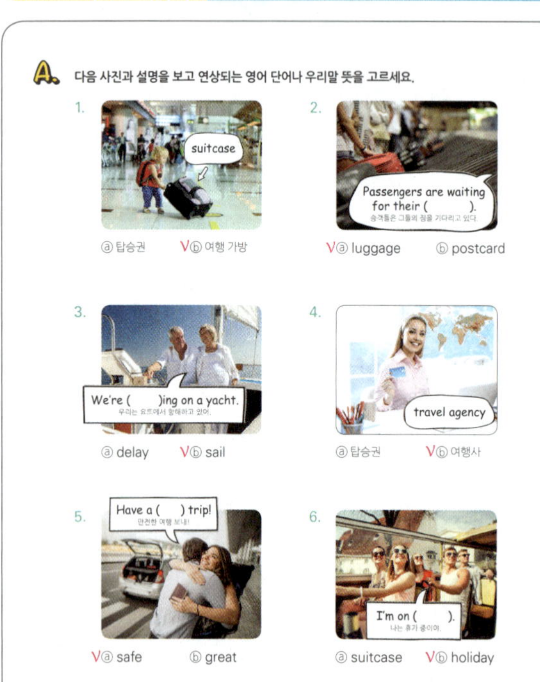

ⓐ 탑승권   V ⓑ 여행 가방

2.

V ⓐ luggage   ⓑ postcard

3.

ⓐ delay   V ⓑ sail

4.

ⓐ 탑승권   V ⓑ 여행사

5.

V ⓐ safe   ⓑ great

6. 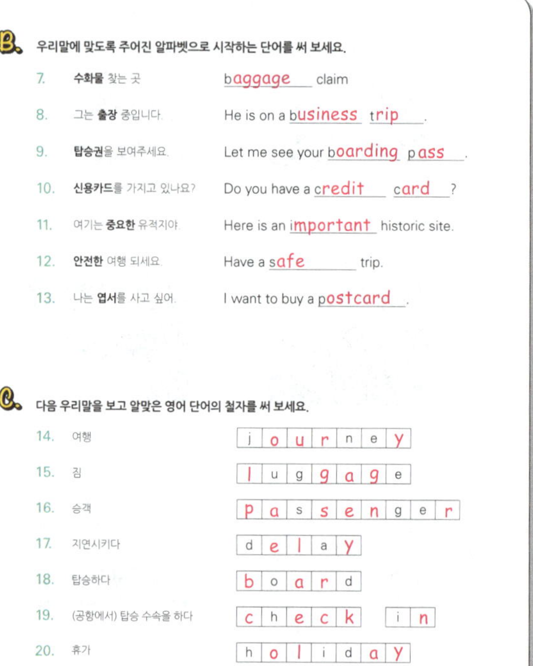

ⓐ suitcase   V ⓑ holiday

B. 우리말에 맞도록 주어진 알파벳으로 시작하는 단어를 써 보세요.

7. **수화물** 찾는 곳   <u>baggage</u> claim

8. 그는 **출장** 중입니다.   He is on a <u>business</u> <u>trip</u>.

9. **탑승권**을 보여주세요.   Let me see your <u>boarding</u> <u>pass</u>.

10. **신용카드**를 가지고 있나요?   Do you have a <u>credit</u> <u>card</u>?

11. 여기는 **중요한** 유적지야.   Here is an <u>important</u> historic site.

12. **안전한** 여행 되세요.   Have a <u>safe</u> trip.

13. 나는 **엽서**를 사고 싶어.   I want to buy a <u>postcard</u>.

C. 다음 우리말을 보고 알맞은 영어 단어의 철자를 써 보세요.

14. 여행   j o u r n e y
15. 짐   l u g g a g e
16. 승객   p a s s e n g e r
17. 지연시키다   d e l a y
18. 탑승하다   b o a r d
19. (공항에서) 탑승 수속을 하다   c h e c k   i n
20. 휴가   h o l i d a y

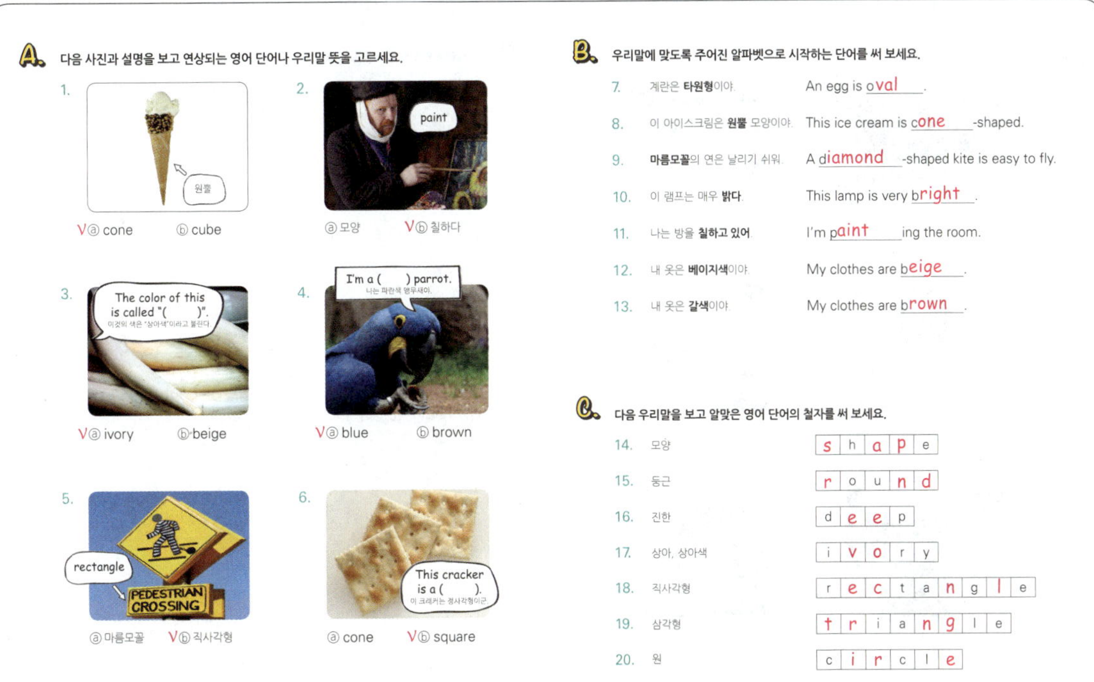

A. 다음 사진과 설명을 보고 연상되는 영어 단어나 우리말 뜻을 고르세요.
1. Ⅴⓐ cone ⓑ cube
2. ⓐ 모양 Ⅴⓑ 칠하다
paint
3. The color of this is called "(   )".
이것의 색은 '상아색'이라고 불린다.
Ⅴⓐ ivory ⓑ beige
4. I'm a (   ) parrot.
나는 파란색 앵무새야.
Ⅴⓐ blue ⓑ brown
5. rectangle
PEDESTRIAN CROSSING
ⓐ 마름모꼴 Ⅴⓑ 직사각형
6. This cracker is a (   ).
이 크래커는 정사각형이군.
ⓐ cone Ⅴⓑ square

B. 우리말에 맞도록 주어진 알파벳으로 시작하는 단어를 써 보세요.
7. 계란은 타원형이야. An egg is oval.
8. 이 아이스크림은 원뿔 모양이야. This ice cream is cone-shaped.
9. 마름모꼴의 연은 날리기 쉬워. A diamond-shaped kite is easy to fly.
10. 이 램프는 매우 밝다. This lamp is very bright.
11. 나는 방을 칠하고 있어. I'm painting the room.
12. 내 옷은 베이지색이야. My clothes are beige.
13. 내 옷은 갈색이야. My clothes are brown.

C. 다음 우리말을 보고 알맞은 영어 단어의 철자를 써 보세요.
14. 모양 s h a p e
15. 둥근 r o u n d
16. 진한 d e e p
17. 상아, 상아색 i v o r y
18. 직사각형 r e c t a n g l e
19. 삼각형 t r i a n g l e
20. 원 c i r c l e

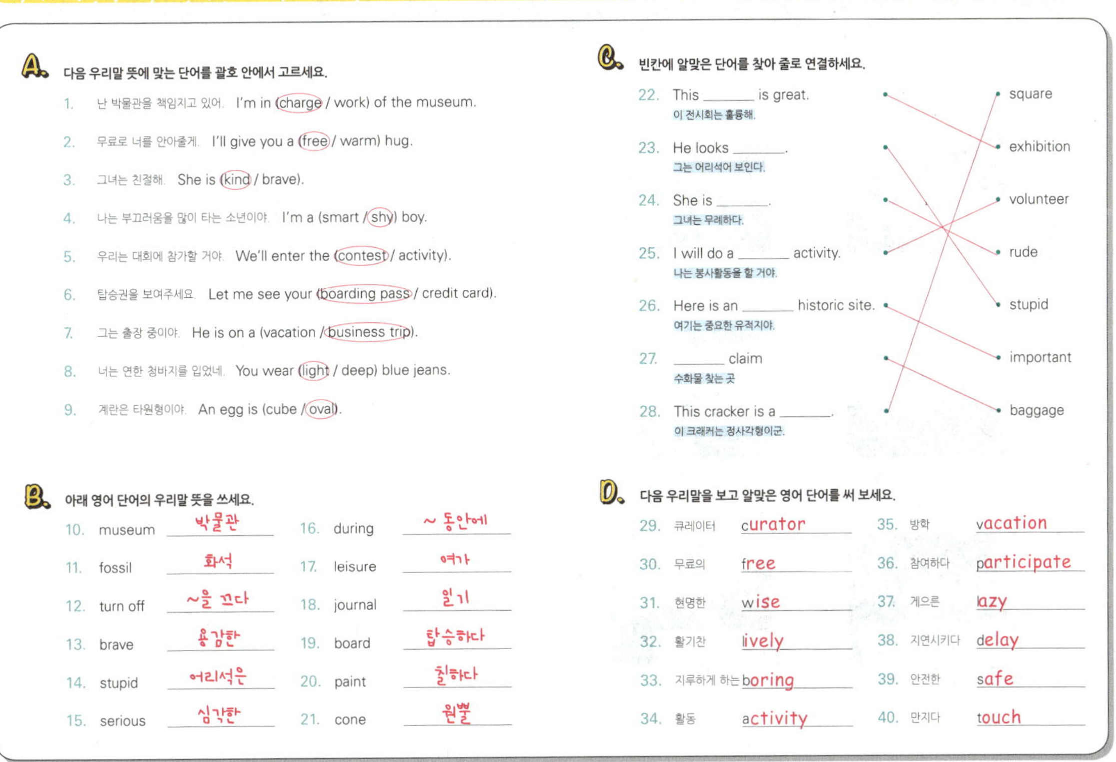

A. 다음 우리말 뜻에 맞는 단어를 괄호 안에서 고르세요.
1. 난 박물관을 책임지고 있어. I'm in (charge / work) of the museum.
2. 무료로 너를 안아줄게. I'll give you a (free / warm) hug.
3. 그녀는 친절해. She is (kind / brave).
4. 나는 부끄러움을 많이 타는 소년이야. I'm a (smart / shy) boy.
5. 우리는 대회에 참가할 거야. We'll enter the (contest / activity).
6. 탑승권을 보여주세요. Let me see your (boarding pass / credit card).
7. 그는 출장 중이야. He is on a (vacation / business trip).
8. 너는 연한 청바지를 입었네. You wear (light / deep) blue jeans.
9. 계란은 타원형이야. An egg is (cube / oval).

B. 아래 영어 단어의 우리말 뜻을 쓰세요.
10. museum 박물관
11. fossil 화석
12. turn off ~을 끄다
13. brave 용감한
14. stupid 어리석은
15. serious 심각한
16. during ~ 동안에
17. leisure 여가
18. journal 일기
19. board 탑승하다
20. paint 칠하다
21. cone 원뿔

C. 빈칸에 알맞은 단어를 찾아 줄로 연결하세요.
22. This ______ is great. 이 전시회는 훌륭해. — exhibition
23. He looks ______. 그는 어리석어 보인다. — stupid
24. She is ______. 그녀는 무례하다. — rude
25. I will do a ______ activity. 나는 봉사활동을 할 거야. — volunteer
26. Here is an ______ historic site. 여기는 중요한 유적지야. — important
27. ______ claim 수화물 찾는 곳 — baggage
28. This cracker is a ______. 이 크래커는 정사각형이군. — square

D. 다음 우리말을 보고 알맞은 영어 단어를 써 보세요.
29. 큐레이터 curator
30. 무료의 free
31. 현명한 wise
32. 활기찬 lively
33. 지루하게 하는 boring
34. 활동 activity
35. 방학 vacation
36. 참여하다 participate
37. 게으른 lazy
38. 지연시키다 delay
39. 안전한 safe
40. 만지다 touch

A. 다음 사진과 설명을 보고 연상되는 영어 단어나 우리말 뜻을 고르세요.

1. 

✔ⓐ buy　　ⓑ sell

2. 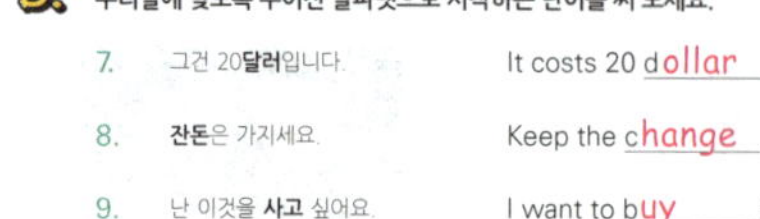

✔ⓐ change　　ⓑ price

3. 

ⓐ 동전　　✔ⓑ 용돈

4. 

ⓐ wallet　　✔ⓑ money

5. 

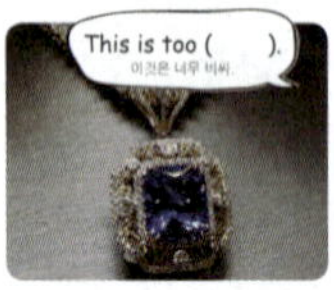

ⓐ cheap　　✔ⓑ expensive

6. 

ⓐ cheap　　✔ⓑ another

B. 우리말에 맞도록 주어진 알파벳으로 시작하는 단어를 써 보세요.

7. 그건 20달러입니다.　　It costs 20 d**ollar**s.
8. 잔돈은 가지세요.　　Keep the **change**.
9. 난 이것을 사고 싶어요.　　I want to **buy** this.
10. 나는 용돈을 받았어.　　I got an **allowance**.
11. 이건 너무 비싸.　　This is too e**xpensive**.
12. 현금으로 지불할게요.　　I'll pay by c**ash**.
13. 난 쇼핑이 좋아.　　I like **shopping**.

C. 다음 우리말을 보고 알맞은 영어 단어의 철자를 써 보세요.

14. 팔다　　s e l l
15. 싼　　c h e a p
16. 지갑　　w a l l e t
17. 돈　　m o n e y
18. 가격　　p r i c e
19. 지폐　　b i l l
20. 동전　　c o i n

A. 다음 사진과 설명을 보고 연상되는 영어 단어나 우리말 뜻을 고르세요.

1. 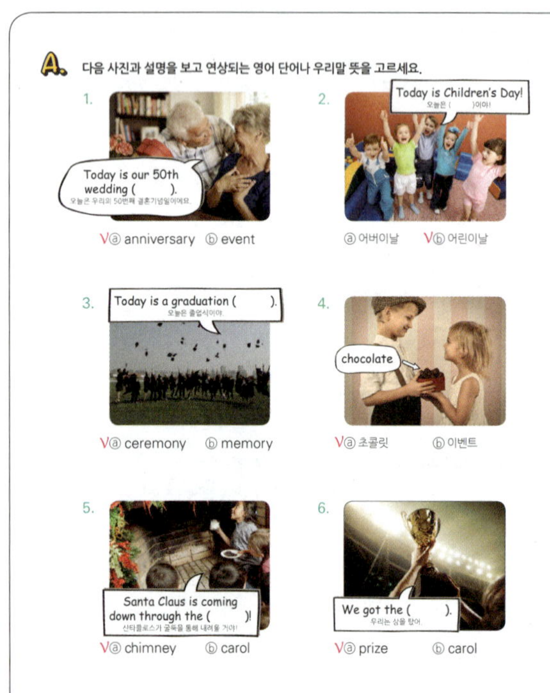

✔ⓐ anniversary　　ⓑ event

2.

ⓐ 어버이날　　✔ⓑ 어린이날

3.

✔ⓐ ceremony　　ⓑ memory

4.

✔ⓐ 초콜릿　　ⓑ 이벤트

5. 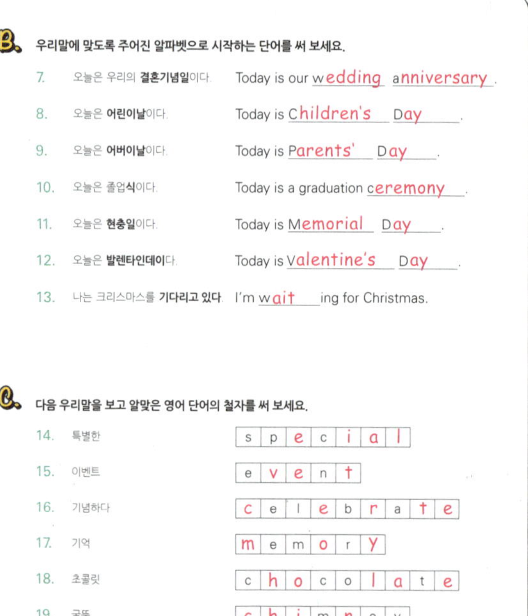

✔ⓐ chimney　　ⓑ carol

6.

✔ⓐ prize　　ⓑ carol

B. 우리말에 맞도록 주어진 알파벳으로 시작하는 단어를 써 보세요.

7. 오늘은 우리의 **결혼기념일**이다.　　Today is our w**edding anniversary**.
8. 오늘은 **어린이날**이다.　　Today is **Children's Day**.
9. 오늘은 **어버이날**이다.　　Today is **Parents' Day**.
10. 오늘은 **졸업식**이다.　　Today is a graduation **ceremony**.
11. 오늘은 **현충일**이다.　　Today is **Memorial Day**.
12. 오늘은 **발렌타인데이**다.　　Today is **Valentine's Day**.
13. 나는 크리스마스를 **기다리고 있다.**　　I'm w**ait**ing for Christmas.

C. 다음 우리말을 보고 알맞은 영어 단어의 철자를 써 보세요.

14. 특별한　　s p e c i a l
15. 이벤트　　e v e n t
16. 기념하다　　c e l e b r a t e
17. 기억　　m e m o r y
18. 초콜릿　　c h o c o l a t e
19. 굴뚝　　c h i m n e y
20. 상　　p r i z e

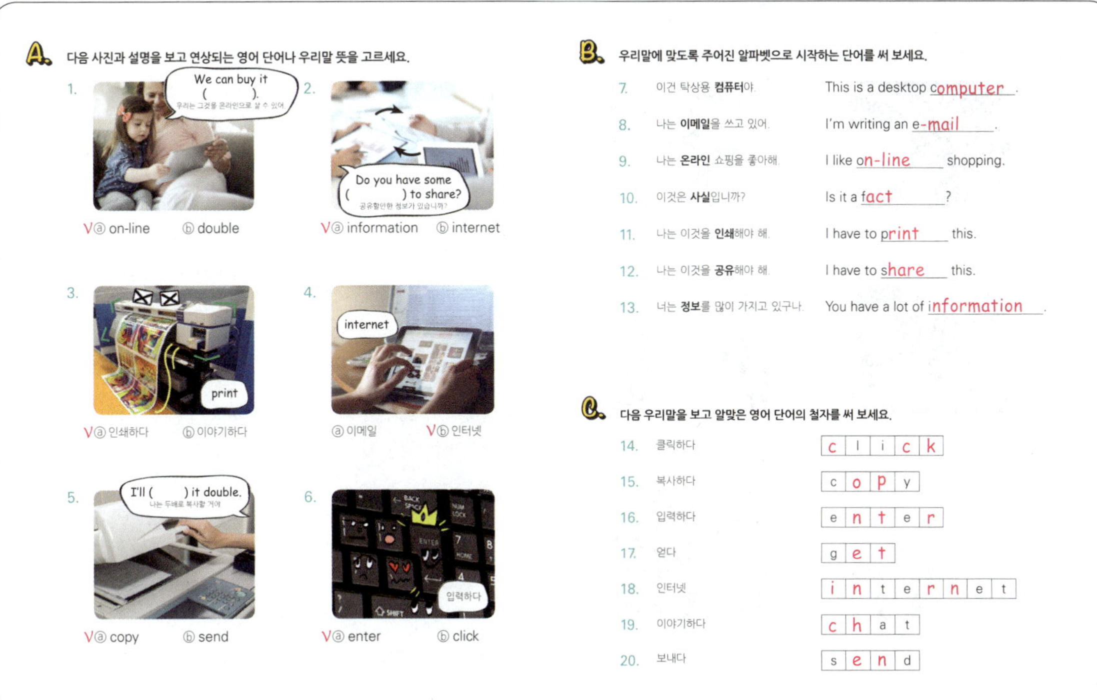
A. 다음 사진과 설명을 보고 연상되는 영어 단어나 우리말 뜻을 고르세요.
1. We can buy it ( ). 우리는 그것을 온라인으로 살 수 있어.
V ⓐ on-line   ⓑ double
2. Do you have some ( ) to share? 공유할만한 정보가 있습니까?
V ⓐ information   ⓑ internet
3. print
V ⓐ 인쇄하다   ⓑ 이야기하다
4. internet
ⓐ 이메일   V ⓑ 인터넷
5. I'll ( ) it double. 나는 두배로 복사할 거야.
V ⓐ copy   ⓑ send
6. 입력하다
V ⓐ enter   ⓑ click

B. 우리말에 맞도록 주어진 알파벳으로 시작하는 단어를 써 보세요.
7. 이건 탁상용 컴퓨터야.   This is a desktop computer.
8. 나는 이메일을 쓰고 있어.   I'm writing an e-mail.
9. 나는 온라인 쇼핑을 좋아해.   I like on-line shopping.
10. 이것은 사실입니까?   Is it a fact?
11. 나는 이것을 인쇄해야 해.   I have to print this.
12. 나는 이것을 공유해야 해.   I have to share this.
13. 너는 정보를 많이 가지고 있구나.   You have a lot of information.

C. 다음 우리말을 보고 알맞은 영어 단어의 철자를 써 보세요.
14. 클릭하다   c l i c k
15. 복사하다   c o p y
16. 입력하다   e n t e r
17. 얻다   g e t
18. 인터넷   i n t e r n e t
19. 이야기하다   c h a t
20. 보내다   s e n d

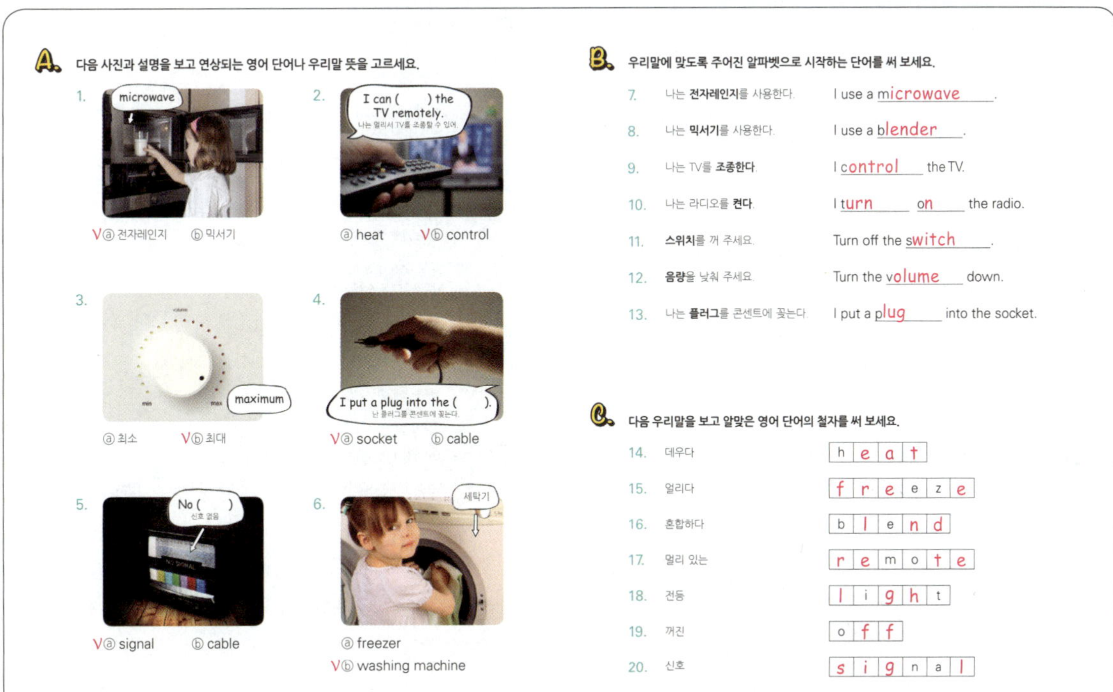
A. 다음 사진과 설명을 보고 연상되는 영어 단어나 우리말 뜻을 고르세요.
1. microwave
V ⓐ 전자레인지   ⓑ 믹서기
2. I can ( ) the TV remotely. 나는 멀리서 TV를 조종할 수 있어.
ⓐ heat   V ⓑ control
3. maximum
ⓐ 최소   V ⓑ 최대
4. I put a plug into the ( ). 난 플러그를 콘센트에 꽂는다.
V ⓐ socket   ⓑ cable
5. No ( ) 신호 없음
V ⓐ signal   ⓑ cable
6. 세탁기
ⓐ freezer   V ⓑ washing machine

B. 우리말에 맞도록 주어진 알파벳으로 시작하는 단어를 써 보세요.
7. 나는 전자레인지를 사용한다.   I use a microwave.
8. 나는 믹서기를 사용한다.   I use a blender.
9. 나는 TV를 조종한다.   I control the TV.
10. 나는 라디오를 켠다.   I turn on the radio.
11. 스위치를 꺼 주세요.   Turn off the switch.
12. 음량을 낮춰 주세요.   Turn the volume down.
13. 나는 플러그를 콘센트에 꽂는다.   I put a plug into the socket.

C. 다음 우리말을 보고 알맞은 영어 단어의 철자를 써 보세요.
14. 데우다   h e a t
15. 얼리다   f r e e z e
16. 혼합하다   b l e n d
17. 멀리 있는   r e m o t e
18. 전동   l i g h t
19. 꺼진   o f f
20. 신호   s i g n a l

A. 다음 사진과 설명을 보고 연상되는 영어 단어나 우리말 뜻을 고르세요.

1. 

ⓐ blocking　V ⓑ spike

2. 

V ⓐ badminton　ⓑ volleyball

3. 

ⓐ 배드민턴　V ⓑ 탁구

4. 

ⓐ foul　V ⓑ rule

5. 

V ⓐ 운동선수　ⓑ 유니폼

6. 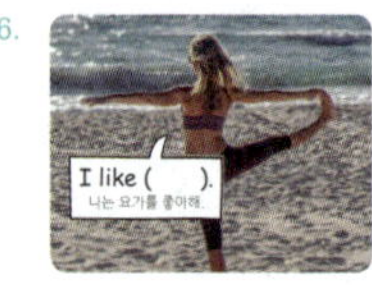

V ⓐ yoga　ⓑ stress

B. 우리말에 맞도록 주어진 알파벳으로 시작하는 단어를 써 보세요.

7. 나는 배구를 잘 한다. — I'm good at volleyball.
8. 나는 배드민턴을 잘 친다. — I'm good at badminton.
9. 나는 탁구를 잘 친다. — I'm good at table tennis.
10. 그녀의 스파이크는 강력해. — Her spike is powerful.
11. 나는 서브 연습을 해. — I practice a serve.
12. 우리는 스트레스를 해소할 수 있어. — We can get rid of stress.
13. 너의 라켓을 가져와. — Bring your racket.

C. 다음 우리말을 보고 알맞은 영어 단어의 철자를 써 보세요.

14. 규칙 — r u l e
15. 유니폼 — u n i f o r m
16. 농구 — b a s k e t b a l l
17. 이기다 — w i n
18. 지다 — l o s e
19. 운동선수 — a t h l e t e
20. 반칙 — f o u l

A. 다음 우리말 뜻에 맞는 단어를 괄호 안에서 고르세요.

1. 얼마예요? (How much / What) is it?
2. 나는 용돈을 받았어. I got an (allowance / price).
3. 오늘은 졸업식이야. Today is a graduation (ceremony / event).
4. 나는 크리스마스를 기다리고 있어. I'm (waiting / celebrating) for Christmas.
5. 이것은 사실입니까? Is it a (fact / share)?
6. 전자레인지는 우유를 데워준다. The microwave (heat / control)s milk.
7. 나는 TV를 조종할 수 있어. I can (control / blend) the TV.
8. 나는 서브 연습을 해. I (lose / practice) a serve.
9. 우리는 스트레스를 해소할 수 있어. We can get rid of (stress / rule).

B. 아래 영어 단어의 우리말 뜻을 쓰세요.

10. buy — 사다
11. bill — 지폐
12. another — 또 다른
13. wait — 기다리다
14. memory — 기억, 기억력
15. event — 이벤트
16. get — 얻다
17. e-mail — 이메일
18. volume — 음량
19. cable — 전선
20. win — 이기다
21. athlete — 운동선수

C. 빈칸에 알맞은 단어를 찾아 줄로 연결하세요.

22. This is too ______. 이건 너무 비싸. — expensive
23. Is there ______ one? 다른 것 없나요? — another
24. I have a bad ______. 난 기억력이 나빠. — memory
25. We got the ______. 우리는 상을 탔어. — prize
26. We can buy it ______. 우리는 그것을 온라인으로 살 수 있어. — on-line
27. No ______. 신호 없음. — signal
28. We are playing ______. 우리는 농구를 하고 있어. — basketball

D. 다음 우리말을 보고 알맞은 영어 단어를 써 보세요.

29. 팔다 — sell
30. 가격 — price
31. 지불하다 — pay
32. 굴뚝 — chimney
33. 초콜릿 — chocolate
34. 축하하다 — congratulate
35. 사실 — fact
36. 보내다 — send
37. 꺼진 — off
38. 얼리다 — freeze
39. 라켓 — racket
40. 요가 — yoga

A. 다음 사진과 설명을 보고 연상되는 영어 단어나 우리말 뜻을 고르세요.

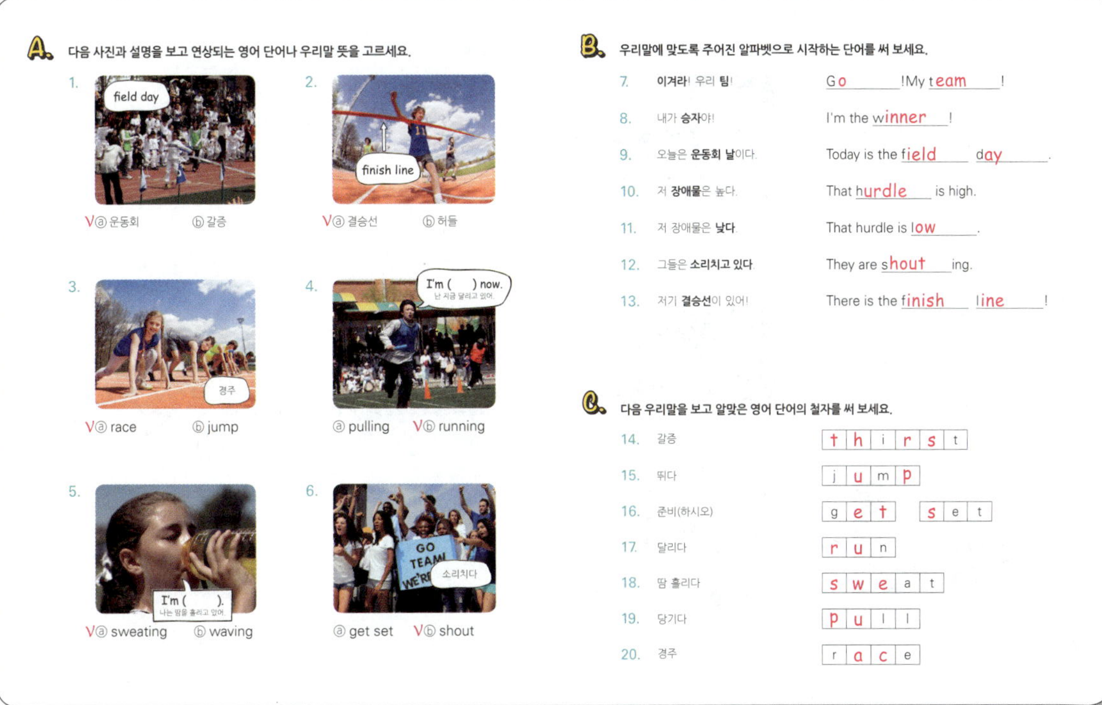

1. ✓ⓐ 운동회   ⓑ 갈증
2. ✓ⓐ 결승선   ⓑ 허들
3. ✓ⓐ race   ⓑ jump
4. ⓐ pulling   ✓ⓑ running
5. ✓ⓐ sweating   ⓑ waving
6. ⓐ get set   ✓ⓑ shout

B. 우리말에 맞도록 주어진 알파벳으로 시작하는 단어를 써 보세요.

7. 이겨라! 우리 팀! — Go !My team !
8. 내가 승자야! — I'm the winner !
9. 오늘은 운동회 날이다. — Today is the field day .
10. 저 장애물은 높다. — That hurdle is high.
11. 저 장애물은 낮다 — That hurdle is low .
12. 그들은 소리치고 있다 — They are shout ing.
13. 저기 결승선이 있어! — There is the finish line !

C. 다음 우리말을 보고 알맞은 영어 단어의 철자를 써 보세요.

14. 갈증 — t h i r s t
15. 뛰다 — j u m p
16. 준비(하시오) — g e t   s e t
17. 달리다 — r u n
18. 땀 흘리다 — s w e a t
19. 당기다 — p u l l
20. 경주 — r a c e

A. 다음 사진과 설명을 보고 연상되는 영어 단어나 우리말 뜻을 고르세요.

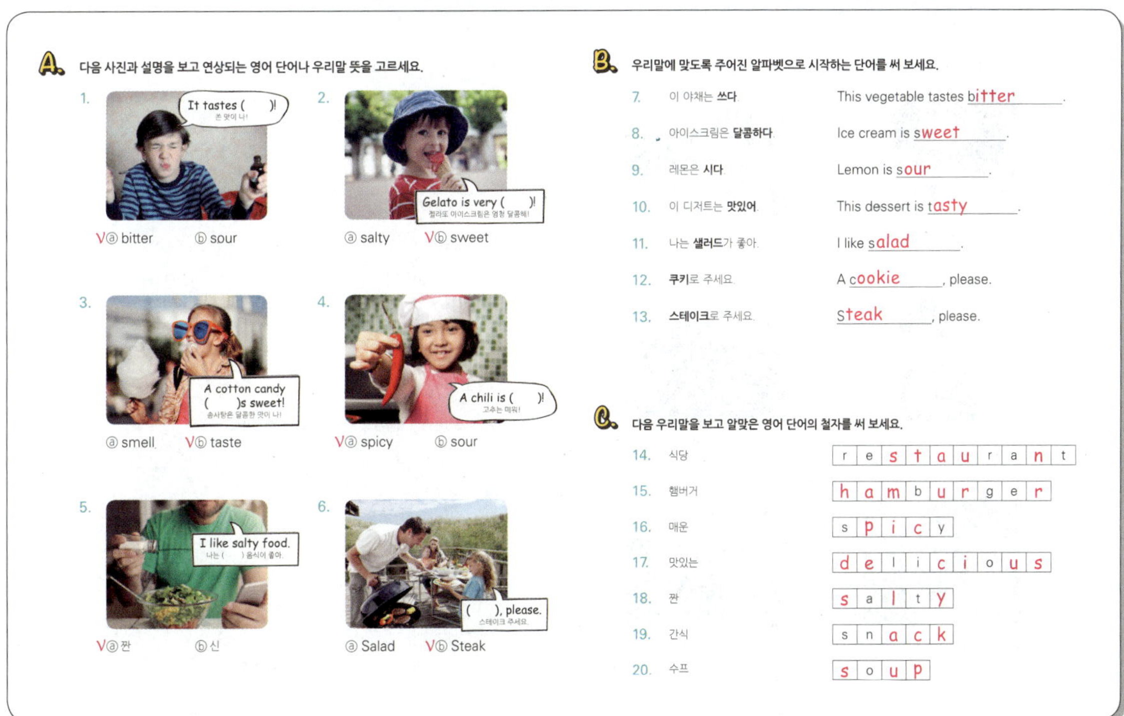

1. ✓ⓐ bitter   ⓑ sour
2. ⓐ salty   ✓ⓑ sweet
3. ⓐ smell   ✓ⓑ taste
4. ✓ⓐ spicy   ⓑ sour
5. ✓ⓐ 짠   ⓑ 신
6. ⓐ Salad   ✓ⓑ Steak

B. 우리말에 맞도록 주어진 알파벳으로 시작하는 단어를 써 보세요.

7. 이 야채는 쓰다 — This vegetable tastes bitter .
8. 아이스크림은 달콤하다 — Ice cream is sweet .
9. 레몬은 시다 — Lemon is sour .
10. 이 디저트는 맛있어 — This dessert is tasty .
11. 나는 샐러드가 좋아. — I like salad .
12. 쿠키로 주세요. — A cookie , please.
13. 스테이크로 주세요. — Steak , please.

C. 다음 우리말을 보고 알맞은 영어 단어의 철자를 써 보세요.

14. 식당 — r e s t a u r a n t
15. 햄버거 — h a m b u r g e r
16. 매운 — s p i c y
17. 맛있는 — d e l i c i o u s
18. 짠 — s a l t y
19. 간식 — s n a c k
20. 수프 — s o u p

A. 다음 사진과 설명을 보고 연상되는 영어 단어나 우리말 뜻을 고르세요.

1.

✓ⓐ ahead   ⓑ ago

2.

ⓐ always   ✓ⓑ often

3.

✓ⓐ 곧   ⓑ 나중에

4.
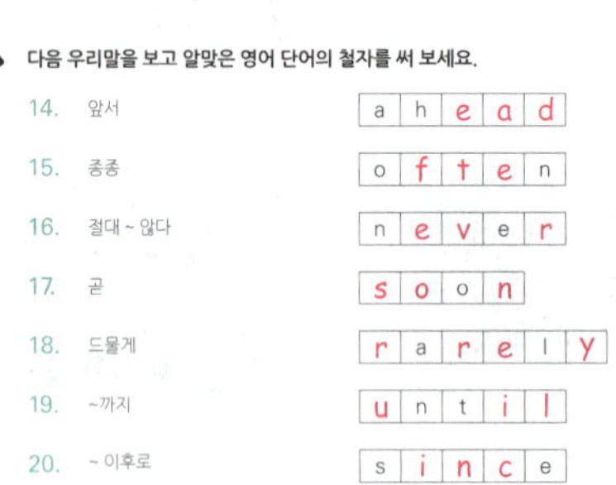

✓ⓐ 때때로   ⓑ 항상

5.
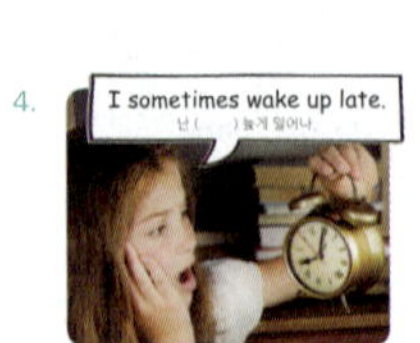

✓ⓐ Until   ⓑ Once

6.
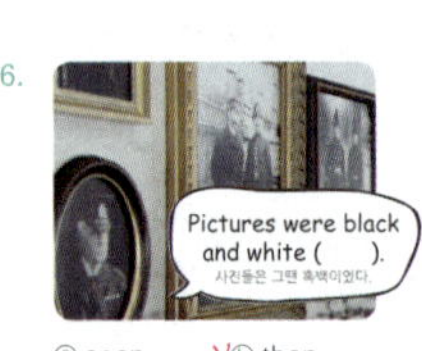

ⓐ soon   ✓ⓑ then

B. 우리말에 맞도록 주어진 알파벳으로 시작하는 단어를 써 보세요.

7. 난 하루 종일 숙제를 했어.   I did my homework a**ll** **day** long.

8. 이 사진은 50년 **전에** 찍혔어.   This picture was taken 50 years a**go**.

9. 그는 **항상** 늦어.   He is a**lways** late.

10. 가능한 한 빨리   a**s** **soon** a**s** p**ossible**

11. 나중에 보자.   See you l**ater**.

12. 나는 이번 **또한** 좋은 성적을 받았어.   I a**lso** got a good grade this time.

13. 나는 내일**까지** 숙제가 있어.   I have homework b**y** tomorrow.

C. 다음 우리말을 보고 알맞은 영어 단어의 철자를 써 보세요.

14. 앞서   a h **e** **a** d
15. 종종   o **f** **t** e n
16. 절대 ~ 않다   n **e** v e r
17. 곧   **s** **o** **o** **n**
18. 드물게   r a r e l **y**
19. ~까지   **u** n t i l
20. ~ 이후로   s i n c **e**

A. 다음 사진과 설명을 보고 연상되는 영어 단어나 우리말 뜻을 고르세요.

1.

✓ⓐ memorize   ⓑ follow

2.

ⓐ Solve   ✓ⓑ Raise

3.

✓ⓐ quiet   ⓑ basic

4.

✓ⓐ Pay attention   ⓑ Take notes

5.
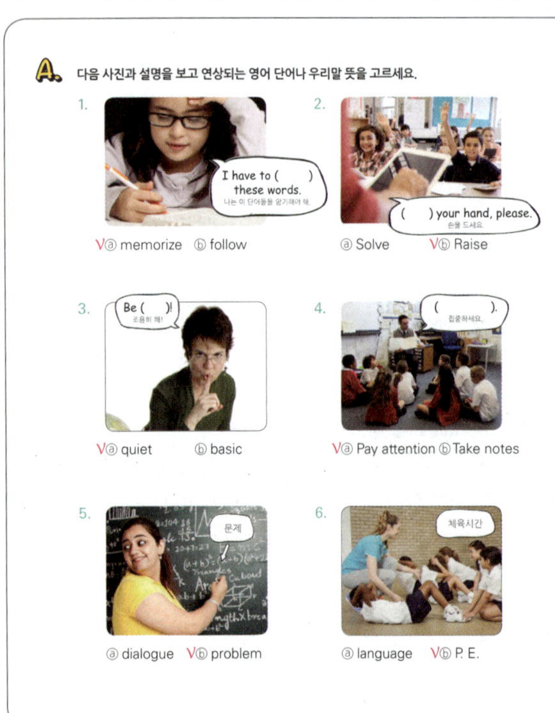

ⓐ dialogue   ✓ⓑ problem

6.
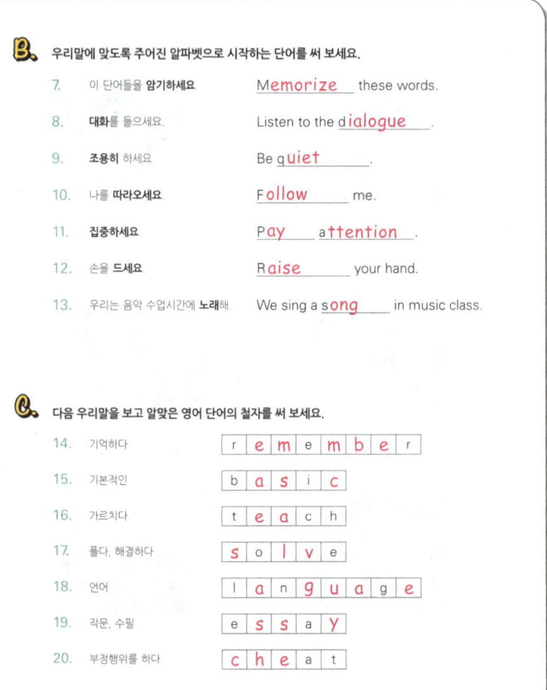

ⓐ language   ✓ⓑ P. E.

B. 우리말에 맞도록 주어진 알파벳으로 시작하는 단어를 써 보세요.

7. 이 단어들을 암기하세요.   **Memorize** these words.

8. 대화를 들으세요.   Listen to the d**ialogue**.

9. 조용히 하세요.   Be q**uiet**.

10. 나를 따라오세요.   F**ollow** me.

11. 집중하세요.   P**ay** **attention**.

12. 손을 드세요.   R**aise** your hand.

13. 우리는 음악 수업시간에 **노래해**.   We sing a s**ong** in music class.

C. 다음 우리말을 보고 알맞은 영어 단어의 철자를 써 보세요.

14. 기억하다   r e **m** **e** **m** b e r
15. 기본적인   b **a** s i c
16. 가르치다   t **e** **a** c h
17. 풀다, 해결하다   s **o** l v e
18. 언어   l a n **g** u a g **e**
19. 작문, 수필   e s s a **y**
20. 부정행위를 하다   c h **e** a t

A. 다음 사진과 설명을 보고 연상되는 영어 단어나 우리말 뜻을 고르세요.

1. 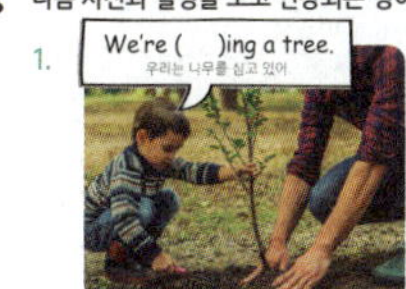

ⓐ plant ✓ ⓑ harvest

2. 

ⓐ find ⓑ bloom ✓

3.

ⓐ mitten ⓑ breeze ✓

4. 

ⓐ snowman ⓑ scarecrow ✓

5. 

ⓐ harvesting ✓ ⓑ finding

6. 

ⓐ snowboarding ✓ ⓑ seashell

B. 우리말에 맞도록 주어진 알파벳으로 시작하는 단어를 써 보세요.

7. 우리는 나무를 심고 있어 We're **plant**ing a tree.
8. 튤립은 봄에 핀다. **Tulip**s bloom in spring.
9. 모기가 많아. There are many **mosquito**es.
10. 부드러운 **산들바람**이 분다. There is a gentle **breeze**.
11. **해바라기**는 가을에 핀다. **Sunflower**s bloom in autumn.
12. 저기 **허수아비**가 서 있다. There stands a **scarecrow**.
13. 나는 농작물을 **수확**하고 있어. I'm **harvest**ing the crops.

C. 다음 우리말을 보고 알맞은 영어 단어의 철자를 써 보세요.

14. 꽃이 피다 b **l** **o** **o** m
15. 가을 f **a** **l** **l**
16. 꽃 f **l** **o** **w** **e** **r**
17. 조개 s **e** a **s** h **e** **l** **l**
18. 찾다 f **i** **n** **d**
19. 겨울 w **i** **n** **t** **e** **r**
20. 벙어리장갑 m **i** **t** **t** **e** **n**

A. 다음 우리말 뜻에 맞는 단어를 괄호 안에서 고르세요.

1. 나는 장애물을 뛰어넘고 있어. I'm (jumping / running) over the hurdles.
2. 나는 땀 흘리고 있어. I'm (sweat / pull)ing.
3. 아이스크림은 달콤해. Ice cream is (sweet / sour).
4. 나는 스테이크를 먹고 싶어. I want to eat (steak / snack).
5. 나는 학교에 항상 늦어. I'm (always / never) late for school.
6. 나는 드물게 엄마와 운동한다. I (rarely / once) exercise with my mom.
7. 나는 수확하고 있어. I'm (bloom / harvest)ing.
8. 부드러운 산들바람이 불어. There is a gentle (breeze / flower).
9. 우리는 나무를 심고 있어. We're (plant / harvest)ing a tree.

B. 아래 영어 단어의 우리말 뜻을 쓰세요.

10. low 낮은
11. run 달리다
12. race 경주
13. flavor 맛
14. salty 짠
15. cookie 쿠키
16. by ~까지
17. since ~ 이후로
18. follow 따르다
19. dialogue 대화
20. seashell 조개
21. mitten 벙어리장갑

C. 빈칸에 알맞은 단어를 찾아 줄로 연결하세요.

22. It's too ______. 너무 낮아. — low
23. I'm _____(n)ing now. 나는 지금 달리고 있어. — run
24. This is ______. 이것은 맛있어. — delicious
25. I play tennis ______ a week. 나는 일주일에 한 번 테니스를 친다. — once
26. I ______ eat vegetables. 나는 절대 야채를 먹지 않아. — never
27. I ______. 나는 필기를 한다. — take notes
28. We're eating ______s. 우리는 햄버거를 먹고 있어. — hamburger

D. 다음 우리말을 보고 알맞은 영어 단어를 써 보세요.

29. 갈증 thirst
30. 달리다 run
31. 소리치다 shout
32. ~한 맛이 나다 taste
33. 햄버거 hamburger
34. 매운 spicy
35. 전에 before
36. 나중에 later
37. 기억하다 remember
38. 조용한 quiet
39. 겨울 winter
40. 허수아비 scarecrow

초등교과서 영단어 2400 5학년 받아쓰기 답안지

DAY 01

1. window 창문
2. hut 오두막
3. bathroom 욕실
4. wall 벽
5. aisle 복도
6. bedroom 침실
7. kitchen 부엌
8. furniture 가구
9. living room 거실
10. porch 현관
11. move 이사하다
12. live 살다
13. room 방
14. door 문
15. bed 침대
16. garage 차고
17. resident 거주자
18. family 가족
19. build 짓다
20. fix 고치다

DAY 02

1. maple 단풍나무
2. ivy 담쟁이덩굴
3. stem 줄기
4. thorn 가시
5. bud 봉오리
6. bamboo 대나무
7. wood 목재
8. lotus 연꽃
9. violet 제비꽃
10. nectar 꿀
11. branch 가지
12. root 뿌리
13. oak 오크(나무)
14. tree 나무
15. trunk 나무의 몸통
16. water 물을 주다
17. bush 덤불
18. gardener 정원사
19. trim 다듬다
20. vine 포도나무

DAY 03

1. graduation 졸업식
2. book 책
3. blackboard 칠판
4. clever 영리한
5. locker 사물함
6. freshman 신입생
7. desk 책상
8. chair 의자
9. classroom 교실
10. graduate 졸업하다
11. middle school 중학교
12. high 고등의, 높은
13. high school 고등학교
14. exam 시험
15. grade 성적
16. kindergarten 유치원
17. education 교육
18. elementary 초등의
19. elementary school 초등학교
20. middle 중등의

DAY 04

1. sight 시력
2. asthma 천식
3. examine 진찰하다
4. disease 병
5. pain 고통, 통증
6. recover 회복하다
7. runny nose 콧물
8. sneeze 재채기하다
9. nosebleed 코피
10. stuffy nose 코막힘
11. health 건강
12. fever 열
13. cough 기침/ 기침하다
14. pill 알약
15. ache 아픔
16. toothache 치통
17. scar 흉터
18. bleed 피 흘리다
19. sore 아픈
20. flu 독감

DAY 05

1. brush 솔질하다
2. teeth 치아
3. every day 매일
4. comb 빗질
5. get dressed 옷을 입다
6. routine 일과, 반복되는 일
7. nap 낮잠
8. spare time 남는 시간
9. spare 여분의
10. shave 면도하다
11. sound sleep 숙면
12. sound (잠이) 깊은
13. bell 종
14. usually 보통
15. stretch 기지개/ (팔, 다리를) 뻗다
16. life 생활
17. daily 매일 하는
18. daily task 일과
19. task 업무
20. take a walk 산책하다

DAY 06

1. desert 사막
2. place 곳, 장소
3. field 들판
4. wild 야생의, 거친
5. green 녹색의, 푸른
6. sky 하늘
7. land 땅, 육지
8. stand 서다, 세우다
9. forest 숲
10. animal 동물
11. flow 흐르다
12. island 섬
13. sea 바다
14. deep 깊은
15. blue 파란,파란색의
16. mountain 산
17. lake 호수
18. smooth 매끄러운,부드러운
19. mirror 거울
20. river 강

DAY 07

1. snowstorm 눈보라
2. cloudy 흐린, 탁한
3. snowflake 눈송이
4. icicle 고드름
5. freezing 몹시 추운
6. rainy 비가 많이 오는
7. weatherman 기상캐스터
8. rainstorm 폭풍우
9. smog 스모그
10. fine dust 미세먼지
11. above ~ول 넘는/ ~보다 높게
12. degree (온도 단위) 도
13. temperature 온도, 기온
14. raindrop 빗방울
15. weather 날씨
16. sunny 화창한
17. hot 더운, 뜨거운
18. sunburn 햇볕에 탐
19. drought 가뭄
20. dry 건조한

DAY 08

1. plane 비행기
2. slower 더 느린
3. harbor 항구
4. license 면허
5. driver's license 운전면허증
6. flight 비행기
7. crosswalk 횡단보도
8. sidewalk 보도, 인도
9. express 신속한
10. express train 급행열차
11. take (얼마의 시간이) 걸리다
12. more 더
13. highway 고속도로
14. car 자동차
15. aboard (배, 기차, 비행기 등에) 탑승한
16. faster 더 빠른
17. than ~보다
18. traffic jam 교통 체증
19. bicycle 자전거
20. direction 방향

DAY 09

1. century 100년, 세기
2. time 시간
3. past 과거
4. present 현재
5. future 미래
6. all 모든
7. moment 순간, 잠깐
8. monthly 한 달의, 월간
9. again 다시
10. decade 10년
11. week 한 주
12. weekly 한 주간의
13. weekend 주말
14. this week 이번 주
15. last week 지난주
16. forever 영원히
17. day 하루, 날
18. annual 연례의 (1년에 한 번)
19. year 1년
20. every year 해마다, 매년

DAY 10

1. tall 키가 큰
2. short 키가 작은
3. slim 날씬한
4. thin 마른
5. beautiful 아름다운
6. bald 대머리의
7. attractive 매력적인
8. appearance 외모
9. dark 어두운
10. straight 직선의
11. fat 뚱뚱한
12. heavy 무거운
13. similar 비슷한, 닮은
14. different 다른
15. beard 수염
16. curly 곱슬곱슬한
17. blond 금발인
18. adorable 사랑스러운
19. cute 귀여운
20. lovely 사랑스러운

DAY 11

1. zipper 지퍼
2. skirt 치마
3. sneakers 운동화
4. comfortable 편한
5. exchange 교환하다
6. costume 의상
7. naked 벌거벗은
8. bracelet 팔찌
9. necklace 목걸이
10. pants 바지
11. sweater 스웨터
12. blouse 블라우스
13. jacket 재킷
14. loose 헐렁한
15. T-shirt 티셔츠
16. sunglasses 선글라스
17. well-dressed 잘 차려 입은
18. sleeve 소매
19. tight 꽉 끼는
20. glasses 안경

DAY 12

1. discuss 논의하다
2. review 복습하다
3. history 역사
4. geography 지리학
5. student 학생
6. music 음악
7. math 수학
8. difficult 어려운
9. prepare 준비하다
10. example 예제, 본보기
11. class 수업
12. ask 묻다
13. question 질문
14. answer 대답
15. English 영어
16. art 미술
17. favorite 가장 좋아하는
18. Korean 한국어
19. science 과학
20. subject 과목

DAY 13

1. habitat 서식지
2. jungle 밀림
3. fur 털, 모피
4. marine 바다의
5. turtle 거북이
6. ban 금지하다
7. environment 환경
8. save 구하다
9. ocean 바다
10. pollute 오염시키다
11. about 약
12. hunting 사냥
13. illegal 불법의
14. legal 합법의
15. tail 꼬리
16. elephant 코끼리
17. wild animal 야생동물
18. protect 보호하다
19. endangered 멸종 위기에 처한
20. panda 판다, 흑백곰

DAY 14

1. eyelash 속눈썹
2. heel 뒤꿈치
3. chest 가슴
4. tummy 배
5. stomach 위
6. strong 강한
7. ring finger 약지
8. middle finger 중지
9. eye 눈
10. pupil 눈동자
11. index finger 검지
12. thumb 엄지
13. long 긴
14. palm 손바닥
15. fist 주먹
16. wrinkle 주름
17. around 주위에
18. big toe 엄지발가락
19. toenail 발톱
20. nail 손톱

DAY 15

1. mop 대걸레
2. dish 음식
3. iron 다리미/ 다리미질하다
4. chore (가정의) 잡일
5. restroom 화장실
6. fold 개다, 접다
7. hang 널다, 걸다
8. laundry 세탁물
9. cloth 천
10. wipe 닦다
11. rub 문지르다
12. wax 왁스
13. polish (광이 나도록) 닦다
14. mow 잔디를 깎다
15. fry 굽다, 튀기다
16. clean 청소하다
17. rubbish 쓰레기
18. sweep 쓸다
19. messy 지저분한
20. tidy 깨끗한

DAY 16

1. touch 만지다
2. painting (물감으로 그린) 그림
3. sculpture 조각품
4. admission 입장료
5. free 무료의
6. fossil 화석
7. use 사용하다
8. inside voice 작은 목소리
9. carry 가지고 다니다
10. turn off ~을 끄다
11. curator 큐레이터
12. charge 책임
13. part 부분
14. about ~에 대하여
15. explain 설명하다
16. museum 박물관
17. exhibition 전시회
18. exhibit 전시하다
19. visitor 방문객
20. work 작품

DAY 17

1. fool 바보
2. dull 따분한
3. lively 활기찬
4. serious 심각한
5. humor 유머
6. wise 현명한
7. cheerful 발랄한
8. rude 무례한
9. lazy 게으른
10. diligent 부지런한
11. boring 지루하게 하는
12. courage 용기
13. stupid 어리석은
14. brave 용감한
15. friendly 다정한
16. active 활발한
17. outgoing 외향적인
18. smart 똑똑한
19. kind 친절한
20. shy 부끄러움을 많이 타는

DAY 18

1. focus 집중하다
2. in advance 미리
3. trip 여행
4. during ~동안에
5. recreation 오락
6. leisure 여가
7. book report 독후감
8. keep 일기를 쓰다
9. observation 관찰
10. journal 일기
11. will ~을 할 것이다
12. volunteer 자원봉사자
13. activity 활동
14. homework 숙제
15. participate 참여하다
16. vacation 방학
17. band 밴드
18. contest 대회
19. plan 계획
20. planner 계획표

DAY 19

1. safe 안전한
2. important 중요한
3. holiday 휴가
4. great 훌륭한
5. postcard 엽서
6. voyage 항해
7. travel 여행
8. check in (공항에서) 탑승 수속을 하다
9. credit card 신용카드
10. travel agency 여행사
11. business trip 출장
12. delay 지연시키다
13. board 탑승하다
14. boarding pass 탑승권
15. sail 항해하다
16. journey 여행
17. suitcase 여행 가방
18. passenger 승객
19. luggage 짐
20. baggage 수화물

DAY 20

1. heart 하트 모양
2. oval 타원형
3. cube 큐브, 정육면체
4. square 정사각형
5. cone 원뿔
6. diamond 마름모꼴
7. rectangle 직사각형
8. triangle 삼각형
9. circle 원
10. round 둥근
11. ivory 상아, 상아색
12. beige 베이지색
13. brown 갈색
14. blue 파란색
15. shape 모양
16. color 색, 빛깔
17. light 옅은
18. deep 진한
19. bright 밝은
20. paint 칠하다

DAY 21

1. shop 쇼핑하다
2. pay 지불하다
3. wallet 지갑
4. cart 카트
5. another 또 다른
6. money 돈
7. sell 팔다
8. cheap 싼
9. expensive 비싼
10. shopping 쇼핑
11. buy 사다
12. price 가격
13. allowance 용돈
14. bill 지폐
15. coin 동전
16. How much is it? 얼마에요?
17. cost (값이) ~이다
18. dollar 달러
19. cash 현금
20. change 잔돈

DAY 22

1. Santa Claus 산타클로스
2. chimney 굴뚝
3. wait 기다리다
4. congratulate 축하하다
5. prize 상
6. war 전쟁
7. Valentine's Day 발렌타인데이
8. chocolate 초콜릿
9. eve 전날
10. carol 캐럴
11. Children's Day 어린이날
12. Parents' Day 어버이날
13. ceremony 의식, 식
14. memory 기억, 기억력
15. Memorial Day 현충일
16. anniversary 기념일
17. wedding anniversary 결혼기념일
18. special 특별한
19. event 이벤트
20. celebrate 기념하다

DAY 23

1. get 얻다
2. internet 인터넷
3. enter 입력하다
4. chat 이야기하다
5. error 오류
6. copy 복사하다
7. double 2배의
8. download 다운로드하다
9. send 보내다
10. e-mail 이메일
11. on-line 온라인의
12. can ~할 수 있다
13. information 정보
14. share 공유하다
15. fact 사실
16. click 클릭하다
17. quickly 빨리
18. computer 컴퓨터
19. print 인쇄하다
20. top 맨 위, 윗면

DAY 24

1. socket 콘센트
2. plug 플러그
3. cable 전선
4. signal 신호
5. washing machine 세탁기
6. maximum 최대
7. light 전등
8. switch 스위치
9. turn on 켜다
10. off 꺼진
11. blend 혼합하다
12. control 조종/ 조종하다
13. remote 멀리 있는
14. volume 음량
15. minimum 최소
16. microwave 전자레인지
17. heat 데우다
18. freezer 냉동실
19. freeze 얼리다
20. blender 믹서기 (블렌더)

DAY 25

1. win 이기다
2. lose 지다
3. athlete 운동선수
4. yoga 요가
5. meditation 명상
6. stress 스트레스
7. foul 반칙
8. rule 규칙
9. uniform 유니폼
10. basketball 농구
11. badminton 배드민턴
12. net 네트, 그물
13. racket 라켓
14. shuttlecock 셔틀콕
15. table tennis 탁구
16. volleyball 배구
17. block 막다
18. practice 연습하다
19. spike 스파이크
20. serve 서브/ 서브하다

DAY 26

1. wave 펄럭이다
2. joy 기쁨
3. pull 당기다
4. low 낮은
5. high 높이/ 높은
6. relay 계주
7. support 응원하다
8. run 달리다
9. sweat 땀 흘리다
10. thirst 갈증
11. race 경주
12. get set 준비(하시오)
13. jump 뛰다
14. hurdle 장애물, 허들
15. finish line 결승선
16. field day 운동회
17. winner 승자
18. team 팀
19. go 이겨라!(구호)
20. shout 소리치다

DAY 27

1. salad 샐러드
2. cookie 쿠키
3. snack 간식
4. steak 스테이크
5. soup 수프
6. spicy 매운
7. dessert 디저트
8. delicious 맛있는
9. restaurant 식당
10. salty 짠
11. hamburger 햄버거
12. tasty 맛있는
13. fastfood 패스트푸드
14. flavor 맛
15. cotton candy 솜사탕
16. taste ~한 맛이 나다
17. bitter 쓴
18. smell 냄새가 나다
19. sweet 달콤한
20. sour 신

DAY 28

1. by ~까지
2. until ~까지
3. then 그때에
4. once 한 번
5. since ~ 이후로
6. soon 곧
7. sometimes 때때로
8. rarely 드물게
9. also 또한
10. however 그러나
11. as ~처럼
12. as soon as possible 가능한 한 빨리
13. before 전에
14. later 나중에
15. never 절대 ~않다
16. ago 전
17. all day 하루 종일
18. often 자주, 종종
19. always 항상

DAY 29

1. essay 작문, 수필
2. song 노래
3. P.E. 체육시간
4. cheat 부정행위를 하다
5. class 수업시간
6. follow 따르다
7. solve 풀다, 해결하다
8. problem 문제
9. raise 들어올리다
10. language 언어
11. quiet 조용한
12. instruction 지시, 설명
13. teach 가르치다
14. pay attention 집중하다
15. take notes 필기하다
16. memorize 암기하다
17. word 단어
18. dialogue 대화
19. remember 기억하다
20. basic 기본적인

DAY 30

1. find 찾다
2. snowman 눈사람
3. winter 겨울
4. snowboarding 스노보드 타기
5. mitten 벙어리장갑
6. breeze 산들바람
7. sunflower 해바라기
8. fall 가을
9. scarecrow 허수아비
10. harvest 수확하다
11. tulip 튤립
12. mosquito 모기
13. summer 여름
14. seashell 조개
15. swimming pool 수영장
16. spring 봄
17. bloom 꽃이 피다
18. plant 심다
19. allergy 알러지
20. flower 꽃

초등교과서 영단어 2400 5학년 쪽지시험 답안지

DAY 01
1. 부엌
2. 거주자
3. 방
4. 고치다
5. 짓다
6. 차고
7. 복도
8. 침대
9. 가족
10. 가구
11. door
12. move
13. hut
14. live
15. wall
16. porch
17. living room
18. barhroom
19. window
20. bedroom

DAY 02
1. 연꽃
2. 뿌리
3. 단풍나무
4. 봉오리
5. 꿀
6. 대나무
7. 가시
8. 포도나무
9. 다듬다
10. 정원사
11. bush
12. trunk
13. wood
14. oak
15. water
16. ivy
17. tree
18. branch
19. violet
20. stem

DAY 03
1. 칠판
2. 교육
3. 고등의, 높은
4. 교실
5. 시험
6. 성적
7. 책
8. 졸업식
9. 졸업하다
10. 초등학교
11. locker
12. middle school
13. kindergarten
14. freshman
15. elementary
16. high school
17. desk
18. chair
19. clever
20. middle

DAY 04
1. 병
2. 알약
3. 천식
4. 코피
5. 코막힘
6. 재채기하다
7. 회복하다
8. 아픈
9. 독감
10. 피 흘리다
11. health
12. pain
13. runny nose
14. ache
15. toothache
16. cough
17. fever
18. examine
19. sight
20. scar

DAY 05
1. (잠이) 깊은
2. 낮잠
3. 숙면
4. 일과
5. 보통
6. 빗질
7. 면도하다
8. 업무
9. 치아
10. 생활
11. daily
12. take a walk
13. spare
14. stretch
15. bell
16. get dressed
17. spare time
18. brush
19. every day
20. routine

DAY 06
1. 파란, 파란색의
2. 동물
3. 하늘
4. 들판
5. 호수
6. 섬
7. 거울
8. 서다, 세우다
9. 녹색의, 푸른
10. 바다
11. river
12. land
13. mountain
14. desert
15. smooth
16. place
17. flow
18. forest
19. deep
20. wild

DAY 07
1. 건조한
2. 온도, 기온
3. 화창한
4. 더운, 뜨거운
5. 비가 많이 오는
6. 미세먼지
7. ~을 넘는/ ~보다 높게
8. (온도 단위) 도
9. 고드름
10. 몹시 추운
11. snowstorm
12. smog
13. weather
14. sunburn
15. rainstorm
16. snowflake
17. cloudy
18. weatherman
19. raindrop
20. drought

DAY 08
1. (배, 기차, 비행기 등에) 탑승한
2. 급행열차
3. 운전면허증
4. 보도, 인도
5. 교통 체증
6. ~보다
7. 면허
8. 더 빠른
9. 비행기
10. 항구
11. take
12. car
13. direction
14. bicycle
15. flight
16. crosswalk
17. more
18. express
19. slower
20. highway

DAY 09
1. 과거
2. 해마다, 매년
3. 시간
4. 주말
5. 다시
6. 한 주
7. 한 주간의
8. 한 달의, 월간
9. 순간, 잠깐
10. 하루, 날
11. century
12. all
13. decade
14. future
15. year
16. annual
17. forever
18. this week
19. last week
20. present

DAY 10
1. 마른
2. 사랑스러운
3. 대머리의
4. 사랑스러운
5. 무거운
6. 날씬한
7. 귀여운
8. 아름다운
9. 수염
10. 어두운
11. different
12. curly
13. tall
14. blond
15. short
16. appearance
17. fat
18. similar
19. attractive
20. straight

DAY 11
1. 운동화
2. 안경
3. 잘 차려 입은
4. 헐렁한
5. 스웨터
6. 재킷
7. 편한
8. 팔찌
9. 목걸이
10. 바지
11. exchange
12. costume
13. blouse
14. skirt
15. T-shirt
16. zipper
17. tight
18. sunglasses
19. sleeve
20. naked

DAY 12
1. 복습
2. 학생
3. 미술
4. 역사
5. 대답
6. 지리학
7. 질문
8. 논의하다
9. 묻다
10. 준비하다
11. subject
12. math
13. difficult
14. example
15. music
16. Korean
17. English
18. class
19. science
20. favorite

DAY 13
1. 밀림
2. 금지하다
3. 털, 모피
4. 보호하다
5. 꼬리
6. 야생동물
7. 거북이
8. 코끼리
9. 합법의
10. 사냥
11. pollute
12. endangered
13. about
14. panda
15. illegal
16. marine
17. environment
18. ocean
19. habitat
20. save

DAY 14
1. 검지
2. 주위에
3. 손바닥
4. 배
5. 강한
6. 엄지
7. 주름
8. 눈
9. 엄지발가락
10. 손톱
11. fist
12. toenail
13. eyelash
14. long
15. stomach
16. middle finger
17. chest
18. pupil
19. heel
20. ring finger

DAY 15
1. 천
2. 다리미/ 다리미질하다
3. 개다, 접다
4. 닦다
5. 널다, 걸다
6. 쏟다
7. (가정의) 잡일
8. 화장실
9. 문지르다
10. 지저분한
11. polish
12. laundry
13. rubbish
14. mow
15. clean
16. wax
17. fry
18. mop
19. dish
20. tidy

DAY 16
1. 화석
2. 입장료
3. 부분
4. 설명하다
5. ~에 대하여
6. 만지다
7. 전시하다
8. 박물관
9. 책임
10. 작은 목소리
11. curator
12. painting
13. turn off
14. carry
15. sculpture
16. work
17. free
18. visitor
19. exhibition
20. use

DAY 17
1. 활기찬
2. 부끄러움을 많이 타는
3. 용감한
4. 무례한
5. 게으른
6. 어리석은
7. 지루하게 하는
8. 발랄한
9. 현명한
10. 유머
11. outgoing
12. smart
13. serious
14. kind
15. diligent
16. fool
17. courage
18. friendly
19. dull
20. active

DAY 18
1. 미리
2. 관찰
3. 활동
4. 집중하다
5. 독후감
6. ~동안에
7. 여가
8. 오락
9. 대회
10. 일기를 쓰다
11. journal
12. participate
13. volunteer
14. vacation
15. band
16. plan
17. planner
18. trip
19. will
20. homework

DAY 19
1. 휴가
2. 출장
3. 항해
4. 여행
5. 짐
6. 승무사
7. (공항에서) 탑승 수속을 하다
8. 항해하다
9. 신용카드
10. 엽서
11. passenger
12. boarding pass
13. baggage
14. important
15. board
16. great
17. suitcase
18. safe
19. delay
20. journey

DAY 20
1. 밝은
2. 옅은
3. 갈색
4. 정사각형
5. 삼각형
6. 원
7. 마름모꼴
8. 큐브, 정육면체
9. 파란색
10. 베이지색
11. heart
12. deep
13. oval
14. ivory
15. color
16. round
17. paint
18. cone
19. rectangle
20. shape

DAY 21
1. 또 다른
2. 쇼핑
3. 사다
4. 팔다
5. 가격
6. (값이) ~이다
7. 지폐
8. 얼마에요?
9. 카트
10. 돈
11. wallet
12. dollar
13. pay
14. cash
15. expensive
16. change
17. coin
18. cheap
19. allowance
20. shop

DAY 22
1. 기념하다
2. 기념일
3. 어린이날
4. 발렌타인데이
5. 산타클로스
6. 굴뚝
7. 기억, 기억력
8. 어버이날
9. 초콜릿
10. 결혼기념일
11. eve
12. war
13. special
14. prize
15. ceremony
16. wait
17. congratulate
18. event
19. carol
20. Memorial Day

DAY 23
1. 복사하다
2. 빨리
3. 공유하다
4. 입력하다
5. 사실
6. 컴퓨터
7. 맨 위, 윗면
8. 정보
9. 2배의
10. 온라인의
11. chat
12. error
13. send
14. download
15. e-mail
16. can
17. print
18. click
19. get
20. internet

DAY 24
1. 믹서기(블렌더)
2. 세탁기
3. 데우다
4. 꺼진
5. 조종/ 조종하다
6. 혼합하다
7. 용량
8. 멀리 있는
9. 신호
10. 콘센트
11. maximum
12. light
13. microwave
14. freezer
15. switch
16. turn on
17. cable
18. plug
19. minimum
20. freeze

DAY 25
1. 연습하다
2. 배구
3. 배드민턴
4. 규칙
5. 서브/ 서브하다
6. 라켓
7. 요가
8. 이기다
9. 스파이크
10. 지다
11. basketball
12. shuttlecock
13. table tennis
14. net
15. uniform
16. athlete
17. meditation
18. stress
19. foul
20. block

DAY 26
1. 팀
2. 승자
3. 운동회
4. 계주
5. 소리치다
6. 기쁨
7. 높이/ 높은
8. 당기다
9. 달리다
10. 장애물, 허들
11. jump
12. support
13. finish line
14. go
15. thirst
16. wave
17. get set
18. low
19. race
20. sweat

DAY 27
1. 맛
2. 냄새가 나다
3. 신
4. 수프
5. 식당
6. 짠
7. 디저트
8. 간식
9. 쓴
10. 맛있는
11. cotton candy
12. steak
13. taste
14. hamburger
15. salad
16. sweet
17. delicious
18. cookie
19. fastfood
20. spicy

DAY 28
1. ~처럼
2. 그러나
3. 앞서
4. ~까지
5. ~까지
6. 전에
7. 한 번
8. 절대 ~않다
9. 또한
10. 항상
11. sometimes
12. soon
13. all day
14. often
15. rarely
16. since
17. later
18. as soon as possible
19. then
20. ago

DAY 29
1. 암기하다
2. 기본적인
3. 풀다, 해결하다
4. 체육시간
5. 대화
6. 가르치다
7. 단어
8. 작문, 수필
9. 조용한
10. 언어
11. take notes
12. class
13. pay attention
14. song
15. cheat
16. follow
17. raise
18. instruction
19. remember
20. problem

DAY 30
1. 산들바람
2. 수확하다
3. 해바라기
4. 벙어리장갑
5. 심다
6. 튤립
7. 조개
8. 여름
9. 꽃이 피다
10. 눈사람
11. fall
12. scarecrow
13. snowboarding
14. winter
15. swimming pool
16. mosquito
17. flower
18. find
19. spring
20. allergy

2023 마더텅 제3기
초등학교 성적 우수 장학생 모집

2023년 저희 교재로 열심히 공부해 주신 분들께 장학금을 드립니다!

🏆 지원 자격 및 장학금

대상 30 만 원 **금상 10 만 원** **은상 3 만 원**

초1 ~ 초6

지 원 과 목 국어 / 영어 / 한자 중 최소 1과목 이상 지원 가능
※여러 과목 지원 시 가산점이 부여됩니다.

제 출 서 류
아래 2가지 항목 중 최소 1개 이상 서류 제출
① 2022년 2학기 혹은 2023년 1학기 초등학교 생활통지표 등 학교에서 배부한 학업성취도를 확인할 수 있는 서류
② 2022년 7월~2023년 6월 시행 초등학생 대상 국어/영어/한자 해당 인증시험 성적표
책과함께 KBS한국어능력시험, J-ToKL, 전국영어학력경시대회, G-TELP Jr., TOEFL Jr., TOEIC Bridge, TOSEL, 한자능력검정시험(한국어문회, 대한검정회, 한자교육진흥회 주관)

📢 위 조건에 해당한다면

마더텅 초등교재로 공부하면서 느낀 점과 공부 방법, 학업 성취, 성적 변화 등에 관한 자신만의 수기를 작성해서 마더텅으로 보내 주세요. 우수한 글을 보내 주신 분들께 수기 공모 장학금을 드립니다!

응모대상 마더텅 초등 교재들로 공부한 초1 ~ 초6

뿌리깊은 초등국어 독해력, 뿌리깊은 초등국어 독해력 어휘편, 초등영문법 3800제, 초등영문법 777, 초등영어 받아쓰기·듣기 10회 모의고사, 초등교과서 영단어 2400, 비주얼파닉스 Visual Phonics, 중학영문법 3800제 스타터, 뿌리깊은 초등국어 한자 중 최소 1권 이상으로 신청 가능

응모방법

① 마더텅 홈페이지(www.toptutor.co.kr)의 [고객센터-이벤트] 게시판에 접속
② [2023 마더텅 초등학교 장학생 선발] 클릭 후 지원하는 분야의 [2023 마더텅 초등학교 장학생 지원서 양식]을 다운
③ [2023 마더텅 초등학교 장학생 지원서 양식] 작성 후 메일(mothert.marketing@gmail.com)로 발송

이벤트 게시판

선발일정 접수기한 2023년 7월 26일   수상자 발표일 2023년 8월 16일   장학금 수여일 2023년 9월 13일

※유의 사항 1. 마더텅 장학생 선발에 응모하며 제출한 자료(이름, 학교명, 성적 인증 자료, 후기 등)는 장학생 선발을 위해 사용되며, 마더텅 장학생에 선발될 경우 위의 자료가 출판사의 교재 개발 및 홍보에 사용될 수 있습니다. 마더텅 장학생으로 선발된 것을 승인하고 장학금을 수령한 경우 위의 사항에 동의한 것으로 간주합니다. 2. 위와 같이 개인 정보를 수집하고 이용하는 것에 대해 동의를 거부할 수 있으며, 동의를 거부할 경우 참여가 불가능합니다. 만 14세 미만은 부모님께서 신청해 주셔야 합니다. 3. 제출한 자료는 반환되지 않으며, 제출한 자료의 내용과 관련하여 확인이 필요한 경우 관련 자료의 우편 제출을 요구할 수 있습니다. 4. 장학금 지급 방법은 선발된 분께 개별적으로 통지합니다. 5. 마더텅 장학생 선발 후에도 소정의 활동(심층 소비자 조사, 교재 후기 작성 등)이 있을 예정입니다. 6. 제출한 자료의 내용이 사실과 다를 경우 장학생 선발은 취소될 수 있으며, 장학금을 수령한 경우 반환하여야 합니다. 7. 10만원 이상의 장학금(수기 공모 당선금) 수령 시 관계법령에 따라 제세공과금(22%)은 당첨자 본인 부담이며, 제세공과금 처리 및 장학금 발송을 위해 장학금 수기 공모 당선자의 개인정보를 요청할 수 있습니다. 8. 위 상금은 제세공과금을 제외하고 수상자에게 실제 지급되는 금액입니다.

원어민 발음 듣기 파일 이용 방법

모바일로 이용하기

마더텅의 교재용 MP3는 모바일 스트리밍과 다운로드를 지원합니다.

본문 QR코드 이용하기

1단계	본문 각 제목 옆에 있는 QR코드를 스마트폰을 이용해 스캔합니다.
2단계	자동으로 재생되는 음원을 들으면서 학습합니다.

모바일 홈페이지에서 이용하기

1단계	방법 1) 스마트폰으로 교재 뒤표지에 있는 QR코드를 스캔합니다. 방법 2) 스마트폰 브라우저 주소창에 모바일 홈페이지 주소 　　　　(www.toptutor.co.kr)를 입력합니다. 방법 3) 포털 검색창에 '마더텅'을 검색합니다.
2단계	모바일 홈페이지에서 [MP3 자료실] 버튼을 터치합니다.
3단계	상단에 있는 카테고리에서 [초등·유아]를 선택한 다음 필요한 교재를 터치한 후 나오는 목록에서 필요한 챕터의 자료의 스트리밍 또는 다운로드를 선택하여 이용합니다.

함께 수록된 CD 이용

함께 수록된 CD는 컴퓨터에서 재생이 가능합니다.
(windows media player 혹은 기타 mp3 파일이 재생 가능한 플레이어 사용)

CD 구성 내용

본문 듣기 파일 (본문을 학습할 때 활용합니다)	받아쓰기 듣기 파일 (받아쓰기를 할 때 활용합니다)
[본문] 폴더 – ○학년 DAY01.mp3 – ○학년 DAY02.mp3 – ○학년 DAY03.mp3 ⋮ – ○학년 DAY28.mp3 – ○학년 DAY29.mp3 – ○학년 DAY30.mp3	**[받아쓰기] 폴더** – 받아쓰기 ○학년 DAY01.mp3 – 받아쓰기 ○학년 DAY02.mp3 – 받아쓰기 ○학년 DAY03.mp3 ⋮ – 받아쓰기 ○학년 DAY28.mp3 – 받아쓰기 ○학년 DAY29.mp3 – 받아쓰기 ○학년 DAY30.mp3

홈페이지에서 다운로드

마더텅 홈페이지(www.toptutor.co.kr)에 접속하여 필요한 원어민 선생님 녹음 파일을 다운로드 받을 수 있습니다.

홈페이지에서 찾아가기

1단계	인터넷 브라우저 주소창에 마더텅 홈페이지 주소를 입력합니다.
2단계	상단 메뉴 중 [초등·유아]의 [교재자료실]을 선택합니다.
3단계	[교재를 선택하세요.]를 눌러 해당 교재명을 찾아 선택합니다.
4단계	원하는 자료를 선택한 후 첨부파일을 다운받아 학습에 활용합니다.

LEARNING SCHEDULE

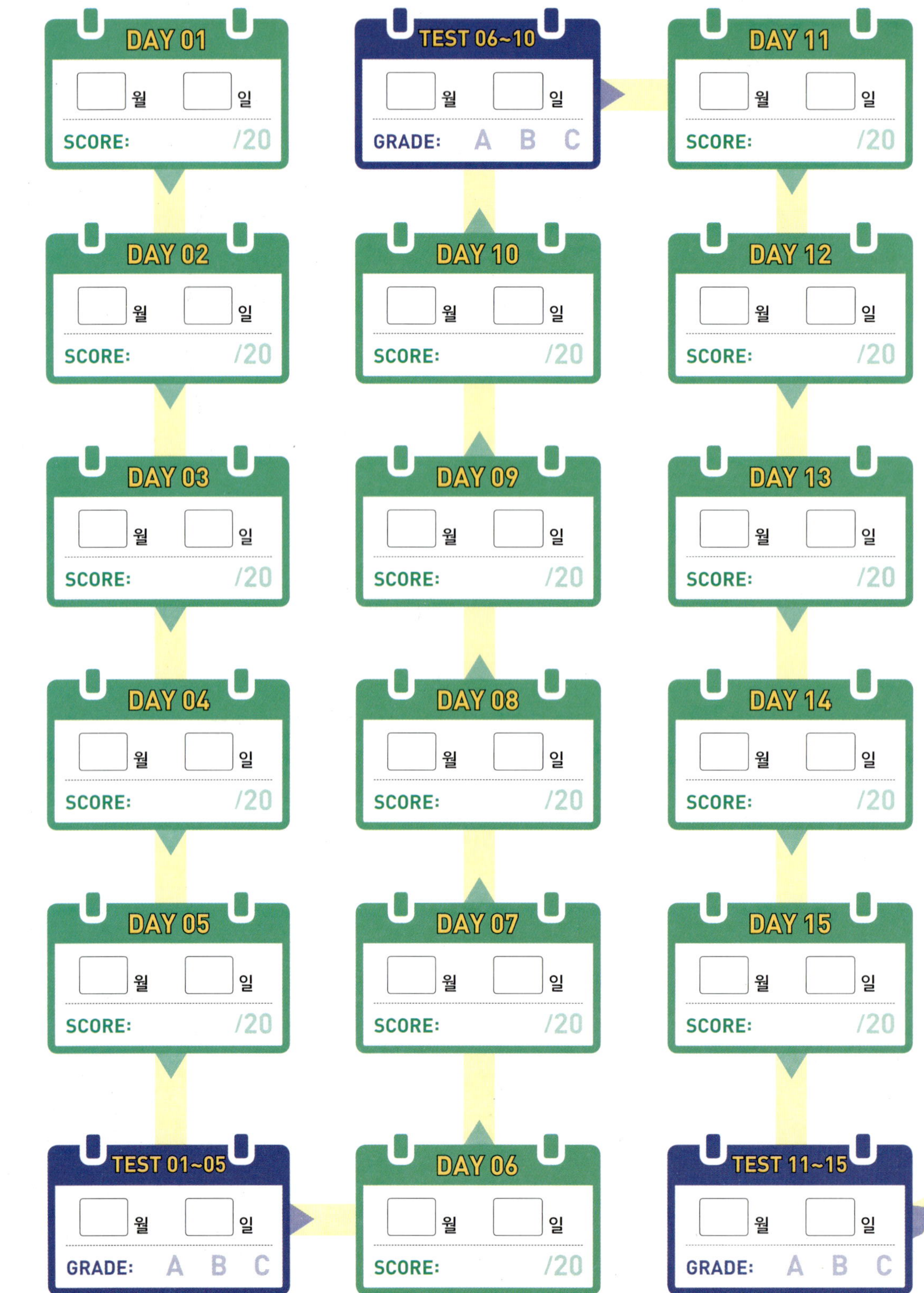